CRISTÓBAL COLÓN

DE CORSARIO A ALMIRANTE

Traducción al inglés: Andrew Langdon-Davies

Diseño y maquetación: Miguel Ángel Palleiro

ISBN: 84-9785-211-7 (con estuche)
ISBN: 84-9785-210-9 (con sobrecubierta)
Depósito legal con estuche: B-48103-2005
Depósito legal con sobrecubierta: B-48104-2005

LUNWERG EDITORES
Beethoven, 12 - 08021 BARCELONA - Tel. 93 201 59 33 - Fax 93 201 15 87
Luchana, 27 - 28010 MADRID - Tel. 91 593 00 58 - Fax 91 593 00 70
Callejón de la Rosa, 23-A - Tlacopac San Ángel - 01060 MÉXICO, D.F. - Tel./Fax (52-55) 5662 5746
    E-mail: lunwergmexico@nodos.zzn.com

Impreso en España

CRISTÓBAL COLÓN

DE CORSARIO A ALMIRANTE

Consuelo Varela

LUNWERG
EDITORES

Sumario

Introducción

Cristóbal Colón no fue nunca a la universidad ni tampoco frecuentó algo parecido a una escuela naval. Sus conocimientos náuticos los aprendió ejerciendo el oficio. De muy joven, recorriendo las costas mediterráneas y, más tarde, enrolado como marinero en naves que recorrían las costas del norte de Europa y las africanas o frecuentaban los archipiélagos atlánticos. Como no podía ser de otra forma, el genovés aprehendió el océano con la experiencia de sus propias navegaciones. Y así lo señaló en la carta a los reyes en la que les narraba su tercer viaje: «he tenido mucha diligencia en la experiencia».

Ya en la edad madura tuvo la fortuna de toparse con un nuevo continente. No fue por azar. Poco importa que un piloto anónimo le hubiera indicado el camino, si es que existió un protonauta, como nosotros creemos. Lo que en verdad realza el mérito del almirante castellano es haber dado a conocer unas tierras hasta entonces ignotas. Eso, y no otra cosa, fue el descubrimiento.

En este libro vamos a tratar de los viajes por mar que este hombre singular realizó a lo largo de su vida y que no se limitan a los que le han dado la fama que le corresponde. Lo veremos traficar como mercader, actuar como corsario y, por fin, como almirante del mar océano ir deambulando por las islas caribeñas y descubrir el continente sudamericano. ¡Hasta después de muerto, su cadáver cruzó por dos veces el Atlántico!

No todos fueron viajes apacibles, ni todos tuvieron el éxito deseado. Navegó entre huracanes y, viéndose morir, lanzó una carta al mar en un barril encerado para que los reyes supieran que había cumplido su misión. Padeció enfermedades y sufrió los desplantes de la marinería que, amotinada, intentó su muerte en varias ocasiones. Durante un año fue náufrago en la isla de Jamaica.

Nunca desmayó en su afán por conocer, por saber más. Se equivocó en muchas ocasiones, pero atinó en la mayoría de sus actuaciones como navegante, las que nos interesa presentar en este volumen.

Génova, la puerta del Mediterráneo, era una ciudad rodeada de colinas cubiertas de bosques.
Aún hoy podemos reconocer –y admirar– algunos de los monumentos que se muestran en este grabado
de la época colombina. Todavía se conserva una parte de la ciudad amurallada, la catedral,
San Mateo y la Linterna, que alumbraba la entrada al puerto.

Génova, una ciudad volcada al mar

L
a Génova en la que vivió Colón los veintitrés primeros años de su vida era el puerto más importante de una república poderosa y en expansión, cuya economía se basaba en las comunicaciones marítimas. A su puerto afluían riquezas que proporcionaban a sus mercaderes buenos réditos que administraba la importante Banca de San Jorge. La misma banca a la que don Cristóbal en 1502 le encargaría que velara por sus intereses y por los de sus hijos y herederos.

La navegación de cabotaje enlazaba el cosmopolita puerto de Génova con Córcega (Bastia, Calvi, Bonifacio), el puerto saboyardo de Niza; los franceses de Hyères, Marsella y Montpellier, no pudiéndose entonces traficar con el de Narbona que estaba invadido por arena desde hacía más de un siglo; alargándose hasta Barcelona, Valencia y Palma de Mallorca. Por el sur las naves genovesas cruzaban toda el área tirrénica, disputándose con Nápoles la primacía del comercio con Roma en sus puertos de Civitavecchia y la Ripa en el Tíber y llegando a Nápoles, Messina y Palermo. Más allá las naves de la república llegaban a Túnez, el mayor centro del tráfico genovés en África, en viajes siempre complicados por la amenaza de la piratería que hacía sus incursiones en el golfo de Gabes y en las costas argelinas.

Si hemos de creer al almirante, y no tenemos razón para dudar de su veracidad, en sus años juveniles frecuentó buena parte de esos puertos. Aunque en su mapa de 1502 sólo citó Colón los de Nápoles, Marsella e Hyères, en el mismo mapa da muestras de haber conocido bien el cabo de Creus en Cataluña, el golfo de Narbona, la isla de Cerdeña y la costa de Berbería. Unos puertos, unos fondeaderos y unas tierras que recordaría en sus escritos muchos años más tarde cuando navegaba por las aguas del Caribe.

Apenas poseemos documentación sobre esta etapa de la vida del futuro almirante y, para recorrer con él sus viajes, habremos de recurrir a las menciones que hizo en sus cartas y relaciones. Cartas y relaciones de viaje, que escribió muchos años más tarde, con el consiguiente olvido de datos y algunas equivocaciones involuntarias, a veces, e intencionadas otras; pues el almirante, hombre listo, sólo nos dejó por escrito aquello que le interesó transmitir. Igualmente habremos de contar con la *Historia del almirante*, escrita por su hijo Hernando, que se nos ha conservado en una copia al italiano, con las crónicas de los acompañantes de sus viajes y con la *Historia de las Indias* del dominico fray Bartolomé de Las Casas que, como gran amigo de la familia, pudo consultar el archivo de los Colón. El fraile tuvo acceso tanto a los documentos que guardaba la familia en la casa de Santo Domingo como a los que se custodiaban en la Cartuja de las Cuevas de Sevilla y que, más tarde, fueron depositados en el convento sevillano de San Pablo donde residió algunos años de su vida fray Bartolomé. En algunas ocasiones tendremos que echar mano de otros textos coetáneos que nos ayudarán a completar las lagunas que la documentación cercana al círculo colombino nos oculta.

Tradición helenística y ciencia geográfica árabe confluyen en una representación del Mediterráneo en el planisferio de al-Idrisi, el geógrafo e historiador marroquí que, por encargo del rey Roger II de Sicilia, redactó en 1154 el famoso *Libro de Roger*.
Como en cualquier otro mapa medieval, los continentes son tres, símbolo de la Trinidad. Uno nuevo, distinto de Europa, África y Asia, quedaba fuera de cualquier teoría científica y era imposible de imaginar. En todos los mapamundis medievales redondeados, como el de fray Mauro o este que aquí se muestra, el continente africano está rodeado por el mar.

En las páginas siguientes:

Planisferio de 1457. Se trata de la copia
de un anónimo italiano del planisferio de
Toscanelli del que no se conserva el original.
La prolongación de África hasta el polo Sur
divide la Tierra en dos grandes mares. Para
llegar al poniente había que navegar por el
levante. La distancia, acortada por error,
parecía hacer posible el viaje.
Según el mapa de Toscanelli que alcanzó a
ver Colón, de Lisboa a Quinsay había 26
espacios, que corresponden a 130° terrestres.
Por tanto, se achicaba la medida de la Tierra
desconocida por los europeos y se daba la
razón a las mediciones de Marino de Tiro.
A diez espacios (= 50°) de la Antilia
se encontraba, de creer a Toscanelli, la isla
de Cipangu (Japón).

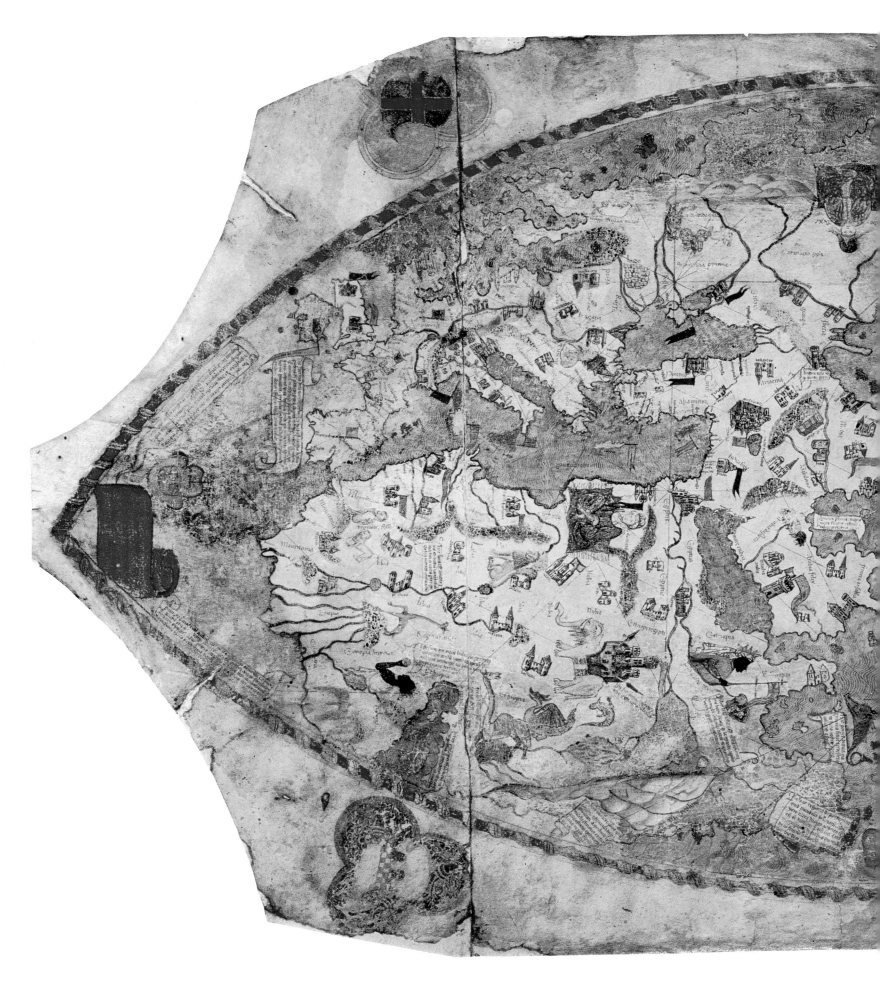

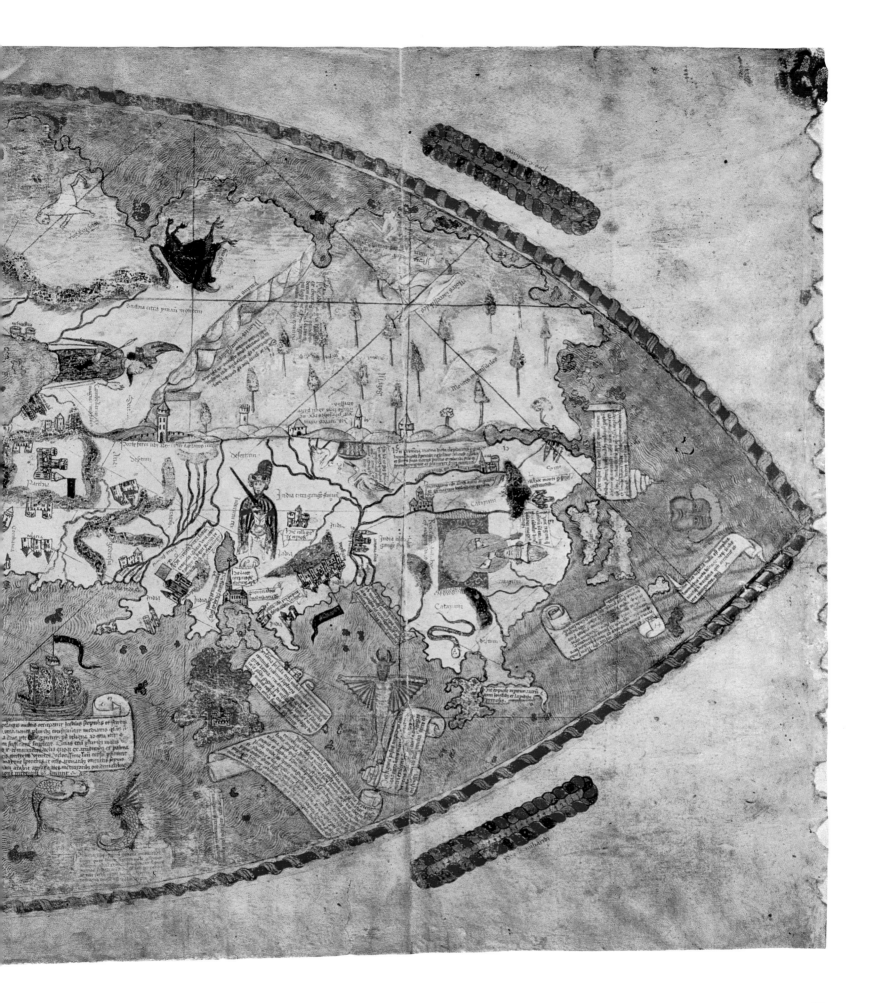

17

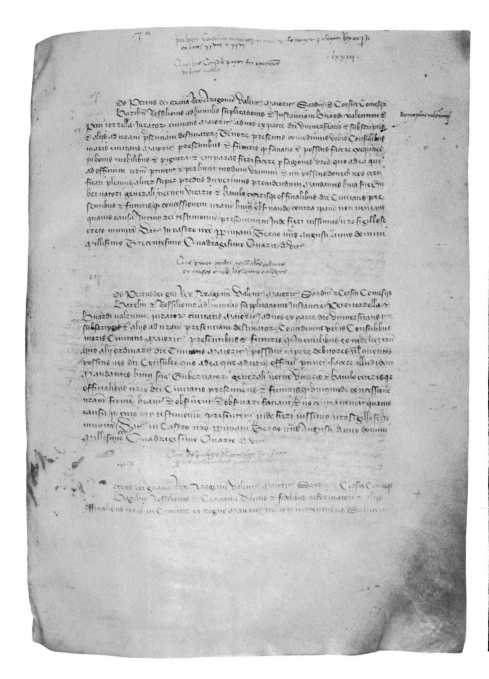

El libro del *Consolat de Mar* (siglo XIV) es la compilación más antigua de Derecho marítimo,
llegó a adquirir tanta autoridad que sus ordenanzas se convirtieron de facto en el Derecho común
de las materias marítimo comerciales en todo el Mediterráneo.

La *Coca de Mataró* es el único modelo fiable de una coca de la segunda mitad del siglo XV.
La coca fue una embarcación mercante auténticamente mediterránea.

Tavola Strozzi, Francesco Pagano, 1485. Esta pintura, de más de dos metros y medio de largo, es una imagen exquisita de Nápoles en los tiempos que, según las crónicas, hasta los peces del Mediterráneo llevaban las cuatro barras de la corona de Aragón.

Detalle del puerto de Nápoles de la *Tavola Strozzi*. En primer plano aparece representado el retorno triunfal
de la flota aragonesa tras la victoria conseguida contra la expedición de Joan de Anjou en las aguas de Ischia.
Las naves victoriosas entran en el puerto en formación de parada, con los estandartes izados
y remolcando las naves apresadas y desarboladas.

Retablo de Sant Jordi, obra de Pere Nisard, finales del siglo XV. El paisaje urbano representa, muy probablemente, la vida cotidiana portuaria de la ciudad de Mallorca en el siglo XV.

Detalle del puerto de la ciudad de Mallorca del *Retablo de Sant Jordi*, es, seguramente, la única representación de la actividad de un puerto de la Baja Edad Media en los reinos ibéricos, en la que se aprecia con todo detalle, el catálogo de diferentes barcos y personajes. El comercio con Oriente, a través de las factorías establecidas por los genoveses y los venecianos, surtía de ricos, raros y extraordinarios productos a toda Europa.

Detalle de Portopí del *Retablo de Sant Jordi*, se distinguen claramente
las cuatro torres de defensa y el oratorio de Sant Nicolau.

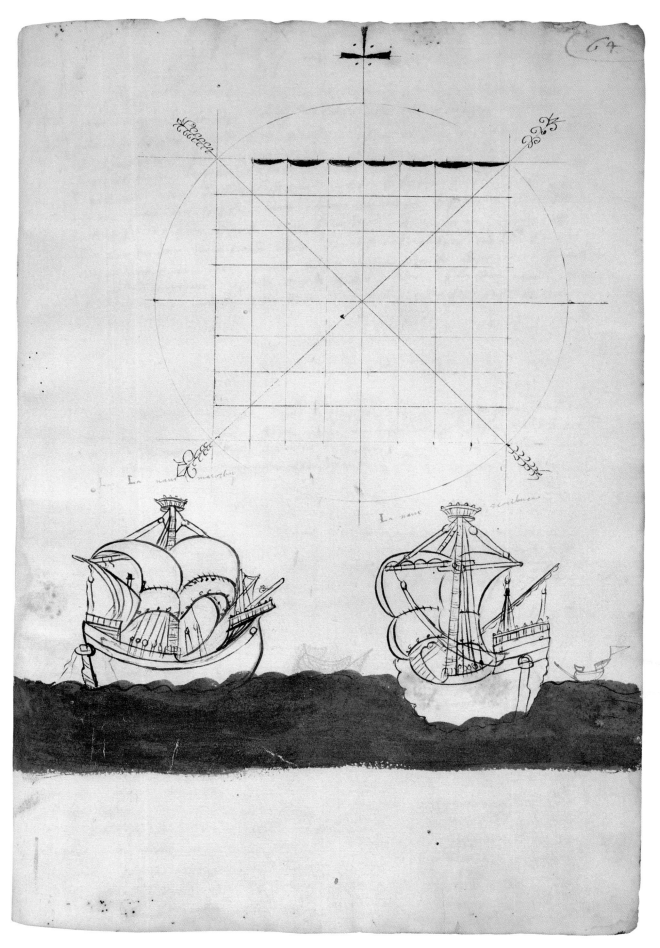

La nave *mazorba*

La nave *scribuca*

*Ragioni antique
spettanti all'arte del
mare et fabriche de
vasselli, 1470-1529.*

El aprendizaje
en el Mediterráneo. Navegando
por aguas cristianas

Como cuenta Antonio Gallo, el cronista genovés que en 1506 trató en su *Historia* de su compatriota, muy pronto dejó Colón el oficio familiar para dedicarse a la mar. Y él mismo, con machacona insistencia, escribió que «de muy temprana edad» entró en la marinería: con catorce años, si hemos de creerle.

Las primeras navegaciones del joven debieron realizarse formando parte de la tripulación de alguno de los viajes costeros que desde Génova unían los puertos de Mónaco, Ventimiglia, Noli... pues era por mar por donde llegaban a la ciudad toda clase de mercancías que, por mar, eran vendidas por los genoveses a los ribereños. Quizá vendiendo los quesos y vinos que su padre comercializaba en Savona, ciudad a la que se había trasladado hacia 1470, pues desde esa fecha el joven Cristóbal no volverá a aparecer en ningún documento notarial como tejedor o lanero, sino como empleado de una casa comercial.

Córcega

Como aprendiz de mercader el joven Cristóbal navegó a Córcega. La isla, montañosa y agreste, entonces bajo el dominio genovés, mantenía un tráfico fluido con Génova en buena parte gracias a las importantes colonias de genoveses que habitaban sobre todo en las ciudades de Calvi y Bonifacio y a la protección de la Banca de San Jorge, que se encargó de facilitar los medios para fortificarlas. Córcega exportaba a Génova madera, ganado vacuno y cabrío y miel, recibiendo a cambio productos manufacturados.

La isla fue mencionada por Colón en una carta a los Reyes Católicos, escrita cuando navegó al Nuevo Mundo por segunda vez, al comparar el tamaño de la de Cuba, que estimaba que era «Tan grande como el del Áurea, como la isla de Córcega», y también en una de sus anotaciones marginales a los *Tratados,* de Pierre d'Ailly, el papa Eneas Silvio Piccolomini, «Ligures, idest genuenses Corsicam nominaverunt [...] Comodo Ligures habuerunt insulam [...]».

Cerdeña

Junto a Córcega la isla de Cerdeña era una pieza importante en el eje comercial de los genoveses con Berbería. Sin embargo, y pese a que procuraban establecer asentamientos permanentes, el tráfico estaba sujeto a las mejores o peores relaciones de la república con el reino de Aragón, del que dependía la isla. Así todo, las naves genovesas atracaban de vez en cuando en los puertos de Alghero y Cagliari, las ensenadas de la isla de Antonio y la de San Pietro, entonces deshabitada. Al menos en una ocasión pasó Colón frente a esta isla, cer-

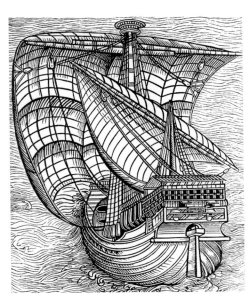

Grabado de una nao del tipo de la *Santa María*. En la época colombina el tonelaje de una nave se medía estimando la capacidad de carga de la bodega en toneles de vino o en pipas. La *Santa María* podía cargar de 150 a 200 toneles.

Detalle del Mediterráneo del mapamundi de fray Mauro, 1459. Los hemisferios están invertidos respecto la representación tradicional de forma que el norte se encuentra en la parte inferior y el sur en la superior.

En Savona (Italia) vivió unos años Cristóbal Colón. Cuenta el savonés Michele de Cuneo que Colón, en honor suyo, bautizó con este nombre la isla del Caribe que aún lleva ese nombre.

ca de la de San Pietro, cuando se encontraba navegando a las órdenes de Renato de Anjou, como veremos más adelante.

Sicilia

Sin lugar a dudas una de las islas que más le impresionó y recordó en sus escritos fue Sicilia, entonces bajo dominio aragonés, que mencionó en cuatro ocasiones. El 29 de octubre de 1492 la recuerda como una gran isla, y en efecto es la mayor del Mediterráneo, para decir que Cuba era aún más grande: «La isla es llena de montañas muy hermosas [...] es alta a la manera de Cecilia». Y, un año más tarde, cuando se encontraba frente a la isla de Jamaica, el 24 de abril de 1493, recurre de nuevo al mismo símil, la isla, nos dice: «Es muy grande [...] es mayor que Sicila». Pero no sólo admiraba Colón su tamaño sino también su fertilidad que comparó con la de Andalucía cuando escribió a los reyes, en febrero de 1493, anunciándoles lo bien que germinarían las simientes europeas que habían llevado para sembrar: «Somos bien ciertos [...] que esta tierra no fará mengua a Andalucía e Sicilia». En efecto, tanto Sicilia como Andalucía, eran los graneros de trigo que surtían a buena parte de Europa. A su volcán, el Etna, dedicó una apostilla en el ejemplar del *Tratado,* de D'Ailly.

Detalle de la carta de Juan de la Cosa (1500),
donde aparecen Europa, el norte de África y Asia.
Las leyendas de los mapas documentan los avances descubridores,
los nombres de los accidentes geográficos y nos devuelven la imagen
que de los nuevos territorios tenían los europeos: unos reyes
africanos idealizados en sus palacios y un mar Rojo, por supuesto,
tintado de su color.

En las páginas siguientes:

Ymago mundi, folio 1, 1480-1483. Teoría cosmográfica de la Tierra,
obra del cardenal Pierre d'Ailly.

Tabla astronómica que señala la longitud del día en las diferentes
latitudes que Colón copió en una de las páginas del *Ymago mundi*,
de D'Ailly.

Colón hizo muchas anotaciones en los márgenes del capítulo que
Pierre d'Ailly dedicó en su *Ymago mundi* a la extensión de la Tierra
habitada. Una apostilla reviste sumo interés, porque es la única
fuente que señala con exactitud la llegada de Bartolomé Díaz a
Lisboa, tras haber doblado el cabo de Buena Esperanza.
«Nota: en este año 88 en el mes de diciembre llegó a Lisboa
Bartolomé Díaz, capitán de tres carabelas, enviado por el serenísimo
rey de Portugal a Guinea para explorar la tierra; y comunicó al
mismo rey serenísimo que había navegado más allá de lo ya
navegado 600 leguas, es decir, 450 en dirección norte y 250 hacia el
sur (sisc.), hasta un promontorio llamado por él mismo "Cabo de
Buena Esperanza", que nosotros creemos que se encuentra en
Agesimba. Dice que en este lugar descubrió por el astrolabio que se
hallaba 45 grados más allá de la línea equinoccial, lugar más remoto
que dista de Lisboa 3.100 leguas. Relató su viaje y lo dibujó legua a
legua en una carta de marear para mostrarlo a los propios ojos del
serenísimo rey, en todo lo cual yo intervine [...]»

En esta página de la *Historia Rerum*, de Eneas Silvio Piccolomini,
que trata «sobre la segunda parte de Asia y sobre los sármatas en
general», apuntó Colón los nombres de los pueblos que habitaban
en torno al Volga (el Ras en el texto latino). Uno de estos pueblos
son las amazonas, que el almirante habría de encontrar en el Nuevo
Mundo (1493).

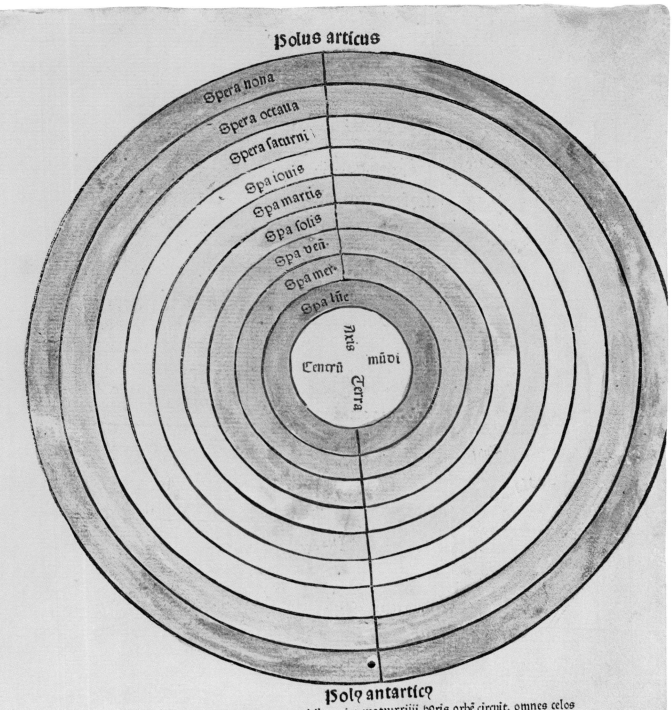

Polus articus

Spera nona
Spera octaua
Spera saturni
Spa iouis
Spa martis
Spa solis
Spa ven̄.
Spa mer.
Spa lūe

Axis mūdi
Centrū Terra

Polꝰ antartico

Spera nona que est primum mobile. vnico motu: xxiiii. horis orbē circuit. omnes celos
alios secum ducens: de oriente in occidens.
Spera octaua que ē firmamentū stellarū fixarum. In centum annis mouetur vno gra
du. In. xxx vi. milibus annorum cursum complens.
Spera saturni qui in q̄libet signo manet. xxx. mēsib9: ꞇ cursum cōplet. xxx. annis.
Spera iouis qui in q̄libet signo manet per annū: ꞇ cursum complet. xii. annis.
Spa martis q q̄libet moraꞇ. xl. dieb9: ꞇ cursum ꞇplet. ccc. ꞇ. lxxx. dieb9 vel fere ānis. ii.
Spa solis q q̄libet signo fere manet. xxx. dieb9 ꞇ: x. horis: ꞇ in āno cursum cōplet.
Spera veneris q̄ cursum cōplet. CCC. ꞇ. xl viii. diebus.
Spera mercurii qui zodiacum percurrit in. CCC. ꞇ. xxx. diebus.
Spera lune q̄ signa zodiaci quolibet mense percurrit: scilicet. xx vii. dieb9 ꞇ. viii. horis

Grady	Hore	Min.to		Grady	Hore	Min.t	Dies
1	12	3		46		35	
2		7		47		43	
3		10		48		54	
4		14		49	16	1	
5		17		50		10	
6		21		51		21	
7		25		52		31	
8		28		53		43	
9		32		54		55	
10		35		55	17	8	
11		39		56		22	
12		43		57		37	
13		46		58		54	
14		50		59	18	12	
15		54		60		32	
16		57		61		55	
17	17	1		62	19	21	
18		5		63		51	
19		9		64	20	27	
20		13		65	21	19	Dies
21		17		66	22	27	0
22		21		67	19	18	29
23		25		68	9	29	41
24		30		69	8	36	53
25		34		70	5	22	63
26		38		71	22	32	71
27		43		72	20	40	79
28		47		73	5	23	87
29		51		74	19	26	93
30		57		75	17	26	100
31	14	1		76	0	51	107
32		6		77	2	52	113
33		12		78	0	29	119
34		17		79	18	12	129
35		22		80	8	50	130
36		28		81	20	47	135
37		33		82	6	30	141
38		39		83	19	21	146
39		44		84	20	34	151
40		52		85	1	32	157
41		58		86	5	24	162
42	15	5		87	8	30	167
43		12		88	8	54	171
44		19		89	13	2	177
45		27		90	14	55	182

Tabula Signorum [?] Secunda ostendit
quantum sol ascendit quolibet die in quolibet sig-
incipiendo i.i. q? ? prout quib? i in
ordine hic inposita

	0 / 6		1 / 7		2 / 8		
	G°	M	G°	M	G°	M	Gradus
1	0	29	11	52	20	27	29
2	1	57	12	13	20	39	28
3	1	11	12	34	20	5	27
4	1	35	12	54	21	3	26
5	2	59	13	14	21	19	25
6	2	23	13	35	21	24	24
7	2	47	13	55	21	34	23
8	3	11	14	15	21	44	22
9	3	35	14	33	21	54	21
10	3	58	14	53	22	3	20
11	4	21	15	12	22	11	19
12	4	45	15	30	22	20	18
13	5	9	15	48	22	28	17
14	5	33	16	6	22	35	16
15	5	57	16	24	22	42	15
16	6	19	16	42	22	48	14
17	6	42	16	59	22	55	13
18	7	5	17	16	23	0	12
19	7	28	17	33	23	5	11
20	7	51	17	49	23	10	10
21	8	13	18	5	23	14	9
22	8	36	18	21	23	18	8
23	8	58	18	36	23	22	7
24	9	21	18	51	23	25	6
25	9	43	19	6	23	27	5
26	10	6	19	20	23	29	4
27	10	27	19	34	23	30	3
28	10	48	19	49	23	32	2
29	11	10	20	1	23	33	1
30	11	31	20	14	23	33	0
	5 / 11		4 / 10		3 / 9		

7 durat vnus dies in vno loco per vnũ mẽsem In alio per duos In alio per tres vel pl9. 7 pporcionaliter est lõgior illa nox hyemis. Sexta ẽ q illi qui habitarẽt recte sub polo haberẽt per mediũ ãni Solẽ sup orizõtem 7 õtinuũ diẽ 7 per aliud dimidiũ cõtinuam noctẽ Et ita si vocemus diẽ totũ tẽpus quo Sol ẽ super orizontẽ nõ haberẽt toto ãno nisi vnum diem 7 noctẽ. Et sicut dictũ est de ista medietate terre que ẽ vers9 poluz articũ siliter ĩtelligendũ est de alia medietate vsus ãtarticũ 7 habitatoribus ei9 Et hec õnia sine alia pbatione exẽplariter patẽt ĩ spa materiali.

sub polo artico ĩ toto ãno nõ ẽ nisi vnũ diẽ 7 vnã noctẽ / similr sub polo antartico //

De quantitate terre habitabilis Capitulũ octauũ

Ad inuestigandũ quãtitatem habitationis terre ĩtelligendũ est q habitatio dupliciter õsiderat. Vno mõ respectu celi. s. qñtuz propter Solẽ põt habitari/ 7 qñtum nõ. 7 de hoc superi9 generaliter ẽ satis dictũ Alio mõ õsiderat respectu aque. s. qñtum aq ĩpediat. 7 de hoc nũc ẽ cõsiderandũ. De quo varie sunt opiniones sapientũ. Nã Ptholome9 libro de dispõne spere. vult q fere sexta pars terre ẽ habitabilis propter aquã. 7 totũ residuũ ẽ coopertũ aq. Et ita ĩ Algamesti libro. ii. ponit q habitatio nota nõ ẽ nisi in quarta terre. s. in qua habitam9 Cui9 lõgitudo ẽ ab oriẽte ĩ occidẽs. 7 ẽ medietas eqnoxialis Et ei9 latitudo ẽ ab equinoxiali ĩ polũ. 7 est qrta coluri. Sz Aristotiles in fine libri celi 7 mũdi. vult q pl9 habitet q quarta. Et Auerroys hoc cõfirmat Et dicit Aristotiles q mare paruũ est iter finẽ Hyspanie a pte occidẽtis/ 7 iter principiũ Indie a parte orientis. Et nõ loquit de Hyspania citeriori/ q nũc Hyspania cõmuniter nominatur. sed de Hyspania vlteriori que nunc Africa dicitur. de qua certi auctores loquuntur. vt Plinius Orosius 7 Ysidorus. Insuper Seneca libro quinto naturalium dicit q mare est nauigabile ĩ paucis diebus si ventus sit conueniens. Et Plinius docet in naturalibus libro secũdo. q nauigatum est a sinu Arabico vsq ad gades Herculis nõ multum magno tempore. vnde ex hiis 7 multis aliis rationib9 de quibus magis tangam cum loquar de Oceano cõcludunt aliqui apparẽter q mare non ẽ tantuz q possit cooperire tres quartas terre. Accedit ad hoc auctoritas Esdre libro suo quarto. dicentis q sex partes terre sunt habitate 7 septima est cooperta aquis. cuius libri auctoritatez sancti habuerũt in reuerẽtia. 7 veritates sacras per eum confirmarunt. Et ideo videt q licet habitatio nota Ptholomeo et eius sequacibus sit coartata ĩfra qrtam vnam plus tamen est habitabile. Et Aristotiles circa hoc plus potuit nosse auxilio Alexandri. Et Seneca auxilio Neronis. qui ad inuestigãdum dubia huius mundi fuerunt solliciti. Sicut de Alexandro testãtur Plinius libro octauo. et etiam Solinus. Et de Nerone narrat Seneca libro de naturalib9. Vñ illis magis videt credendũ q Ptholomeo vl etiam q Albategni q adhuc min9 põit eẽ habitabile. videlz solũ duodecimã ptem. sz deficit in pbatiõe sicut posset ostẽdi/ sed breuitatis causa transeo

aristotiles / int fine yspanie et pncipiũ indie ẽ mare pũ et nauigabile ĩ paucis dieb9

plinius / nauigatũ ẽ a sinu arabico vs/ ad gades nõ multũ magno tpre

esdre / sex ptes terre sunt hitate et ĩ copta aquis

s. augustinus. de ciuitate dei

definant pedes. Ferunt & alia pleraque quę tanquam fabulosa relinquimus:apud byrcanum pelagus definit.

Sic prima pars . & secunda incipit in occidentali litto re:quę usque ad paludem Meotidem & Amnem tha naim extenditur inter mare Ponticum iacens & occea num Septentrionalem. Ptholomeus hanc partē ab orienti Ras flumie clausit:& byrcano mari cui negauit i occeanum patere exitum:& omnes Sarmatas Asianos appellauit:qui hanc terrā incolerent: pręter colchicos hyberos & Albanos atque alios q citra caucasum Coraxēque montem ad meridiē siti sunt . Sar matas autem in plurimas gentes:& multa nomina diuisit. Vl timos ad Septentrionem hyperboreos posuit:& sub eis Basyli cos:deinde Zachatas suardenos Chenides & magis ad meridi em perhierbidorum numerosum genus: quorum sedes illic eē ostendit:ubi Ras fluuius ad occidentem solem & Tanais ad orientem maxime uergunt:sibique inuicem propinquiores exi stunt.Sub his uersus meridiem & ultra hippicos montes Sira cenos collocauit: Iaxamatas persessios & Melandanos apud quos mitridatis regionem fuisse arbitratur. Rursus ad orien tem Ras flumini proximos:& ultra Ceraunios montes Sapo thremos posuit:& sub illis paululum australiores Scvmmitas & Amazones de quibus postea dicemus:quando imperium fa ma est eas q maximum obtinuisse : Ceraunios montes partē esse Caucasi versus Septentrionem uergentem : Quibus pro ximi sint ad orientalem plagam Vali: Serbi:Diduri et udę:ad occidentalē Sacani et Tusci prope Sarmaticas pilas:ubi a cau casiis iugis Ceraunia uidentur obrupta . Forsitan et hinc Tus corum genus ortum qui Etruscos ex Italia pepulerūt. Tria flu mina in byrcanum pelagus ex Caucasio monte cadere Ptholo meus ostendit:Hudonem qui Septētrionalior est:Alontem et Sionam:et interia Olondas et Isondas co locat:et citra Soanā gerros. Inter caucasium montem:et Vardanum amnem Sana neis et Agoritis sedes dedit. Vltra Vardanum uersus Psati n fluuiū:et Boream Conapsenos Arinchios Metibos Zinchos

La atracción del Oriente

La isla de Quío

En una ocasión escribió Colón: «Yo he navegado todo el Levante y el Poniente». No le faltaba razón pues, aunque evidentemente se trataba de una exageración, Colón conoció y navegó por muchos mares.

Fue esta exageración colombina la que llevó al cronista López de Gómara a señalar que «Anduvo muchos años en Siria y en otras partes del Levante». Ni un solo escrito del genovés, ni ningún otro documento, nos confirman esa posible estancia; y, por otro lado, difícilmente hubiera podido vivir en Siria, entonces en manos islámicas.

Quizás en su cita se refería el almirante a la isla de Quío, entonces en poder de los genoveses y controlada por una especie de sociedad de armadores, la Maona, cuyos miembros adoptaron más tarde el apellido Giustiniani. Quío, la isla a la que sus contemporáneos conocían como la de los «mil olores», era la puerta de entrada al Oriente, al país de las especias. Y, precisamente, Quío olía a almáciga. Un perfume característico que Colón nunca pudo olvidar. La almáciga, que se obtiene al hacer una pequeña incisión en el tallo del lentisco, es una resina que aún hoy supone la mayor actividad económica de la isla. Su poder terapéutico, eficaz remedio contra el reumatismo y excelente purificador de la sangre, que ya fue descrito por Dioscórides, hacían de la almáciga un producto deseado y buscado con afán, que los genoveses controlaban en un férreo monopolio. En la época colombina la Maona recaudaba, por sólo este producto, una renta de 50.000 ducados anuales.

Se ha dicho que fue en Quío donde a Colón se le despertó la obsesión por Oriente. Puede ser cierto. En todo caso siempre que citó en sus escritos a esta isla fue para alabar su riqueza y ponderar los beneficios económicos que de ella sacaban sus regidores con poco esfuerzo. Y, por ello, para asegurar la faceta mercantil de su viaje de descubrimiento, no dudó Colón en asegurar a los reyes que las resinas encontradas en las Antillas eran similares a la almáciga de Quío. Si aún no se había hallado oro, sí, en cambio, en las nuevas tierras había unos árboles parecidos al lentisco –que había mandado sangrar– y cuya resina traía bien guardada en una caja de madera.

No precisó Colón en sus escritos la fecha exacta de su viaje y suponemos que hubo de llevarse a cabo entre 1474 y 1475, años de los que tenemos noticias de dos expediciones genovesas a la isla. La primera flota, que salió de Savona el 25 de mayo de 1474, ciudad en la que entonces vivían los padres del navegante, como se ha dicho más arriba, estaba integrada por mercaderes y tejedores, además de la marinería. La segunda, que zarpó de Génova en septiembre de 1474, tenía una misión diferente, pues se trataba de una armada que llevaba refuerzos a la isla, amenazada por los turcos.

Maqueta de una embarcación de cabotaje, muy común en el Mediterráneo occidental, dedicada al comercio.

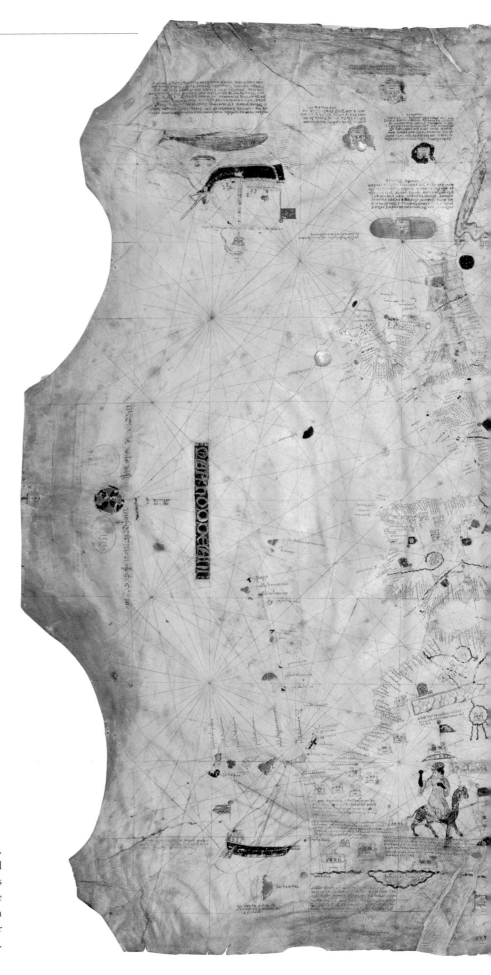

Carta náutica de Macià de Viladesters, 1413.
Mecia de Viladestes me fecit in anno MCCCCXIII. Este mapa dibuja el mar Negro, el Mediterráneo, Europa, África del Norte y sus costas occidentales con las islas atlánticas. Muchas son las curiosidades que aporta: la *jinsola de lenyame* o isla de la Madera o la presencia de un par de islas alargadas que, posiblemente, es un intento de representar el archipiélago de Cabo Verde.

Todo parece indicar que Colón fue en la segunda armada, pues dos de los barcos que la integraban eran propiedad uno de Paolo di Negro y otro de Nicolo Spinola. Dos importantes comerciantes genoveses con los que Colón tendría poco después mucha relación. Junto a ellos le veremos en Lisboa, Madeira e Inglaterra y los herederos de uno y otro figuran en el testamento del navegante.

Para llegar a Quío, Colón navegó por el mar Jónico, dobló el Peloponeso, pasó entre las Cícladas, divisó Samos y las costas de Asia menor. Llegó hasta las islas asiáticas del Egeo. Ésta, y no otra, fue su ruta al Levante.

De corsario a Túnez

En enero de 1495, escribía Colón a los reyes:

> A mí acaeció que el rey Reynel, me envió a Túnez para aprender la galeaza Fernandina, y estando ya sobre la isla de San Pedro en Cerdeña, me dijo una saetía que estaba con la dicha galeaza dos naos y una carraca; por lo qual se alteró la gente que iba conmigo y determinaron de no seguir el viaje, salvo de volver a Marsella por otra nao y más gente. Yo, visto que no podía sin algún arte forzar su voluntad, otorgué su demanda, y mudando el cebo del aguja, di la vela al tiempo que anochecía. Y otro día, al salir del sol, estábamos dentro del cabo de Cartagine, teniendo todos ellos por cierto que íbamos a Marsella.

Es éste un texto curioso en el que, el ya almirante a las órdenes de los Reyes Católicos, les revela que había perseguido a una de las naves de don Fernando, la galera *Fernandina*, hasta las aguas de Túnez cuando se encontraba navegando como corsario de Renato de Anjou. En su carta –que sólo conocemos en una copia que transcribió su hijo Hernando en la biografía de su padre–, el genovés cuenta, también, una sus artimañas favoritas para engañar a la tripulación: imantar la aguja. Una argucia que también empleó en el viaje de descubrimiento cuando estuvo a punto de sufrir un motín.

Se trata de una carta extraña que no deja bien parado al marino que aquí actuó como corsario –o en una acción corsaria– precisamente contra su patrón, don Fernando el Católico. Al copiar esta carta, ¿se dio cuenta Hernando de que su padre había perseguido a naves aragonesas. ¿O, tal vez, el hijo –que no tenía un buen recuerdo del Rey Católico– la copió, precisamente, para fastidiar?

Éste es uno más de los episodios de la vida de Colón discutido por sus biógrafos y que hoy parece zanjado dándose por cierto. No se ha puesto en duda la batalla naval, pues se sabe de varios ataques (con anterioridad a 1479) de la flota de Renato de Anjou apoyado por los genoveses, contra los catalanes. Sí, en cambio, la distancia entre Cerdeña y Túnez parece demasiado extensa para ser cubierta en una sola noche, salvo que se hubieran dado unas circunstancias climáticas muy favorables.

Otro asunto que ha confundido a los investigadores es el empeño de Colón en autodenominarse «capitán». Era muy joven para semejante puesto y, tal vez, el simple marinero quiso darse pisto subiendo de categoría. ¡Quién iba a saber, tantos años después, el cargo que ocupaba en aquella expedición!

Croquis de la ciudad de Túnez, 1535.

En las páginas siguientes:

Carta náutica árabe, *c.* 1330.

Portulano del mar Mediterráneo, Adriático y Jónico, obra del cartógrafo portugués Diego Homen, 1561.

Astrolabio árabe. De origen griego, desconocemos la fecha exacta de su aparición. Fue un instrumento de uso muy corriente en astronomía y astrología durante la Edad Media. La más antigua representación gráfica conocida es la que aparece en el manuscrito veneciano de Alejandro Zorzi. Todo parece indicar que fue Abraham Zacuto quien propuso, en la década de 1490, su introducción en la marina castellana y portuguesa.

Astrolabio de la época
del descubrimiento.

Del Mediterráneo al Atlántico

El naufragio en el cabo San Vicente

Un episodio dramático (y en la vida de don Cristóbal se sucederán las situaciones trágicas) cambiaría radicalmente su vida y le apartaría de su tierra natal: un naufragio ante las costas portuguesas. Navegaba el genovés desde Génova a Inglaterra formando parte de una flota comercial de cinco barcos, dos de los cuales pertenecían a la empresa Spinola-Di Negro, sus patronos. Al llegar a la altura del cabo de San Vicente una escuadra francesa deshizo el convoy y, tras una cruel batalla, nuestro marino se vio obligado a llegar a nado a las costas del Algarve. Este episodio, propio de una novela, en el que el dominico fray Bartolomé de Las Casas vio la mano de Dios que condujo al genovés a la Península, fue sin duda contado muchas veces por Colón a su hijo, quien se apresuró a recogerlo en su *Historia.* Hernando, en su afán por hacer más romántico el suceso, situó a su padre formando parte de la flota del almirante Colombo *el Mozo,* sin caer en la cuenta de que el asalto del corsario francés contra cuatro galeras venecianas que regresaban de Flandes tuvo lugar en 1485, fecha en la que ya Colón se encontraba en España y que la batalla a la que se refería su padre ocurrió –como cuenta, por ejemplo, el cronista Alonso de Palencia– el 13 de agosto de 1476; siendo los contrincantes, de una parte, el pirata francés Guillaume de Casenove alias *Colombo el Viejo,* y de otra, las naves genovesas en las que viajaba el futuro descubridor. Baile de nombres que, aunque equivoca la fecha, narra un hecho histórico que resume así: tras sufrir la nave en la que viajaba su padre un aparatoso incendio, y dado que se encontraba unida por cadenas al barco enemigo, cuyos marineros comenzaban el abordaje, el remedio fue saltar al agua... por morir de aquella manera antes que soportar las llamas; y siendo el almirante gran nadador... tomando un remo que topó, y ayudándose a veces con él, y a veces nadando...[llegó a] tierra, aunque tan cansado y trabajado de la humedad del agua que tardó muchos días en reponerse.

Tras su azarosa llegada, el náufrago se dirigió a Lisboa donde sus patronos genoveses poseían una sucursal de su casa comercial. A partir de entonces su vida cambiaría radicalmente de rumbo.

El Atlántico a fines del siglo xv

Calendrier de bergers, 1493. La vida en el mar configuró en el imaginario colectivo grandes miedos y también profundas devociones.

Aunque desde la antigüedad el hombre mediterráneo frecuentó el océano Atlántico, si hay alguien en el que se pueda personificar el cambio de identidad, del hombre del mediterráneo al hombre atlántico, ése es, sin duda, Cristóbal Colón, el primero que logró «ararlo», en expresión portuguesa, de este a oeste en un viaje quimérico.

Políptico de San Vicente (1467-1469), obra de Nuno Gonçalves, de la capilla mayor de la catedral de Lisboa. Detalles de los plafones de los navegantes, pescadores y caballeros.

Frente a ese mar cerrado, que era el Mediterráneo, de costas conocidas, de límites concretos, de corrientes y vientos aprendidos y recordados a fuerza de haberlos sufrido en sus viajes, el Atlántico se presentaba a los ojos de los marinos del siglo XV como un mar aún desconocido, que parecía no tener fin. La cartografía de la época lo representaba poblado de un rosario de islas, más o menos cercanas al continente, algunas fantásticas e imaginarias, otras, muy reales y bien situadas. Las leyendas que acompañaban a esos mapas, y los relatos de los viajeros, adolecían de una carga de cultura libresca que contribuía a crear un ambiente de fantasía, de atracción hacia lo desconocido.

En la época en que Colón nació en Génova (1451), el Atlántico empezaba a ser reconocido sistemáticamente. Ya Gil Eanes había doblado el cabo Bojador (1434), Gonsalves

DON ENRIQUE EL NAVEGANTE

El llamado *Políptico de San Vicente*, formado por seis paneles de madera pintados al óleo, es considerado como la mejor obra de la pintura portuguesa del siglo XV. Aunque atribuido al pintor Nuno Gonçalves, activo entre 1450 y 1470, aún son muchas las incógnitas que presenta: desconocemos qué escena se desarrolla, cuál es la simbología de los múltiples objetos representados, quiénes son los sesenta personajes retratados, quién encargó la obra y en qué año fue pintada.

Tan sólo es reconocible la figura del infante Enrique el Navegante, tocado con un gran sombrero negro, que tiene notables semejanzas con un retrato cuatrocentista del infante conservado en un manuscrito portugués de la Biblioteca Nacional de París.

La figura central puede que sea san Vicente, el santo mártir cuyo cuerpo estuvo sepultado en el cabo de San Vicente hasta el siglo XII. Otros apuntan que se trata del infante don Fernando, que murió en Fez en 1443 después de algunos años de cautiverio.

En todo caso, en lo que todos los analistas están de acuerdo es que en el cuadro están representados todos los grupos sociales del Portugal cuatrocentista y que entre ellos están retratados los hijos de don Juan I, los llamados príncipes de Aviz: el rey don Duarte, y los infantes don Pedro, don Enrique, don Juan, don Fernando y la infanta doña Isabel.

El rey Enrique VII y Juan Caboto, siglo XV, obra de G. Ramusio y F. Grisellini.
Al veneciano Juan Caboto otorgó Enrique VII un sueldo vitalicio de 20 libras esterlinas por haber descubierto Terranova.

Baldaia había llegado al río de Oro (1436), Diego Tristâo había doblado el cabo Branco (1443) y Diego Gomes, el almojarife de Sintra, ya había efectuado un reconocimiento de Guinea e incluso había conseguido remontar el río Grande y el Gambia. Gomes, que había estado en Madeira y había reconocido la isla de Santiago del archipiélago de Cabo Verde, dejó una *Crónica de Guiné*, dirigida a Martín Behaim; por aquellos años, Gomes Eanes de Azurara, redactaba su también llamada *Crónica de Guiné*. El Atlántico enriquino, pues, comenzaba a ser descrito contemplándose dos nuevas vertientes. En primer lugar, la posibilidad de convertir infieles al cristianismo en la *Crónica,* de Azurara, muy probablemente redactada para conseguir del pontífice Nicolás V la bula *Dum diversus* en 1452 y, en segundo lugar, para manifestar las espléndidas condiciones económicas que de esas conquistas podrían obtenerse, pese a la piratería ya frecuente entonces, como se aprecia en la *Crónica,* de Gomes. Otro sentido tenía el *Itinerariun Antonii Ususmaris civis januensis,* de diciembre de 1455, en el que el italiano, aludiendo a otras expediciones, como la de los hermanos Vivaldi, mezclaba a placer maravillas y fantasías, en un texto ya antiguo desde su inicio. Aunque, como ha demostrado L. A. De Fonseca, era el único modo que se le presentaba al autor para «comprender la realidad descrita haciéndola verosímil».

Frente al Atlántico meridional, el septentrional, conviene no olvidarlo, era también un océano transitado y susceptible de ser ampliado. Ambos, ignotos y misteriosos, se fueron conociendo como resultado, en primer lugar, de la búsqueda de pesquerías y, en segundo lugar, por el afán de descubrimiento de nuevas tierras. Los tiempos fueron distintos pero las semejanzas no se nos escapan. En ambos la navegación era muy similar, entre las islas y el continente, de norte a sur; y en ambos el descubrimiento «oficial» de las rutas al que hoy llamamos continente americano, fue realizado por dos italianos, Cristóbal Colón y Juan Caboto.

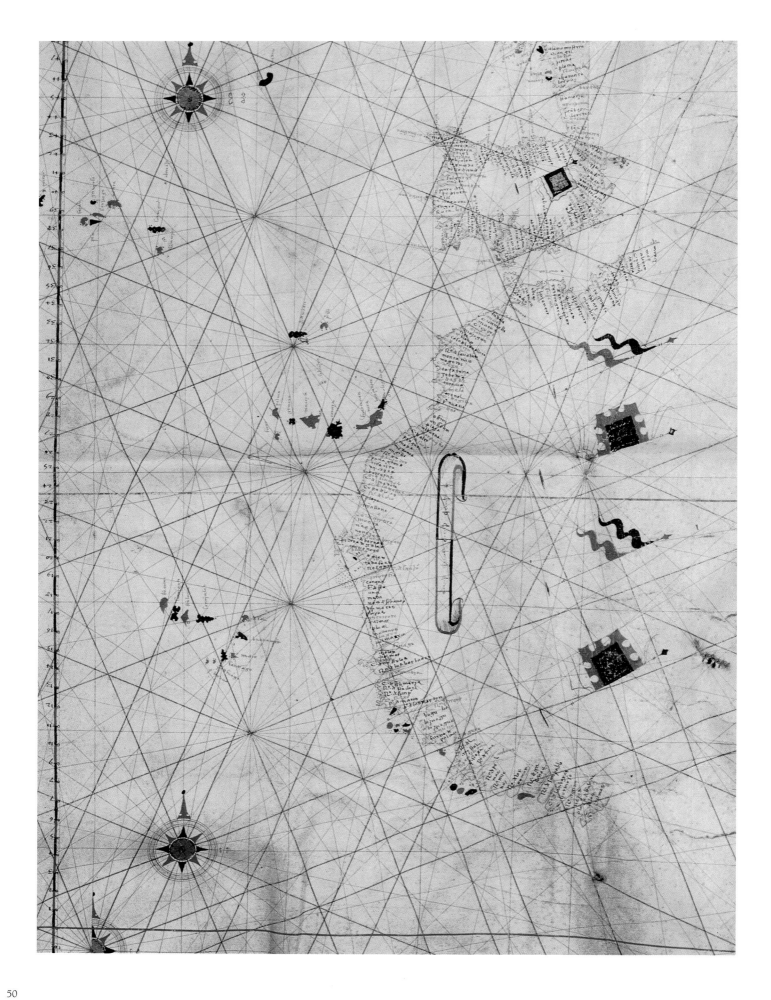

50

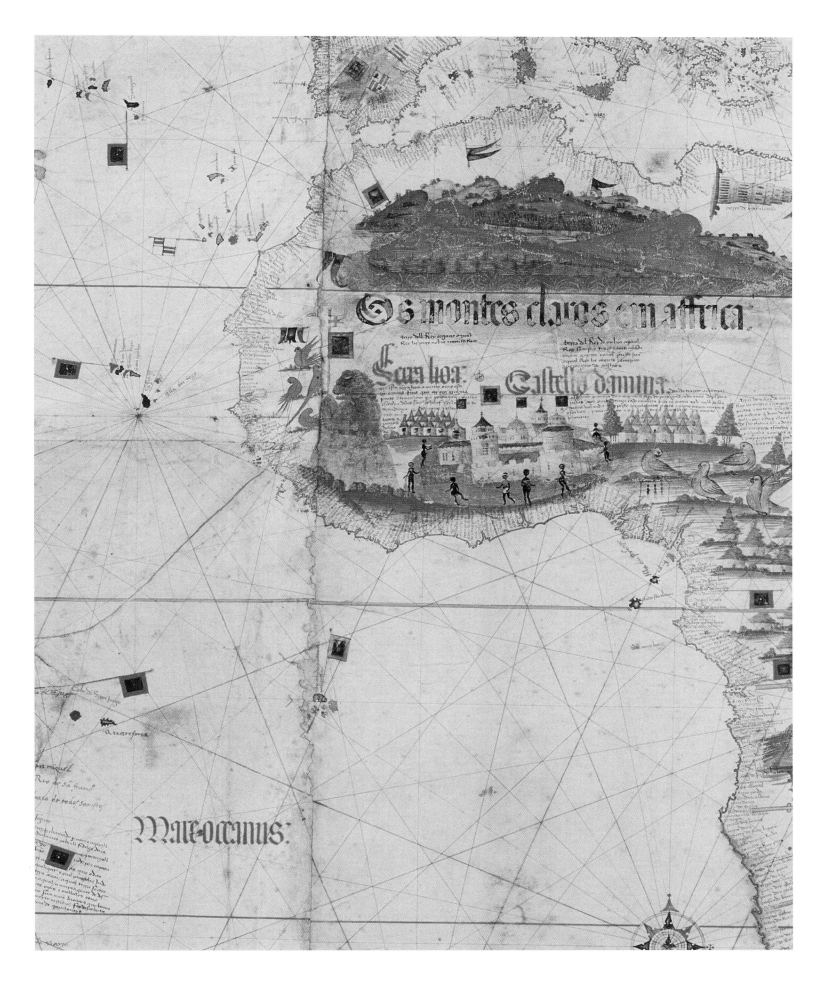

Os montes claros em affria.

Sara lioa: Castello damina:

Mare occanus:

51

En las páginas anteriores:

Fragmento de la carta atlántica de Diego Gutiérrez
(1550), en el que se ve el empleo de la doble
graduación con el fin de corregir la deformación
provocada por la declinación magnética.

Fragmento del mapa de Cantino, 1502, en el que se
aprecia la costa africana. Es admirable el contorno
riguroso con los nombres pormenorizados. Están
anotadas las rutas comerciales con los respectivos
productos.
Pese a que los portugueses situaban sus factorías en
las costas, no dejaron de interesarse y traficar con los
habitantes del interior. Y, por ello, señalaban tanto
las rutas de las caravanas como la imagen del rey del
Congo, cuyos hijos por expreso deseo de don Juan II
fueron llevados a Lisboa para ser allí educados.

Portulano de Gabriel de Valseca, 1439. Este
portulano, hecho en Mallorca, representa por
primera vez las nueve islas de las Azores dando el
nombre de su descubridor Diego de Silves y la fecha,
1427. Se dice que perteneció a Américo Vespucci
que pagó por ella un elevado precio aunque, tal vez,
el florentino la adquirió para la Casa de la
Contratación sevillana, en donde servía como piloto
mayor. Cuando fue mostrada a George Sand, la
caída de un tintero dejó una marca indeleble.

Reloj equinoccial del siglo XV,
realizado en latón y vidrio.

Los portulanos, libros de rutas,
constituyeron la primera guía de los
navegantes. Contenían la descripción de las
costas y los puertos, con indicación de las
distancias y de las rutas a seguir. En 1520, Juan
Vespucci, piloto al servicio de la corona española,
dibujó este portulano. Si el viaje que un año antes había
emprendido Magallanes tenía éxito, habría que replantear
el Tratado de Tordesillas. Así se hizo en 1524.

EVROPA

AFRICA

Políptico de San Vicente (1467-1469), obra de Nuno Gonçalves, de la capilla mayor de la catedral de Lisboa. Plafón del infante.

Políptico de San Vicente (1467-1469), obra de Nuno Gonçalves, de la capilla mayor de la catedral de Lisboa. Plafón del arzobispo.

En las páginas siguientes:

Retablo de Santa Úrsula, 1468, obra del valenciano Joan Reixac y detalle de una embarcación del tipo carraca o coca usada en la época, situada en la parte primera superior del segundo cuerpo a la izquierda del retablo.

58

Regimiēto de nauegaciõ

Contiene las cosas que los pilotos hã
de saber para bien nauegar: y los remedios y auisos que han de
tener para los peligros que nauegando les pueden suceder.
¶ Dirigido a la Real Magestad del Rey don
Philipe nuestro Señor.
Por el Maestro Pedro de medina vezino de Seuilla.

ORIZONTE

Libro segundo del altura del Sol.

En las páginas anteriores:

Frontispicio del *Regimiento de navegación*, Sevilla, 1563, de Pedro de Medina.

Utilización del astrolabio según Pedro de Medina, *Regimiento de navegación*, Sevilla, 1563.

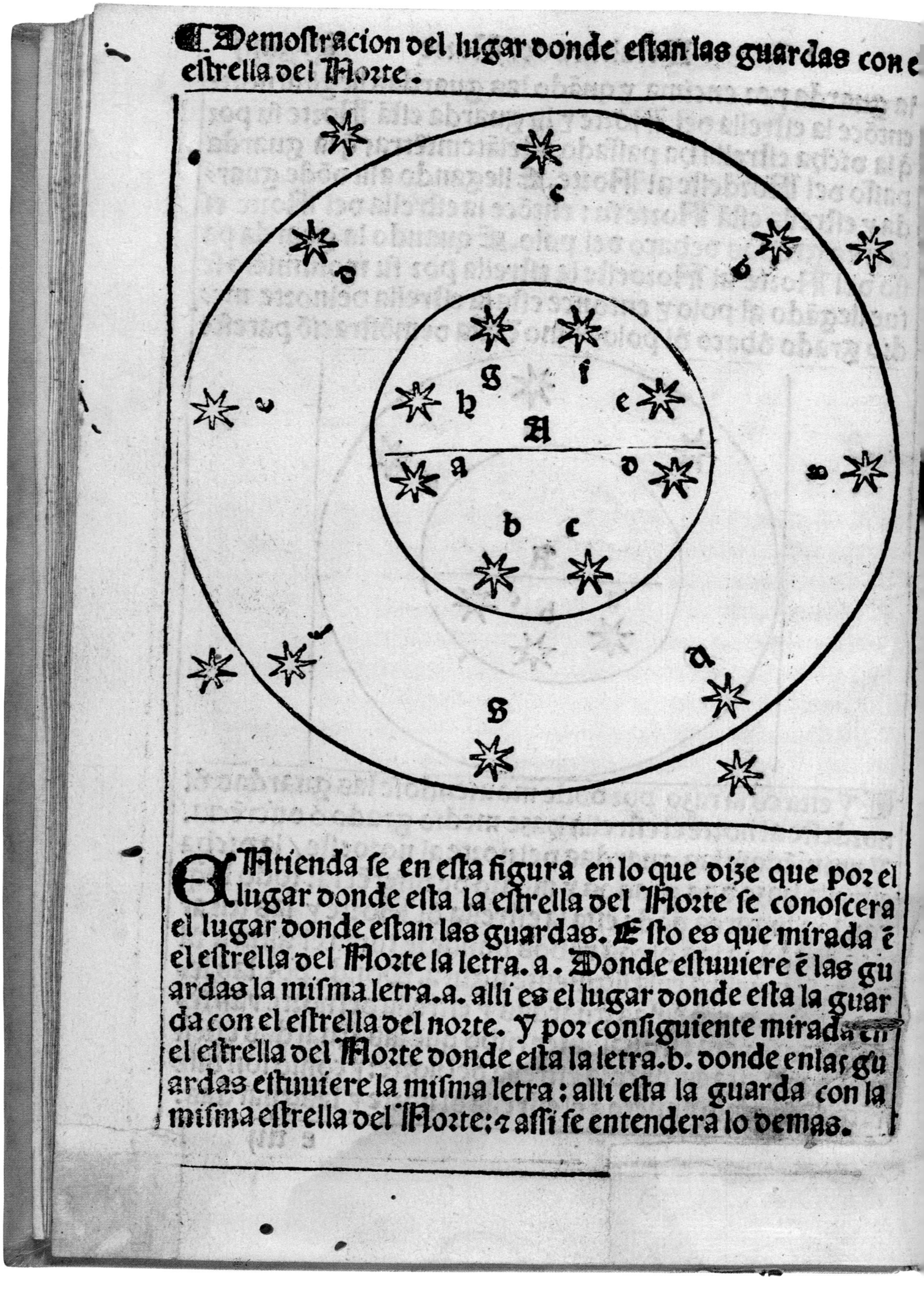
Demostracion del lugar donde estan las guardas con e[l] estrella del Norte.

Entienda se en esta figura en lo que dize que por el lugar donde esta la estrella del Norte se conoscera el lugar donde estan las guardas. Esto es que mirada ē el estrella del Norte la letra. a. Donde estuuiere ē las guardas la misma letra. a. alli es el lugar donde esta la guarda con el estrella del norte. Y por consiguiente mirada en el estrella del Norte donde esta la letra. b. donde en las guardas estuuiere la misma letra: alli esta la guarda con la misma estrella del Norte: y assi se entendera lo demas.

Posiciones relativas de la estrella Polar y de la guarda delantera y frontispicio del *Libro quarto de las agujas de marear* (página derecha). Del *Regimiento de navegación,* de Pedro de Medina.

Libro quarto delas
Agujas d marcar

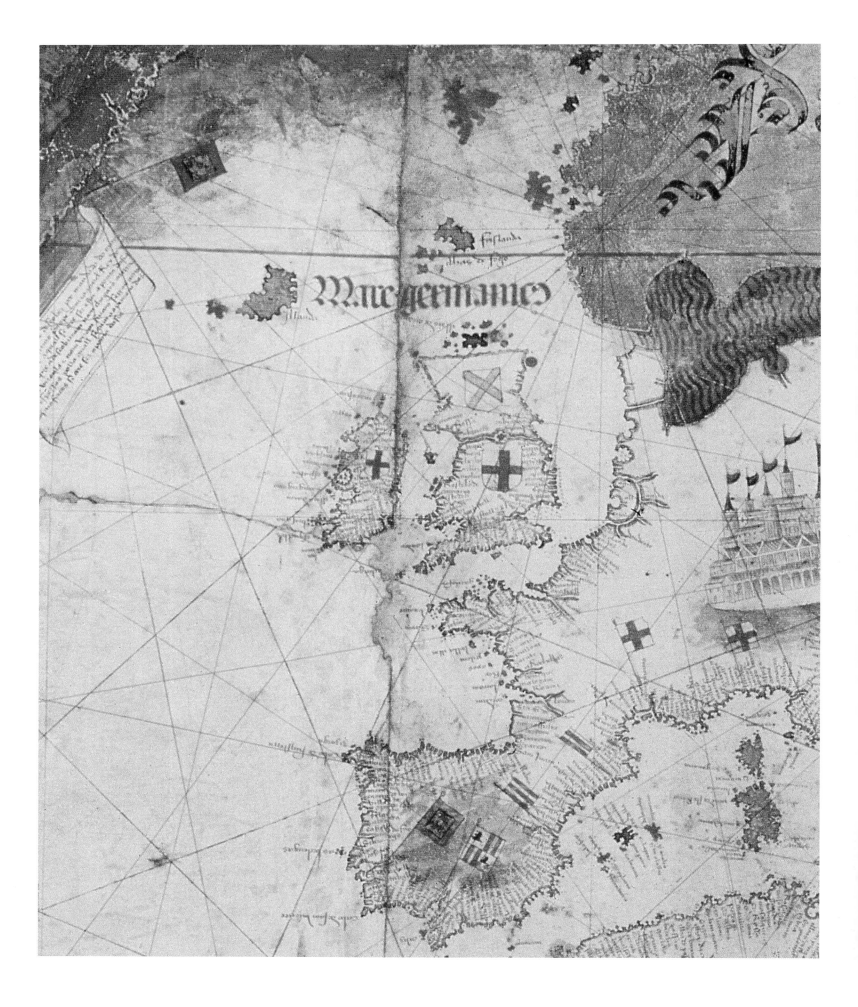

Mercader en el Atlántico Norte

Fragmento del mapa de Cantino, 1502, en el que se aprecia la costa atlántica de Europa.

Del Algarve siguió Colón su camino hacia Lisboa al encuentro de sus patronos, los Centurión y los Negro, la firma genovesa para la que trabajaba. Lisboa fascinó al genovés. La ciudad era por aquellos años una preciosa urbe cosmopolita en la que se desarrollaba una interesante y fructífera aventura marinera a la que no eran ajenos sus compatriotas genoveses. El Atlántico parecía entonces una prolongación del Mediterráneo en el que circulaban los mismos productos. Del sur procedía la sal, el oro, los esclavos, el azúcar, la cochinilla... con el norte se efectuaba el comercio de paños, de cereales, de estaño o pescado y frutos secos... E incluso algunos problemas mediterráneos, como la piratería, se daban con igual o mayor frecuencia en el Atlántico.

Como era de esperar, sus patronos encargaron al joven que continuase el viaje frustrado que le llevaba de Génova a Inglaterra y que el destino había malogrado. Así fue como a comienzos de 1477, casi recién llegado, volvió a embarcarse en un viaje comercial desde Lisboa hasta Islandia, tras hacer escala en los puertos de Bristol en Inglaterra y de Galway en Irlanda. Colón navegó, pues, en primer lugar al Atlántico Norte, una derrota que muy probablemente no repetiría.

Para hacer el recorrido de Bristol a Islandia los navíos empleaban entonces de doce a catorce días con tiempo favorable. Salidos del canal de Bristol, doblaban el cabo Minzen y hacían escala en Galway, ya por entonces el puerto más seguro e importante de la costa occidental irlandesa, y desde allí se engolfaban al septentrión en mar abierto hasta su destino final, en una travesía que duraba alrededor de dos semanas.

El despertar del comercio marítimo, las pesquerías de bacalao en el mar del Norte y las expediciones de caza de los balleneros vascos y cántabros, creaban, a partir del siglo XIII, un intenso tráfico en el canal de la Mancha. Los continuos asaltos a las embarcaciones comerciales, aconsejaron a las villas marítimas agruparse en hermandades.

Conocemos la noticia de este viaje por el propio navegante que nos dejó constancia de su periplo en una de sus cartas a los reyes y en una nota marginal que colocó a un pasaje del ejemplar que poseía de la *Historia Rerum,* de Eneas Silvio Piccolomini. Fue entonces cuando observó, por primera vez, las diferencias en las mareas atlánticas con respecto a las de las costas mediterráneas –un fenómeno que siempre sorprendía a los marinos mediterráneos que las desconocían–. Y tuvo oportunidad de oír, por primera vez, esa lengua

Grabado en el que se muestra el remolcado de ballenas a la orilla donde eran troceadas y cocida su grasa.
Ilustración de Juan Bautista Bru, *Diccionario Histórico de las Artes de Pesca Nacionales*, aunque la ilustración es del siglo XVIII,
estos oficios y formas de pesca, comercio, etc., venían siendo los mismos desde los inicios del II milenio.
Tanto en Terranova como en las islas del mar del Norte los marineros preparaban la pesca: secaban los bacalaos y troceaban las ballenas.
Hasta 1506, fecha en la que los portugueses fundaron una colonia fija en Terranova y en las costas de Canadá, las bases eran comunes
a los vascos españoles o franceses, bretones, ingleses o normandos que se bastaban para sus operaciones con unas barracas
y unos toldos en las playas que se renovaban cada año. Una curiosidad de los marineros del Atlántico Norte era que tenían
una lengua propia en la que empleaban términos ingleses y célticos para conducir los barcos, holandeses para su construcción,
germánicos para el combate y españoles, portugueses e italianos para referirse a las instituciones y a los usos jurídicos.

En las páginas siguientes:

Cuarta carta del atlas portulano de Fernao Vaz Dourado, 1568, en la que se muestra el norte de Europa: las islas de Gran Bretaña
e Irlanda y la costa de Alemania. Un letrero comenta: *Este padram he de toda Allemanha. Está em altura de setenta e oito graos
da banda do norte e he sogeita ao Emperador Carllo Manho* (Carlos V).

LA HANSA Y LOS «HERMANOS DE LAS VITUALLAS»

En 1243 Lübeck y Hamburgo firmaron un acuerdo para combatir la piratería, que acechaba en las desembocaduras de los principales ríos alemanes, en las islas del Báltico y el mar del Norte. Entre los piratas más famosos destacaron Godekins y Stertebeker (al que se conocía como el «empinacodos»), quienes, a finales del siglo XIV, se unieron a Moltke y Mantelfel (alias «el hombre diablo») para formar los *Vitalienbrüder* («Los Hermanos de las vituallas»). Como antiguos comerciantes de la Hansa conocían perfectamente las rutas de los navíos que traficaban por aquellos mares. Con astucia –y en posesión de na-ves más ligeras que las mercantes– sembraron el terror en todo el mar del Norte durante varios años. En 1392 asaltaron y saquearon Wisby, sede principal de la Hansa, capturando rehenes por los que pidieron sustanciosos rescates. A continuación asaltaron Bergen, con idéntico resultado. Hasta 1402 consiguieron bloquear la navegación por el Báltico y mar del Norte: ni los barcos pesqueros se atrevían a salir del puerto. En esa fecha, fueron derrotados por una importante flota hamburguesa. Tras una feroz batalla, la «hermandad» fue vencida: se rescató un fabuloso botín, con el que se sufragaron con creces los gastos de la expedición y Stertebeker fue ajusticiado.

Cuando Colón viajó por aquellos mares tan sólo las inclemencias del tiempo constituían un serio peligro. Como norma general las flotas solían hacerse a la mar en navíos sueltos, o bien en grupos de dos o tres barcos que asociados para la empresa contrataban a un solo piloto, lo que demuestra que la ruta no era en sí complicada. Sin embargo, en alguna ocasión sí hubo pequeñas escaramuzas entre las diferentes flotas mercantes. Unos asuntos menores que se dirimían en las llegadas a puerto.

LA RUTA DEL BACALAO

La tentación de confundir el Atlántico español o portugués con sus respectivas «Carreras de Indias» ha sido una constante de la historiografía ibérica. Fuera de esas «Carreras» otras rutas cruzaban el Atlántico Norte en un tráfico constante e importante en volumen de negocio, sin la más mínima intención de tocar el Caribe o el Golfo de México.

El verdadero problema del Atlántico Norte en la segunda mitad del siglo XV y durante todo el siglo XVI, era la lucha por la supremacía en las rutas. No hay ruta sin economía, y muy pronto se pudo comprobar que la pesquería del Mediterráneo, que cuenta con recursos limitados, era superada por la del Atlántico Norte, de caladeros prácticamente inagotables. La explotación a gran escala del bacalao en los bancos de Terranova, y de la caza de la ballena en una ruta más meridional, dio origen a la rivalidad entre las diversas naciones europeas. El incremento del consumo de pescado hizo posible, al decir de P. Chaunu, que la población europea, obligada a no comer carne más de la mitad de los días del año, se duplicara. A monopolizar ese mercado se lanzaron vascos, portugueses y franceses, seguidos por ingleses y escandinavos.

Y, aparte de saciar el hambre de los europeos, de alumbrar ciudades con la grasa de ballena o de fabricar artefactos con sus huesos, la búsqueda de nuevos bancos pesqueros tuvo como consecuencia no pocos descubrimientos. No otra cosa fue el de Juan Caboto, un viaje financiado por un grupo de portugueses y azorianos que se dedicaban a la pesca del bacalao.

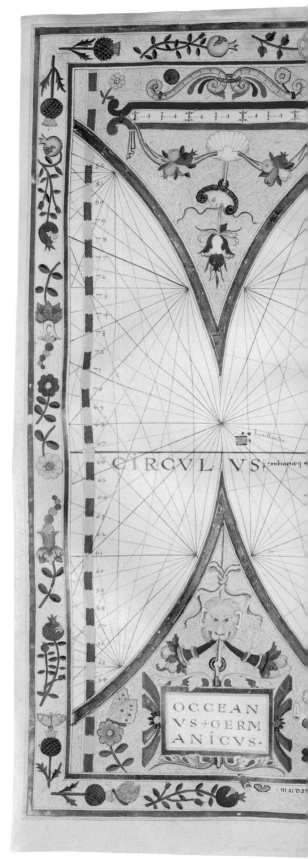

propia de los marineros del Atlántico Norte que, como nos demostró M. Mollat, empleaban términos ingleses y célticos para conducir los barcos, holandeses para su construcción, germánicos para el combate y españoles, portugueses e italianos para referirse a las instituciones y a los usos jurídicos.

Además, y como quien no quiere la cosa, Colón nos ofrece en aquellos dos textos, antes citados, dos datos de interés fundamental. En primer lugar, señala que había navegado cien leguas más allá, más al norte, de la isla de Tule. Si, como sabemos, Tule representaba para los antiguos el límite septentrional del mundo conocido, resulta de esta afirmación que él mismo lo había sobrepasado con creces. En segundo lugar, reseña don Cristóbal un dato curioso: «Hombres de Catayo» –escribe– «vinieron al oriente. Nosotros hemos visto muchas cosas notables y sobre todo en Galway, en Irlanda, un hombre y una mujer en unos leños arrastrados por la tempestad de forma admirable». Esta nota, escrita con posterioridad a los hechos que relata, nos puede indicar que fue entonces cuando el futuro almirante empezó a vislumbrar la posibilidad de efectuar un viaje en sentido contrario al que habían efectuado esos cuerpos, de hombres de una raza distinta a la nuestra y donde se sintió, por primera vez, atraído por las regiones polares. Así, algunos biógrafos del almirante han querido ver en el texto de su carta al ama del príncipe don Juan el recuerdo de un viejo proyecto, que no había abandonado en 1500, nada menos que ir al descubrimiento del polo ártico. Fue, sin duda, este viaje al Atlántico Norte la espoleta que decidió a Colón a permanecer en Lisboa; pues desde esas fechas le veremos afincado en Portugal.

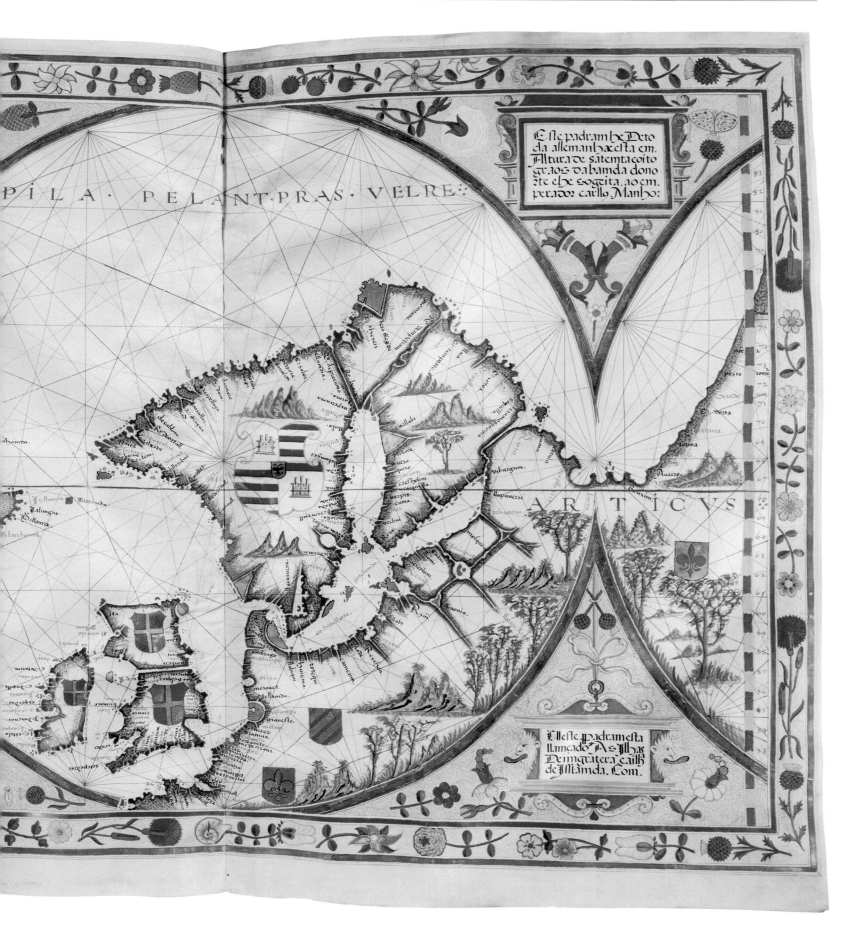

Mapa de Islandia publicado en *Theatrum Orbis Terrarum,* de Abraham Ortelius, *c.* 1590. Un cronista del siglo XVI nos cuenta que en Islandia cuando a los bacalaos se les acababa la comida, «se dispersan y persiguen a las pescadillas, que les gustan mucho. Éstas huyen ante ellos y a esas persecuciones debemos los frecuentes regresos de las pescadillas a nuestras costas [a Europa]».

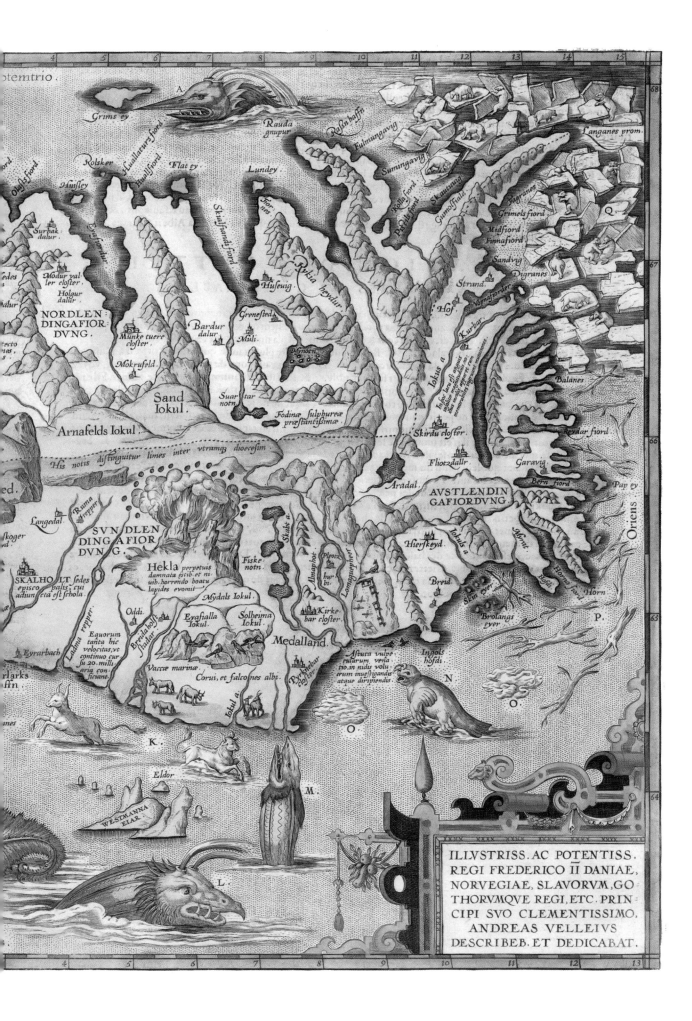

Traficando por el Atlántico portugués y castellano

Aunque ambos Atlánticos, como espacios fronterizos que el hombre por naturaleza desea atravesar, resultaban inquietantes y apetecibles, el portugués parecía mucho más atractivo que el septentrional, de crudos inviernos y larguísimas noches. Conviene recordar que los portugueses, en 1477, estaban enfrascados en viajes mucho más prometedores que los que efectuaban los habitantes del Atlántico Norte, que ya hacía mucho que habían abandonado los viajes por el mar tenebroso, y andaban empeñados exclusivamente en la pesca de la ballena y del bacalao.

Del oficio de librero –actividad a la que se dedicó el genovés en los primeros años que vivió en Portugal– es difícil vivir y Colón se vio obligado a compaginar esa nueva profesión con su afición marinera, sin duda la que más le atraía. En Lisboa conoció Colón las nuevas teorías en boga. Allí trató a Martín Behaim, que no construiría su globo hasta más tarde, cuando ya don Cristóbal estaba en Castilla, pero que sí andaba empeñado en estudiar la navegación por alturas. En Portugal vio las cartas del sabio Toscanelli, que se apresuró a copiar y con él, tal vez, llegara a cartearse. Él mismo nos dice que conoció al astrónomo maese José, al que daba gran crédito. En sus viajes, actuando siempre como un comerciante de la casa de Ladislao Centurión y de Paolo di Negro, oyó relatos, aprendió a leer cartas de marear, vio gentes de otras razas, conoció nuevos productos. Poco a poco iba asistiendo al regreso de flotas que habían superado un nuevo cabo y, sobre todo, que habían logrado regresar tras entrar en contacto con poblaciones desconocidas. Muchas de estas expediciones habían sido simples exploraciones militares que habían reportado beneficios económicos espectaculares, pese a que los barcos se desintegraban comidos por la broma, lo que suponía unos costes inmensos.

Porto Santo y Madeira

En Portugal don Cristóbal casó con Filipa Moniz de Perestrello, ligada familiarmente con capitanes colonizadores, no marinos como se ha señalado equivocadamente en muchas ocasiones, pero sí relacionados con aventuras marítimas que sin duda avivaron su mente y sus deseos de «conocer más», una máxima del futuro almirante que nunca le abandonó.

Ya casado, se trasladó por un corto periodo de tiempo a vivir a la isla de Porto Santo. Un pequeño islote, casi desierto, muy próximo a la isla de Madeira, de la que su suegro Bartolomé Perestrello, ya fallecido, había sido capitán donatario. Allí Colón no pudo consultar ni mapas, ni instrumentos, ni cartas de marear, pero sí debió de quedar fascinado ante la frecuente aparición de cantidad de objetos extraños que, de vez en cuando, arrojaba el mar

Astrolabio gótico del siglo XV.

Retrato de Juan II de Portugal, escuela portuguesa, siglo XV.
Pese a que le negó su ayuda, Juan II de Portugal fue el primer monarca europeo que recibió de boca del descubridor la noticia del descubrimiento.

D. JOÃO II

TOSCANELLI

En 1474 el famoso físico y astrónomo florentino Paolo del Pozzo Toscanelli escribió una carta, acompañada de una esfera, al canónigo lisboeta Fernando Martins, en la que aseguraba que era posible navegar a la India por el oeste. Todo lo que conocemos de esta correspondencia es una copia que el almirante escribió en una de las páginas de su ejemplar de la *Historia Rerum,* de Eneas Silvio Piccolomini, a la que añadió otras dos cartas que él mismo decía haber recibido del florentino.

Hoy en día nadie duda de la autenticidad de la carta de Toscanelli a Martins. Lo que en cambio no parece creíble es que el astrónomo mantuviera una relación epistolar con un desconocido genovés. La hipótesis más verosímil es que Colón copió en Lisboa la carta de Toscanelli a Martins y que, años más tarde, se inventó él mismo la correspondencia con el sabio que le servía como apoyatura a sus teorías cosmográficas y que, de camino, le permitía presumir de un ilustre corresponsal.

Muchas de las ideas de Toscanelli no eran ni tan nuevas ni tan originales: ya figuraban en los mapamundi de la escuela catalana, en varios portulanos italianos y en la carta de fray Mauro, y el concepto de la esfericidad de la Tierra era un principio generalmente aceptado en el siglo XV.

Colón jamás nombró al florentino en sus escritos al que copió en repetidas ocasiones en su *Diario*. Señalaba Toscanelli: «Debéis comenzar el viaje siempre hacia poniente [...] sabed que no se encuentran en las islas salvo mercaderes [...] un puerto nobilísimo llamado Zaytón, que dicen que todos los años van a ese puerto cien navíos grandes de pimienta [...] reinos y ciudades sin cuento bajo el poder de un solo príncipe que se llama Gran Kan [...] hace ya doscientos años que enviaron una embajada al papa a pedirles muchos sabios para ser iluminados en la fe [...]. Quinsay, en la provincia de Mango, vecina de la provincia de Catay [...] desde la isla Antilia, que conocéis, hasta la nobilísima de Cipangu hay diez espacios [...] esta isla es muy abundosa en oro, perlas y gemas y cubren con oro puro los templos y los palacios del rey»; idénticas palabras empleará don Cristóbal años más tarde.

en sus playas, sobre todo árboles de maderas desconocidas y talados de manera singular; aún hoy la *Gulf Stream* lleva a la isla, entre sus aguas, vegetación antillana.

Ya fuera desde Lisboa, o bien desde Porto Santo, Colón viajó en repetidas ocasiones a la isla de la madera. El comercio de azúcar atraía a los comerciantes genoveses y a la isla acudió don Cristóbal en 1478, un año después de su viaje a Islandia. El negocio quebró y, un año más tarde, en agosto de 1479 tuvo Colón que acudir a Génova a presentar las cuentas a sus patronos. Fue ésta la última vez que el navegante volvió a ver su tierra natal.

Guinea

Las escuadras de los reyes de Portugal avanzaban por las costas africanas y, en su camino hacia la India, iban descubriendo y tomando solemne posesión de la costa occidental del continente africano. El oro, las especias y el comercio de esclavos producían inmensas riquezas a los comerciantes, que obtenían concesiones reales para practicar el tráfico mercantil; y la corona, al estarles vedado a los comerciantes actuar libremente, recibía buenos beneficios arrendando las licencias y arriesgando muy poco. Entre esos comerciantes se encontraban no sólo los Centurión-Spinola-Di Negro, sino también el florentino Bartolomé

Mapamundi de fray Mauro, 1459. Los mapamundis de mediados del siglo xv se compusieron en un periodo en el que el interés
por la geografía del mundo –vivo gracias a la leyenda del preste Juan, a las cruzadas y a los viajes de Marco Polo
y de los franciscanos a Extremo Oriente– se agigantó con la recuperación y traducción de la *Geografía*, de Ptolomeo,
y los nuevos descubrimientos geográficos.
Los cartógrafos tuvieron que armonizar las concepciones de la cartografía medieval, tanto musulmana como cristiana,
expresada en el mapa de Cresques y la cartografía mallorquina, y la de Ptolomeo.

En las páginas siguientes:

Mapa de África incluido en *Navegatione e Viaggi,* de G. B. Ramusio (3.ª ed., Venecia, 1563).

Marchioni, que mantenía una estrecha relación con Juanoto Berardi, el que sería años más tarde factor de los dos primeros viajes de Colón al Nuevo Mundo. Con ellos don Cristóbal conoció el continente africano.

Fue en estos viajes, de los que Colón nunca dijo cuántos hizo ni en qué fechas, y cuyos lugares, que cita en sus escritos, son la costa de la Malagueta, donde vio sirenas, y la fortaleza de San Jorge de la Mina, fundada en 1481 y que, erróneamente, consideró situada en la línea ecuatorial, donde sin lugar a dudas adquirió el nauta una serie de experiencias que le serían básicas en su formación. Además de un conocimiento profundo del sistema de colonización portugués, que tanto influiría en sus planteamientos políticos en las Indias, entró en contacto con una nueva práctica marinera que le resultaría en el futuro de gran utilidad. En sus distintos recorridos aprendió a, desde navegar con viento contrario o ceñir, hasta medir la altura del sol con el astrolabio e incluso las técnicas del trueque de baratijas, que tan buenos resultados le darían más tarde en el Nuevo Mundo. Unas enseñanzas que con anterioridad no había tenido ocasión de aprender.

Por tres veces anotó en los márgenes de uno de sus libros preferidos, el *Ymago mundi* del cardenal Pierre d'Ailly, sus experiencias guineanas, base de sus teorías geográficas.

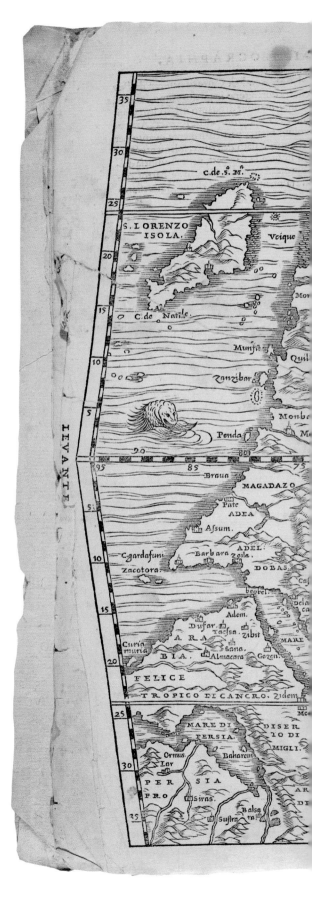

África es el doble que Europa [...] Por la parte del sur y del norte la pueblan gente sin número, y no lo impide el máximo calor. Y debajo de la línea equinoccial, donde los días siempre son de 12 horas, está la fortaleza del serenísimo rey de Portugal, en la que estuve y encontré que era un lugar templado.

La zona tórrida no es inhabitable [...] sino que está muy poblada.

Navegando con frecuencia desde Lisboa al sur, a Guinea, observé con diligencia la derrota [...] y después tomé la altura del sol con el cuadrante y otros instrumentos muchas veces, y encontré que concordaba con Alfragano, es decir, que correspondían a cada grado 56 millas y ²/₃. Por lo tanto, hay que prestar fe a esta medida. En consecuencia podríamos decir que el perímetro de la Tierra en el círculo equinoccial es de 20.400 millas. Lo mismo halló el maestro José, físico y astrólogo y otros muchos. [...] Y esto lo puede ver cualquiera que mida por las cartas de marear, tomando las medidas de norte a sur por el océano, fuera de toda tierra, en línea recta, lo que bien se puede hacer empezando en Inglaterra o Irlanda en línea recta hacia el sur hasta Guinea.

Anotó Colón, como gran novedad, la habitabilidad de las zonas tórridas, olvidando que los portugueses hacía por lo menos veinte años que estaban perfectamente al corriente de las condiciones meteorológicas de la zona subecuatorial, zona a la que él, muy probablemente, nunca llegó. Se equivocó al situar los grados de la fortaleza de San Jorge de la Mina que, como ya para entonces había demostrado Duarte Pacheco en su *Esmeraldo* estaba a 5° 30′ al norte del ecuador y también erró al calcular la longitud del círculo equinoccial. Su contundencia en mantener sus hipótesis –contra viento y marea– fue la causante de que se le concediera el permiso para realizar el viaje de descubrimiento. ¡Sólo Dios sabe cuántas veces de una falsa premisa se ha logrado un genial descubrimiento!

Años más tarde, cuando describía el Nuevo Mundo que estaba contemplando, la comparación con Guinea y sus tierras le venía a la mente: «avía gran cantidad de palmas, de otra manera que las de Guinea y las nuestras»; la bondad de las aguas de los ríos americanos era extraordinaria, «no como los ríos de Guinea, que son todos pestilentes», y los hombres, a pesar de estar tan cerca de la línea equinoccial «ni son negros salvo en Guinea», e incluso las telas que le ofrecen los indígenas le recordarán aquellas de África, «Me truxe-

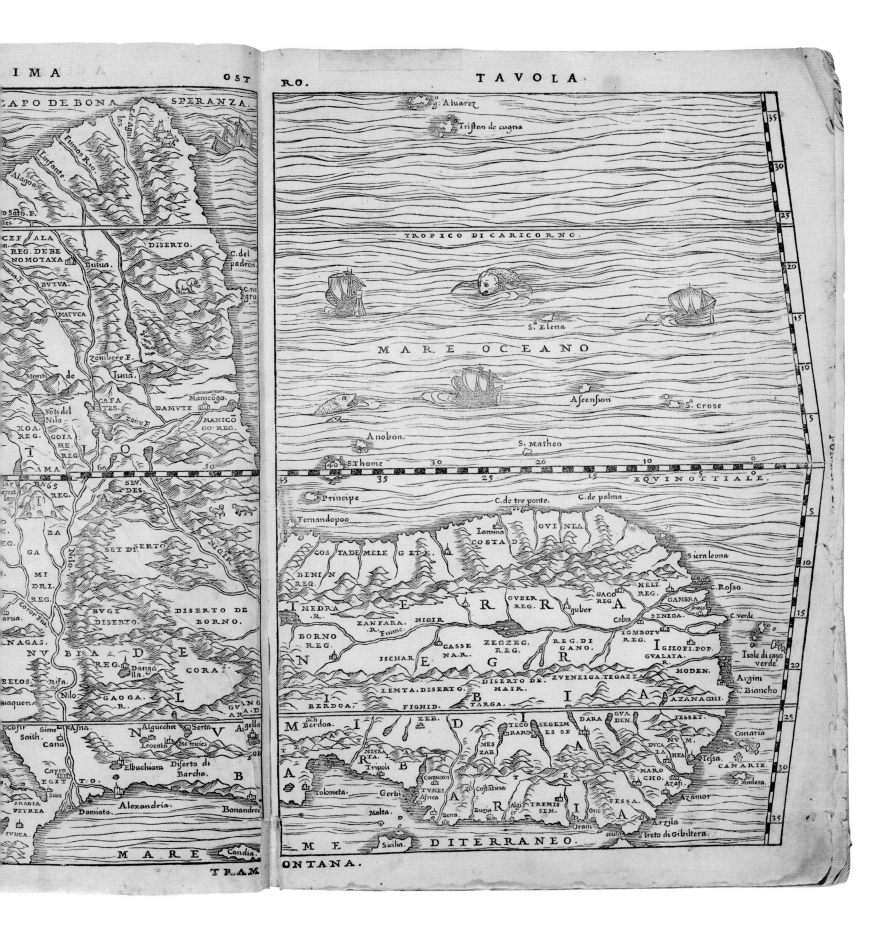

CAPO DE BONA SPERANZA.

TROPICO DI CARICORNO.

MARE OCEANO

S.ᵃ Elena

Ascension

S.ᵃ Crose

Anobon

S. Matheo

S. Thome

EQVINOTTIALE.

Principe

C. de tre ponte. C. de palma.

Fernandopoo

GVINEA

COSTA DE MELE G ET E.

Siera leona

BENIN REG.

MELI REG.

C. Rosso

GVEIR REG.

GAGO REG.

GAMBRA

T NEDRA R.

guber

SENEGA

C. verde

ZANFARA R. NIGIR Fiume.

REG. DI GANO.

TOMBOTV REG.

GILOFI. POP.

BORNO REG.

CASSE NAR.

ZEGZEG. REG.

GVALATA.

Isole di capo verde.

ISCHAR

DISERTO DE ZVENZIGA TEGAZZ.

HODEN.

Argim

LEMTA DISERTO. HAIR.

C. Bianco

BERDOA. FIGHID. TARGA.

AZANAGHI.

ZEB.

DARA

GVA DEN.

TESSET.

Berdoa.

TEGO RARIN SEGELM ES SE

Canaria

MESRA R.ᴵᴬ

MES ZAB.

DVCA LIA

Messa

Tripoli

MARO CHO.

CANARIE.

Coranon

Costatina

Azafi

Madera

Tolometa.

Gerbi

TVNES Africa

FESSA

Azamor

Malta.

Bona

Buzia

TREMIS SEM.

Arzila

Sicilia

Oram

Streto di Gibiltera.

MARE DITERRANEO.

ron pañezuelos de algodón muy labrados y tejidos de colores y labores, como los llevan de Guinea, de los ríos a la sierra de Lioa, sin diferencia». Y, asimismo, sobre la toponimia indiana se proyectan nombres claramente africanos: cabo do Monte, cabo Verde, cabo Roxo, cabo das Palmas, río do Ouro, porto Santo y hasta un valle del Paraíso

También la lengua del futuro almirante aparece cargada de términos africanos. Los indios, que no son *pretos*, que tienen los cabellos *corredíos* y que se alimentan de *inhames* y *faxoes*, navegan en *almadías*. Como no podía ser de otra manera, y ya nos recordó Juan Gil, la lengua marinera de Colón es una mezcla de términos castellanos como encabalgar el cabo, por doblar el cabo; palabras de origen mediterráneo, que ya figuran en textos portugueses, como *treu*, *papafigo*, *gisola*, *colla* (viento continuado), *balços* de viento (que Colón llamó «baltos»), *dar reguardo* (prestar atención); portuguesismos como marea ingente (*enchente*, creciente de la mar), pozo (*pouso*, en sentido de fondeadero), *turboadas* (término que aprendió durante sus viajes a la Mina).

Otro fenómeno propio del Atlántico y, por lo tanto, desconocido para el hombre mediterráneo es el *macareo*, un choque de mareas, que produce unas altísimas olas, muy parecidas a las enormes del tsumani. Pues bien, también Colón hubo de sufrir un macareo cuando navegaba con los portugueses, un fenómeno no muy frecuente pero que el almirante volvió a padecer cuando navegaba en el delta del Orinoco.

Cabo Verde

Mientras que la ruta de Lisboa a Guinea permitía evitar las islas de Cabo Verde bordeando las costas africanas y doblando el cabo de Dakar, la de regreso solía establecerse haciendo escala en el archipiélago, entonces bajo soberanía portuguesa, para evitar zigzaguear a lo largo de la costa navegando de bolina. Ya en el *Diario* de su primer viaje recordó Colón a las aves caboverdianas, las que llamaban *rabiforcado*, que hacen vomitar a los alcatraces lo que comen para comerlos ellas, añadiendo «ay d'estas muchas en Cabo Verde», señal de que allí había podido observar esta curiosa manera que tenían de alimentarse.

En su tercer viaje al Nuevo Mundo, después de haber tocado Porto Santo, Madeira, la Gomera y Hierro se detuvo Colón en la isla de la Sal, en Bonavista y, por fin, en la de Santiago de donde partiría para su viaje de descubrimiento del continente sudamericano.

Las Azores

Ignoramos en qué fechas acudió Colón al archipiélago de las Azores antes del viaje de descubrimiento, pero es seguro que lo conocía por las referencias que hizo en sus *Diarios* en los que alude al clima, a la hierba del mar de los Sargazos que en ocasiones llegaba hasta el archipiélago, a la flora, a las conversaciones que allí había tenido con sus habitantes o la seguridad de alguno de los fondeaderos. Así, por ejemplo, al regreso de su primer viaje, en febrero de 1493 cuando –tras la tempestad que lo había llevado a la isla de Santa Marta y se dirigía a la de San Miguel– afirmó con rotundidad que en ninguna de las Azores había un puerto seguro. Por otra parte, en los tres viajes de regreso de las Indias que realizó como capitán atracó voluntariamente en alguna de sus islas. Huelga decir que las Azores eran escala obligada en la ruta de América a Europa en los orígenes de la navegación y en su aeropuerto repostaban los primeros vuelos transatlánticos.

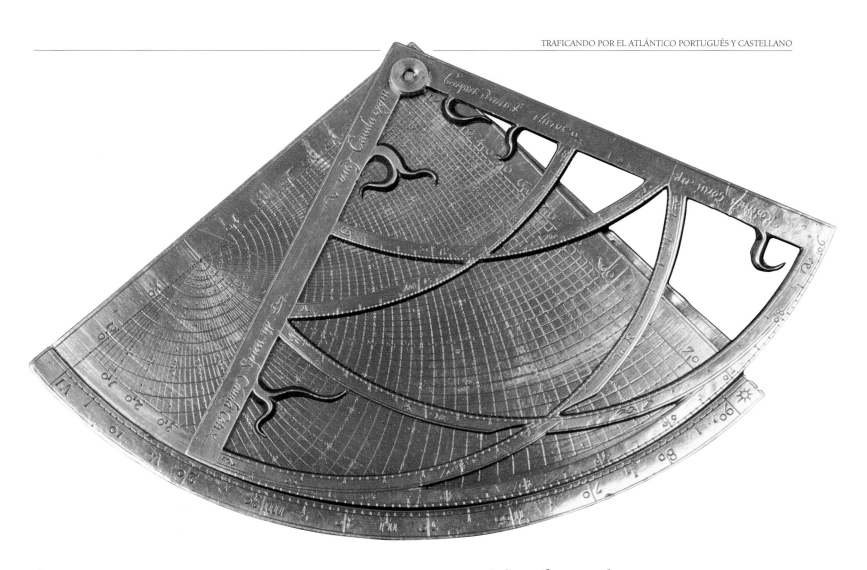

Cuadrante flamenco del siglo XVI. Aúna los conceptos flamencos y el planteamiento de la astronomía islámica del siglo XI en su red.

En las páginas siguientes:

Cara y dorso de un sexagenario, el último instrumento astronómico árabe (mediados del siglo XV), introducido en Europa a través de España.

Las islas afortunadas

Es evidente que en los diarios de Colón hay muchas menciones a Canarias y así había de ser porque de sus cuatro viajes al Nuevo Mundo, tres descansaron en este archipiélago. Pero todas ellas son referencias que conocemos a *posteriori*. ¿Hasta qué punto conocía Colón estas islas antes de 1492? Es más que probable que pasara por ellas cuando navegaba hacia la Mina, el camino más cómodo donde los portugueses obtenían las conchas, esa moneda de cambio que en estas islas era más barata que en Sevilla o Lisboa, hacían aguada o vendían esclavos. El acierto en el rumbo para llegar a ellas en el viaje de descubrimiento nos permite aventurar que la navegación le era familiar. Como atestigua su *Diario de a bordo*, el 7 de agosto de 1492 enfiló con total seguridad a la isla de Lanzarote y entre el 9 de agosto y el 7 de septiembre pasó de Gran Canaria a la Gomera y, tras costear Tenerife –aún no conquistada por los reyes castellanos– regresó a Gran Canaria y, finalmente, de nuevo a la Gomera desde donde partió para su viaje descubridor.

Hasta 1485, año en el que Colón abandonó Portugal para dirigirse a Castilla a presentar a los reyes «su proyecto» de cruzar el Atlántico de oeste a este, el genovés había cruzado muchos mares y había adquirido la práctica necesaria para desenvolverse en muy distintas situaciones. Como no podía ser de otra forma, había aprehendido el océano con la experiencia de sus propias navegaciones. Y así lo señaló en la carta a los reyes en la que les narraba su tercer viaje «e tenido mucha diligencia en la experiencia». Con ese bagaje se disponía a realizar dos hazañas, arando el Atlántico; esto es haciendo el camino de ida y vuelta por una porción del océano Atlántico hasta entonces no transitada por los europeos.

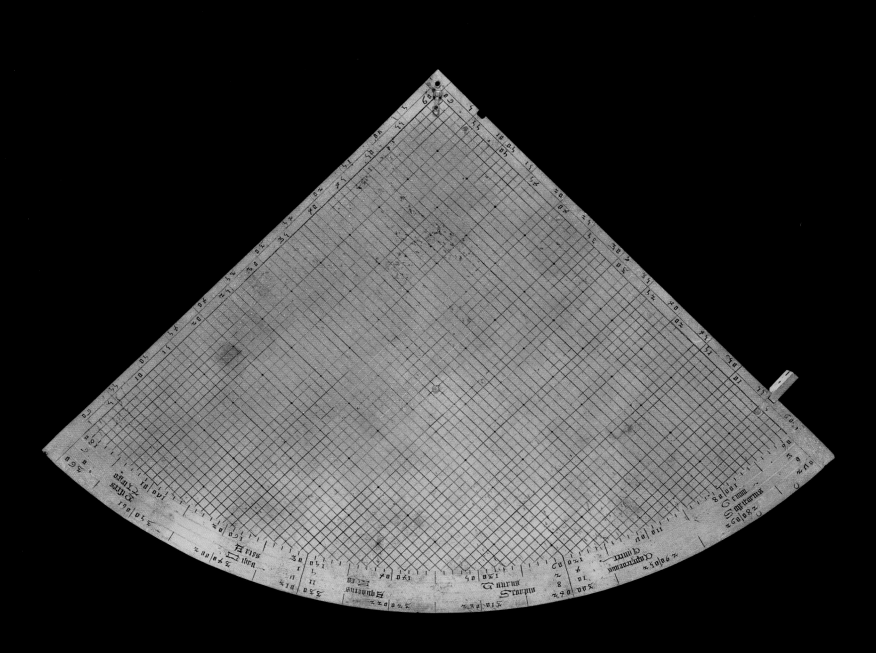

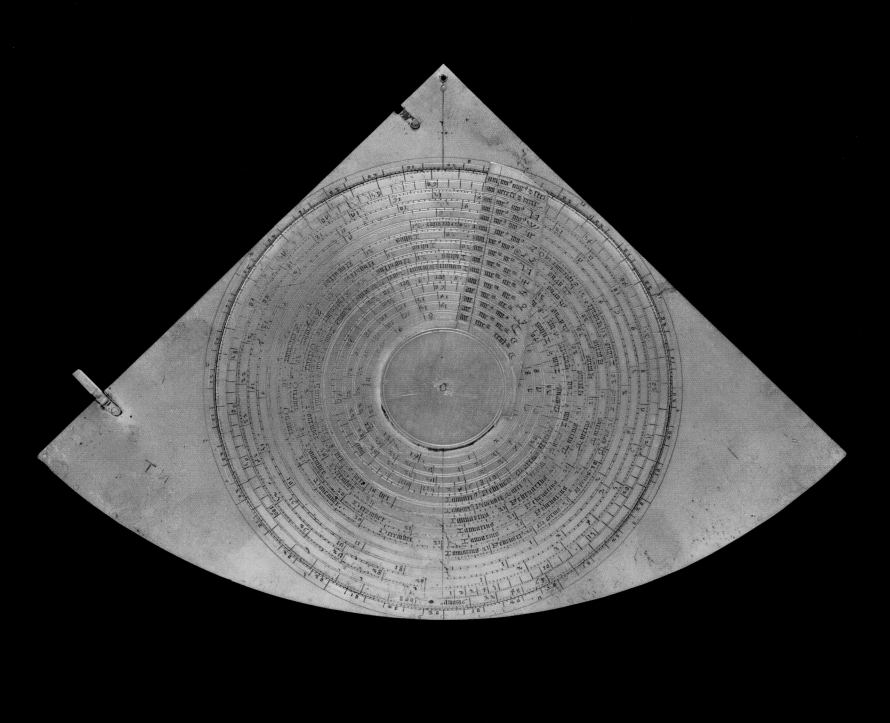

Mapa del mundo del *Insularium Illustratum,* de Enrico Martello, *c.* 1470.
Cuando ya Colón había descubierto la tierra firme aún seguía representándose la Tierra en tres continentes. Tal era la confusión que reinaba entre los cartógrafos de aquellos tiempos.

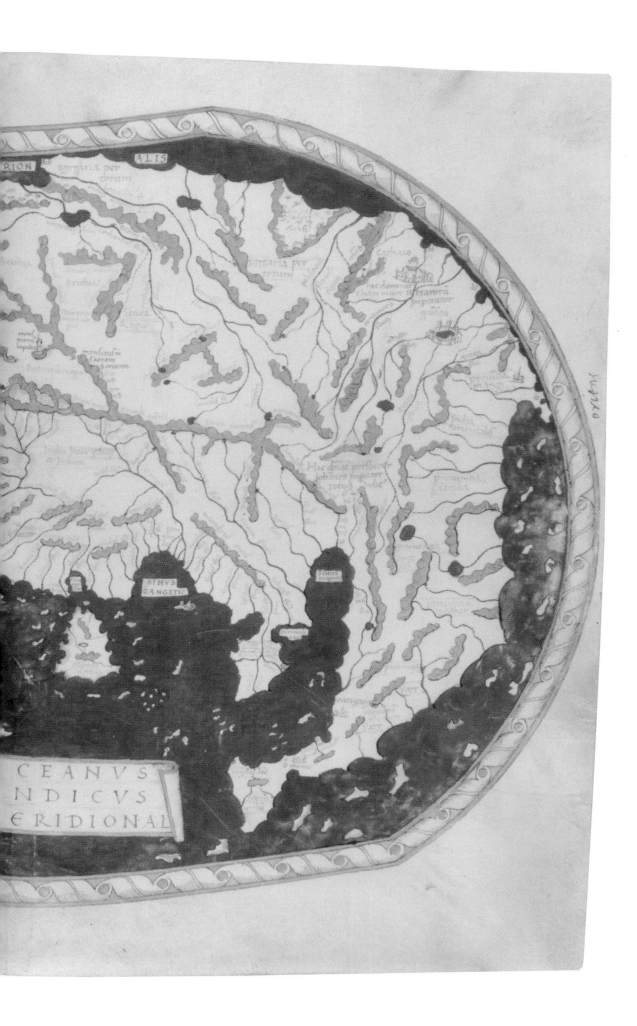

En las páginas siguientes:

En esta carta atlántica de Diego
Gutiérrez (1550) se ve el empleo
de la doble graduación con el fin
de corregir la deformación
provocada por la declinación
magnética. A partir del meridiano
de las Azores las latitudes se
desplazan 3° N.
Dibujar mapas era costoso y, lo
habitual, era emplear plantillas en
las que el cosmógrafo real iba
añadiendo los nuevos territorios
descubiertos según llegaban las
flotas. Los errores que a menudo
presentan las leyendas de los
mapas son debidos, en muchos
casos, a la mala interpretación del
cartógrafo que, desconocedor de la
lengua que copiaba,
malinterpretaba los topónimos. La
leyenda dice: «Diego Gutiérrez,
cosmógrapho de Su Magestad, me
fizo en Sevilla año de 1550».

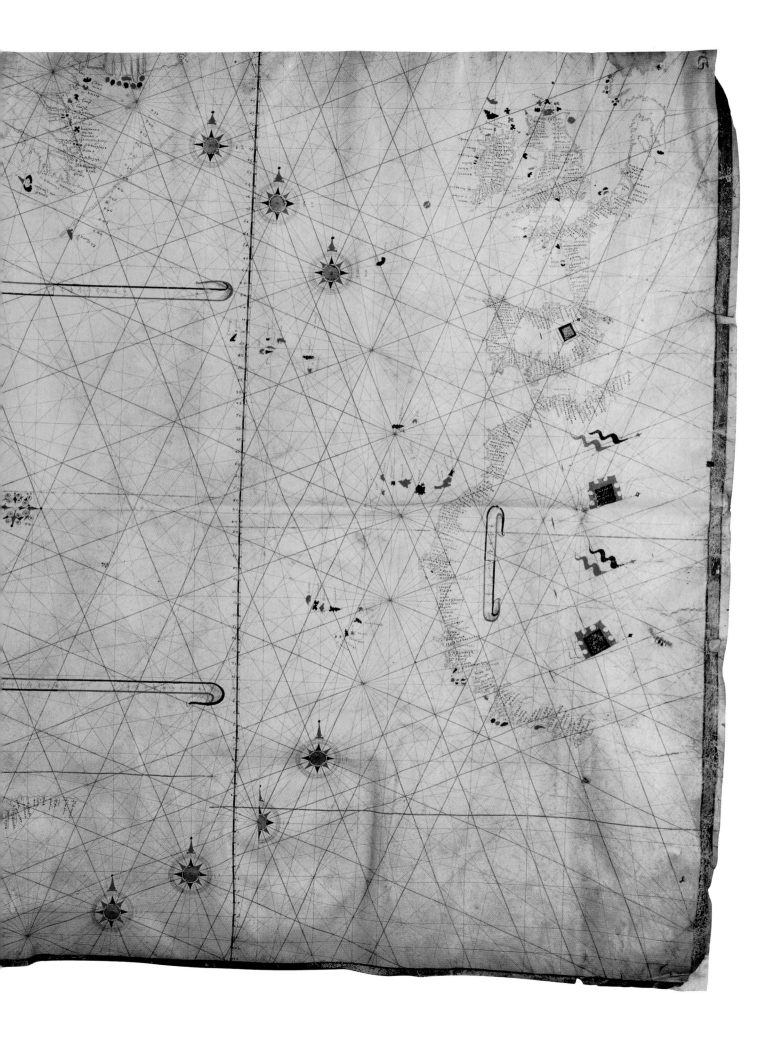

Real provisión original de los Reyes Católicos en la que se ordena a Diego Rodríguez Prieto y otros vecinos de la villa de Palos, que tengan preparadas dos carabelas que partirán con Colón en su primer viaje. La preparación material del primer viaje colombino se ordena en disposiciones reales de 30 de abril y 15 de mayo de 1492, relativas tanto a los barcos como a la tripulación y a las provisiones. Destaca la presente, en la que se recuerda a los paleños la obligatoriedad de servir a la corona con dos carabelas durante un año como castigo de ciertos delitos, destinándose dichas carabelas a la primera expedición colombina. Como empresa de la corona, esta expedición debe salir de un puerto realengo, pero ante la imposibilidad de utilizar el de Cádiz, ocupado en la expulsión de los judíos, los monarcas adquieren a los hermanos Silva la mitad de la villa de Palos cuarenta días antes de la salida de los barcos.

El mar de Antilla: arando el océano.

El viaje de descubrimiento. Los preparativos

Siete años tardó el marino en convencer a los Reyes Católicos de la viabilidad de su proyecto. Siete años en los que no volvió a navegar. Por fin el 17 de febrero de 1492 unas capitulaciones firmadas por la corona castellana le autorizaban a efectuar el viaje planeado. La empresa, comercial, se regiría en régimen de monopolio con la corona y, de descubrirse nuevas tierras, él sería su virrey y gobernador. El almirante del Mar Océano, título que entonces se le concedió, podía ya preparar su flota. Un empleado de los reyes, don Juan Rodríguez de Fonseca, se ocuparía de proporcionar la parte que a los Reyes Católicos cabía en el negocio y Colón, junto con su primer factor, el florentino Juanoto Berardi, de la que a él le correspondía aportar.

En cinco meses y medio la armada estaba lista para zarpar. Tres barcos –una nao y dos carabelas– y una tripulación de noventa hombres la componían. La nao, la *Santa María*, que iría como almiranta, era propiedad de Juan de la Cosa, que realizó la travesía con el cargo de maestre. No era un buen barco para descubrir, ya que tenía mucho calado y era muy pesado. De los tres navíos fue el único que no regresó, ya que naufragó en la costa de Haití en la Nochebuena de 1492. Con sus restos se construyó el primer fuerte español en América, La Navidad, para dar refugio a los treinta y nueve hombres que Colón dejó allí al regresar a la Península.

La *Pinta*, propiedad del vecino de Palos Cristóbal Quintero, llevó por capitán a Martín Alonso Pinzón. Era la más velera, la más rápida y la primera en alcanzar las costas españolas en el viaje de retorno. Desde la *Pinta*, el marinero Juan Rodríguez Bermejo fue quien dio la voz de tierra en la noche del 11 al 12 de octubre.

La Niña, propiedad de Juan Niño, vecino de Moguer, llevó como capitán a Vicente Yañez Pinzón. Su aparejo, latino al zarpar, fue cambiado colocándosele unas velas redondas en Gran Canaria. En la *Niña* regresó Colón a España y en la *Niña*, ya como nave almiranta, hizo don Cristóbal su segundo viaje al Nuevo Mundo.

De los noventa hombres que formaban la tripulación una cuarentena servía en la *Santa María* y alrededor de veinticinco en los barcos más pequeños. El grueso de los tripulantes estaba formado por marineros de Palos, Moguer y Huelva (setenta andaluces), algunos vascos y gallegos (diez entre ambos) y un reducido grupo de extranjeros: un portugués de Tavira, un genovés, Jácome *el Rico*; un calabrés, Antón; un veneciano, Juan Veçano y un negro llamado Juan. Como intérprete figuraba un judío converso, Luis Torres, experto en lenguas orientales, árabe y hebreo. Aunque médico, con el título de tal, no consta ninguno, como físico forma-

Monasterio de la Rábida, anónimo del siglo XVII. Cristóbal Colón llegó a este monasterio en el año 1484. Allí conoció a fray Juan Pérez, confesor de la reina Isabel de la que conseguiría la ayuda necesaria para la empresa que culminaría con el descubrimiento de América. En sus estancias ultimó los detalles de la expedición con Martín Alonso Pinzón y otros expertos navegantes del cercano puerto de Palos, en cuya iglesia de San Jorge fue leída la pragmática que ordenaba la leva de las tripulaciones y de donde partieron la nao y las carabelas que cruzaron el Atlántico.

Marco Polo no escribió ni una sola línea. Sin embargo, conocemos sus viajes gracias al relato que de ellos hizo a un tal Rusticello
en una cárcel genovesa. Otros viajeros a Oriente, los misioneros franciscanos Guillermo de Rubruck y Juan Pian del Cárpine,
dejaron sus crónicas por escrito.
Todos ellos fueron los informantes de los iluminadores de estos códices medievales que imaginaron así la corte del Gran Kan.
Un ambiente suntuoso en el que no faltaban animales exóticos, damas de alto copete, palacios techados de oro...
Cuando los españoles llegaron al Nuevo Mundo nada les recordó aquellas imágenes que habían visto tantas veces. Colón, sin embargo,
murió en el convencimiento de que había llegado a Asia y que estaba en unas tierras muy próximas a las del Gran Kan.

NÓMINA DEL PRIMER VIAJE

Ⓜiss Alicia B. Goul confeccionó la lista de los tripulantes del primer viaje colombino.* A su nómina sólo se ha añadido un nuevo nombre: el esclavo Juan Preto Portugués, que fue el primer hombre de raza negra que llegó al Nuevo Mundo.

Alonso, grumete
Alonso, maestre, físico
Alonso Clavijo, criminal
Alonso de Morales
Alonso de Palos, grumete
Álvaro, marinero
Andrés de Huelva, grumete
Andrés de Yevenes, grumete
Antón Calabrés, marinero
Antonio de Cuéllar
Bartolomé Bives, marinero
Bartolomé Colín
Bartolomé García, contramaestre
Bartolomé Roldán, marinero
Bartolomé de Torres, criminal
Bernal, grumete
Cristóbal Caro, platero, grumete
Cristóbal Colón, capitán general
Cristóbal Quintero, marinero (uno de los dueños de la *Pinta*)
Cristóbal García Sarmiento, piloto de la *Pinta*
Chachu, contramaestre
Diego, maestre
Diego de Arana, alguacil de la flota

Diego Bermúdez
Diego Leal, grumete
Diego Lorenzo, alguacil
Diego Pérez, pintor
Diego Martín Pinzón
Domingo, tonelero
Domingo de Lequeitio
Fernando Medel, grumete
Fernando de Triana, grumete
Francisco de Huelva
Francisco García Vallejos, marinero
Francisco Medel, grumete
Francisco Niño
García Alonso
García Hernández, marinero, despensero de la *Pinta*
Gil Pérez, marinero
Gómez Rascón, marinero (uno de los dueños de la *Pinta*)
Gonzalo Franco
Jácome *el Rico*, genovés
Juan, grumete
Juan, maestre, cirujano
Juan Arias, grumete
Juan Arráez, marinero
Juan de la Cosa, maestre (dueño de la *Santa María*)
Juan de Jerez, marinero

Juan Martínez de Azoque, marinero
Juan de Medina, marinero, sastre
Juan de Moguer, marinero, criminal
Juan Niño, maestre de la *Niña*
Juan de la Plaza, marinero
Juan Preto, negro de Portugal, marinero
Juan Quadrado, grumete
Juan Quintero de Algruta, contramaestre de la *Pinta*
Juan Reynal, marinero
Juan Rodríguez Bermejo, marinero
Juan Romero, marinero
Juan Ruiz de la Peña, marinero
Juan Verde de Triana, marinero
Juan Vezano, marinero
Juan de Xeres, marinero
Lope, calafate
Luis de Torres
Martín Pinzón, maestre de la *Pinta*
Martín Alonso Pinzón, capitán de la *Pinta*
Martín de Urtubia

Miguel de Soria, grumete
Pedro Alonso Niño, piloto
Pedro de Arcos
Pedro Arráez, marinero
Pedro Gutiérrez, repostero del rey
Pedro de Lepe
Pedro de Salcedo, paje de Colón
Pedro de Soria
Pedro Tegero, grumete
Pedro de Terreros, maestresala de Colón
Pedro de Villa, marinero
Pedro Yzquierdo, criminal
Pedro Sánchez de Montilla, marinero
Rodrigo de Escobedo, escribano de la armada
Rodrigo Gallego, grumete
Rodrigo Monge
Rodrigo Sánchez de Segovia, veedor en la *Santa María*
Rodrigo de Triana
Rodrigo de Xerez
Rui García, marinero
Sancho de Rama, marinero
Sancho Ruiz de Gama, piloto
Vicente Yáñez Pinzón, capitán de la *Niña*

* Para los que no comprenden lo difícil que es para el historiador localizar a muchas personas durante esa época, deben saber que la ortografía era de lo más anárquica, variando con frecuencia un mismo nombre de un escribano a otro; que no había normas generales aceptadas y tan pronto aparecía un individuo referido con un nombre solo, como por el apellido sin más; que a veces lo hacían por el lugar de procedencia; y que no faltaban casos en que se citaba por el mote. Estas cuatro formas distintas, junto con las ortográficas, pueden ser variantes que los documentos dejan de una misma persona.

ba parte de la expedición maestre Alonso, vecino de Moguer, y un maestre cirujano quedó en el fuerte de la Navidad; un tal maese Diego hacía las veces de boticario. No faltaban: un sastre, Juan de Medina; un tonelero vizcaíno, Domingo, y un platero que se llamaba Cristóbal Caro; en cambio, no embarcaron ni religiosos, ni mujeres. Sólo cuatro marineros eran presos redimidos: Bartolomé Torres, condenado a muerte por homicidio en una riña y Alonso Clavijo, Juan de Moguer y Pedro Izquierdo, culpables de haber organizado la fuga de un amigo común de la cárcel. Todos estos tripulantes viajaban a sueldo de la corona a razón de 2.000 maravedíes al mes maestres y pilotos, 1.000 los marineros y 666 cada grumete.

Desconocemos cómo se hizo el alistamiento. Parece que sólo fueron obligados a zarpar los cuatro presos redimidos; algunos se enrolarían al hacer el alarde; muchos fueron esco-

CAPITULACIONES DE SANTA FE

Fragmento extraído de las Capitulaciones de Santa Fe, 17 de abril de 1492:

Las cosas suplicadas e que Vuestras Altezas dan e otorgan a don Cristóbal de Colón en alguna satisfaçión de lo que *ha descubierto* en las mares oçéanas y del viaje que agora, con el ayuda de Dios, ha de hazer por ellos en serviçio de vuestras Altezas son las que se siguen.

¿Por qué se dice *ha descubierto*? ¿Había realizado Colón un viaje con anterioridad, o se equivocó simplemente el escribano que copió las Capitulaciones, cuyo original se ha perdido?

gidos por los hermanos Pinzón, conocidos e influyentes en la zona y otros fueron enviados por los oficiales reales. Entre estos últimos se encontraban los oficiales de la Armada. El cargo de alguacil mayor recayó en Diego de Arana; para el puesto de escribano, encargado de levantar actas de las tierras descubiertas, se nombró a Rodrigo de Escobedo y como veedor, al cargo de las cuentas, a Sánchez de Segovia.

Nada se había dejado al azar. Colón llevaba cuanto necesitaba. Una carta de presentación de los reyes para el Gran Kan, dado que suponía que iba a llegar a Asia. Era poco probable que el Kan pudiese leerla, dado que estaba escrita en latín, pero para eso ya llevaba un buen intérprete. Se cargaron las vituallas suficientes para un viaje de un año de duración, el mismo periodo de tiempo para el que se habían fletado los barcos y se había contratado a la marinería y no faltaron las baratijas para efectuar los trueques como hacían los portugueses en Guinea.

Gracias al *Diario de a bordo* que, día a día, fue escribiendo Colón conocemos las vicisitudes de aquel viaje increíble. Aunque no poseemos el texto original, la fortuna hizo que gran parte de su contenido fuera copiado por fray Bartolomé de Las Casas. El *Diario*, junto con la carta que Colón escribió a los reyes al regreso de su viaje, son las fuentes que iluminan aquella aventura.

La travesía

En las páginas siguientes:

Recto y verso de las Capitulaciones de Santa Fe. ¿Merced o contrato? De tratarse de una merced podía ser revocada por los reyes; en caso contrario a la ruptura seguiría un pleito. Y así fue. Los descendientes de Colón y la corona litigaron durante casi medio siglo.

Tras zarpar de Palos el 3 de agosto la flota se enderezó hacia las Canarias, una ruta conocida y que les permitiría colocarse en la que Colón creía que era la misma latitud que su isla de Cipango. Las reparaciones de los barcos y los últimos aprovisionamientos retrasaron la salida de las Canarias hasta el 6 de septiembre. Colón dio entonces a conocer a sus hombres la derrota que habrían de seguir, en caso de que no pudiesen navegar en conserva: a 750 leguas siempre siguiendo la misma latitud habrían de llegar a las islas asiáticas. El viaje, que comenzaba en la madrugada de aquel día, acabó en la noche del 11 de octubre.

492 17 abril traslado delos capitulos los conçedi
dos a d. xpoual

Este es traslado bien & fielmente sacado de una carta de capitulaçion... firmada de sus reales
nonbres & sellada con su sello de çera colorada & registrada & señalada de çiertos nobles de su consejo esta
registrada al magnifico señor don xpoual colon almirante en thenor dela qual dicha capitulaçion verbo ad verbum
es la que se sigue. El qual dicho traslado fue pedido a mi este dicho pedro... escriuano notario publico & testigos de yuso
la por el & por sus nos señores por el dicho señor almirante diziendo que por quanto en ... deuia & auia de
enbiar el dicho ynstrumento de capitulaçion a los reynos de castilla por donde auian de andar & yr por la mar ay muchos ...
& otros & podria acaeçer quel dicho con... en que ... que se podrian perder... por ende
que pedia pedio a mi el dicho escriuano que sacase un traslado del... dicho ynstrumento de capitulaçion ... la que ...
que se ... aqui en esta carta ... a su señoria ... pues
se perdiese en qual quier manera ... por se aver ... a los ... que ...
enbiar dieren su... sus reales altezas... ... ...
...condiçion que sea o ... & yo el dicho escriuano viendo lo que su señoria de suso me pedia se saca el traslado del dicho
ynstrumento de capitulaçion cada capitulo uno en pos de otro segund que de sus altezas esta ...

Las cosas suplicadas e que sus altezas dan & otorgan a don xpoual de colon en al
guna satisfaçion delo que ha descubierto en las mares oçeanas y del viage que
agora con el ayuda de dios ha de fazer por ellas en serviçio de sus altezas
son las que se siguen.

Primeramente que sus altezas como señores que son delas dichas mares
oçeanas fazen dende agora al dicho don xpoual colon su almirante
en todas aquellas yslas & tierras firmes que por su mano & industria se
descubrieren o ganaren en las dichas mares oçeanas para durante su vida
y despues del muerto a sus herederos y subçesores ... de una perpetual
mente con todas aquellas preheminençias & prerogatiuas pertenesçientes al
tal ofiçio & segund que don alonso enrriquez nuestro almirante ma
yor de castilla & los otros sus predeçesores del dicho ofiçio lo tenyan en
sus distritos. plaze a sus altezas. johan de coloma

otrosy que vras altezas fazen al dicho don xpoual colon su visorrey & governador
general en todas las dichas yslas & tierras firmes & que se descubrieren o ganare en las dichas mares & que para el regimiento de cada una
y qual quier dellas faga el eligimiento de tres personas para cada ofiçio & que vras
altezas tomen & escojan uno el que mas fuere su serviçio & asi ... serán mejor regidas las tierras que nuestro señor le dexara fallar & ganar a serviçio de vras altezas. plaze a sus altezas. johan de coloma

yten que de todas & qualesquier mercadurias siquier sean ... perlas preçiosas oro plata espeçeria o otras qualesquier cosas & mercadurias de qualquier espeçie nonbre & manera que sean que se compraren trocaren fallaren ganaren o ouieren dentro en los limites del dicho almirantadgo que dende agora vras altezas fazen merçed al dicho don xpoual y quiere que aya & lleue para si la deçima parte de todo ello quitadas las costas todas que se fizieren en ello por manera que delo que quedare limpio & libre aya & tome la dicha deçima parte para si mismo & faga della a su voluntad quedando las otras nueue partes para vras altezas. plaze a sus altezas. johan de coloma

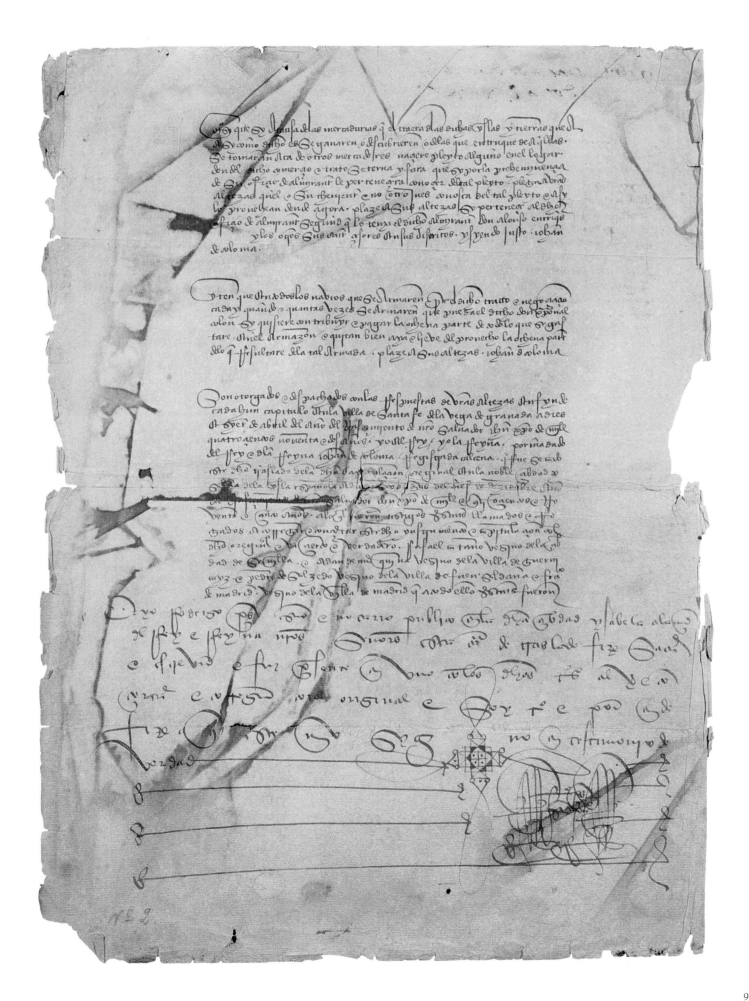

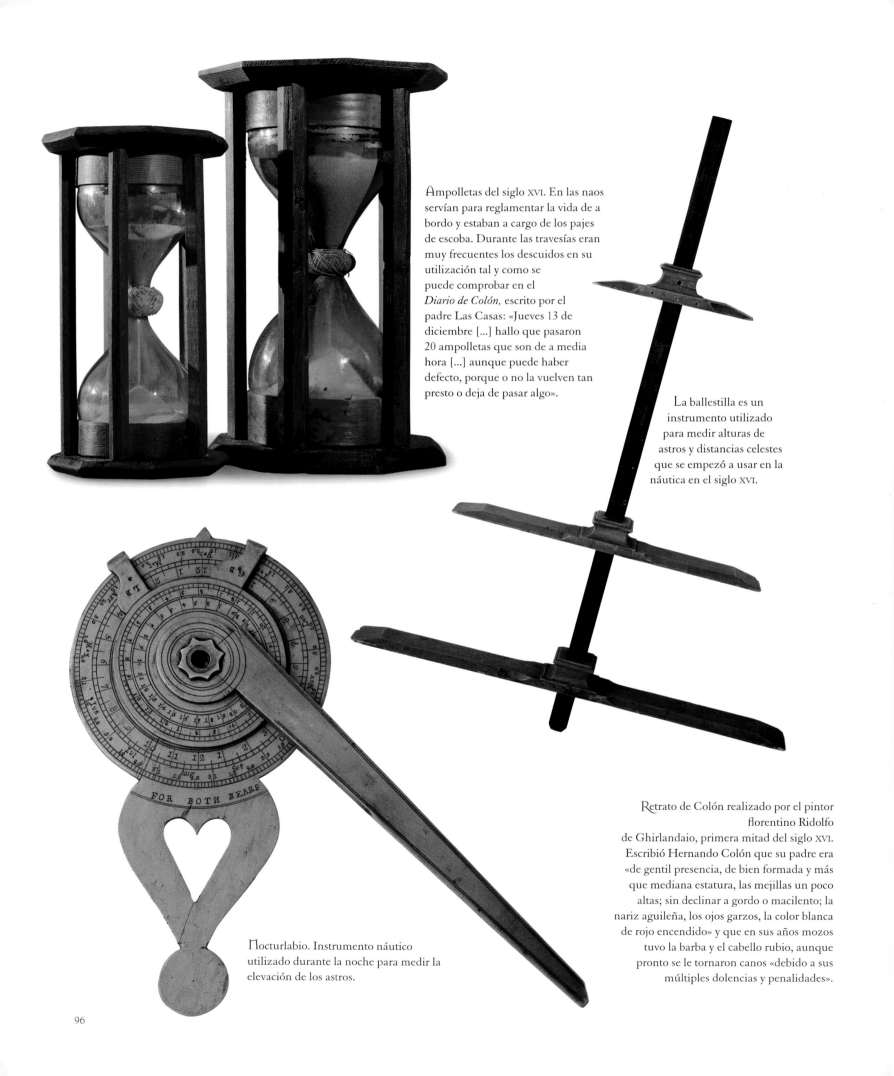

Ampolletas del siglo XVI. En las naos servían para reglamentar la vida de a bordo y estaban a cargo de los pajes de escoba. Durante las travesías eran muy frecuentes los descuidos en su utilización tal y como se puede comprobar en el *Diario de Colón,* escrito por el padre Las Casas: «Jueves 13 de diciembre [...] hallo que pasaron 20 ampolletas que son de a media hora [...] aunque puede haber defecto, porque o no la vuelven tan presto o deja de pasar algo».

La ballestilla es un instrumento utilizado para medir alturas de astros y distancias celestes que se empezó a usar en la náutica en el siglo XVI.

Nocturlabio. Instrumento náutico utilizado durante la noche para medir la elevación de los astros.

Retrato de Colón realizado por el pintor florentino Ridolfo de Ghirlandaio, primera mitad del siglo XVI. Escribió Hernando Colón que su padre era «de gentil presencia, de bien formada y más que mediana estatura, las mejillas un poco altas; sin declinar a gordo o macilento; la nariz aguileña, los ojos garzos, la color blanca de rojo encendido» y que en sus años mozos tuvo la barba y el cabello rubio, aunque pronto se le tornaron canos «debido a sus múltiples dolencias y penalidades».

EL MAL DE LA BROMA

Uno de los mayores peligros que sufrían los barcos era el mal de la broma causado por el teredo (molusco bivalvo vermiforme), que consumía la madera internamente casi por completo sin mostrar daños externos aparentes, de tal modo que muy a menudo inutilizaba los fondos de los buques.

Anagrama del gremio de calafateros en una loza del siglo XV.

La declinación magnética

La travesía fue tranquila hasta los días 13 al 16 de septiembre en que fue advertida una oscilación en la brújula que causó inquietud a los marineros. Un fenómeno que, sin lugar a dudas, ya habían observado otros viajeros pero que Colón fue el primero en recogerlo por escrito. En primer lugar, en el diario del primer viaje y también en el del tercero:

> Fallo que de Septentrión en Abstro, pasando las dichas cient leguas de las dichas islas, que luego en las agujas de marear, que fasta entonces nordesteavan, noruesteavan una cuarta de viento todo entero y esto es en allegando allí a aquella línea, como quien traspone una cuesta.

Los marineros andaban preocupados. Colón los tranquilizó con su particular ingenio. Él sabía bien el pequeño círculo que la estrella Polar describe alrededor del polo lo que, al parecer, ignoraban el resto de sus compañeros. Aprovechándose de sus conocimientos, reunió al alba a los pilotos y les hizo observar la variación; mientras tanto la estrella Polar se había desplazado hacia la izquierda y por ello la desviación de las agujas resultaba menguada.

Al día siguiente Colón les ordenó que volvieran a tomar el punto y, tomando el norte, hallaron que «las agujas eran buenas». Los pilotos pudieron entonces comprobar que las agujas no hacían más que seguir a la estrella Polar, que se movía, mientras que éstas conservaban su capacidad de dirección.

El mar de los Sargazos

Serenada la marinería, el viaje continuó con celeridad pues las naves eran empujadas por los vientos alisios, favoreciendo la derrota. Y así el *Diario de a bordo* del propio almirante no dejó de reseñar la bonanza de los vientos y la ausencia de tempestades.

El 16 de septiembre las naves entraron en el mar de los Sargazos donde vieron abundantes hierbas, que les parecieron de río, gusanos, crustáceos y un cangrejo vivo, lo que les hizo creer que se encontraban cerca de tierra. Una ilusión que se repitió a lo largo de los días siguientes. El mismo Pinzón, el 25 de septiembre, pidió «albricias» (solicitó una recompensa) en la seguridad de que la había divisado en el horizonte. Falsa alarma, tan sólo se trataba de nubes bajas.

Brújula utilizada por Colón para navegar, siglo XIV. Colón llevaba muy pocos instrumentos
a bordo: ampolletas, sonda, cuadrante y brújula (el más preciso y fundamental).
Quizá llevara un astrolabio, un nocturlabio y una ballestilla.

Reloj solar o «copa de Ahaz», Georgius Hartmann, 1547.

En la página derecha, astrolabio árabe.

El mar de los Sargazos, conocido desde la antigüedad, y frecuentado en el siglo XV por los marinos que buscaban la mítica isla Antilla, producía preocupaciones, miedo y terror. Nadie había podido sobrepasarlo. Sin embargo, como se comprobaría, la dificultad que presentaba a la navegación era más psicológica que técnica.

Colón ordenó echar la sonda para conocer su profundidad y con 200 brazas de cuerda no se encontró el fondo. La abundancia de hierba flotando en el océano aumentaba o disminuía cada día. Hasta el 30 de septiembre vieron gran cantidad; el 2 de octubre observaron que la dirección que llevaba era distinta «a la que solía»; el 5 ya parecía que la habían dejado atrás pero volvió a surgir el 8 desapareciendo, como por ensalmo, al día siguiente: acababan de superar la barrera de los sargazos.

Motín a bordo y cambio de la derrota

En estos días la marinería comenzó, por primera vez, a sentir miedo. Desconocemos si hubo entonces un intento de motín. Sí, en cambio, parece que hubo una intentona el 10 de octubre, acallada por Colón que anunció a sus hombres que si en tres días no habían divisado tierra ordenaría el viaje de regreso.

Unos cuantos días antes, el 7, Colón creía que se había desviado de su derrota y, a sugerencia de Martín Alonso –que era de la misma opinión–, ordenó modificar la ruta hasta colocarse en el paralelo 24°. Precisamente la derrota que, con viento de popa, les haría entrar en el mar de las Bahamas. Si hubiera seguido su plan, a lo largo del paralelo 28°, la flota hubiera llegado al continente a la altura de la península de Florida.

El largo camino y la constancia de los alisios que les empujaban hacia el oeste preocupaban a los marineros. ¿Por qué ruta regresarían? ¿Cuántas leguas habían recorrido hasta entonces?

Colón siempre ocultó sus planes a la marinería. Ya al perder de vista la isla de Hierro había escrito en su *Diario*: «Anduvo aquel día –el 9 de septiembre– 15 leguas, y acordó contar menos de las que andaba, porque si el viaje fuese luengo no se espantase y desmayase la gente». Hasta 25 veces repitió en su *Diario* que llevaba una doble contabilidad y que las leguas apuntadas por sus pilotos eran menos que las efectivamente recorridas.

Pese a todo lo que se ha discutido, no creemos que pilotos tan instruidos y conocedores de su oficio como Juan de la Cosa o Martín Alonso Pinzón cayeran en esa trampa. Carecemos de sus anotaciones y no podemos comprobarlo; más bien nos parece una ingenuidad del genovés.

Colón tenía dos puntos de referencia que le permitían conocer la distancia que debía de recorrer: el Cipango (Japón), que situaba a 2.400 millas de Canarias y Quinsay y la ciudad del Catay (China) a 3.550 millas. Dado que desde el 25 de septiembre se habían superado las 2.400 millas, el continente debía estar cercano. La aparición de un ave marina similar a las que Colón había visto en Cabo Verde, «que no posa en la mar ni se aparta de tierra 20 leguas» y de varios rabos de junco que volaban en manada les animaban a sospechar que el viaje tocaba a su fin.

El descubrimiento

El 11 de octubre pudieron observar signos evidentes de la proximidad de tierra. Y, por fin, en la madrugada del 12 divisaron una candelilla que se movía en la lejanía. ¿Quién dio el grito

«Sphera del Mundo» en la *Summa de Cosmographia*, de Pedro de Medina, 1561.

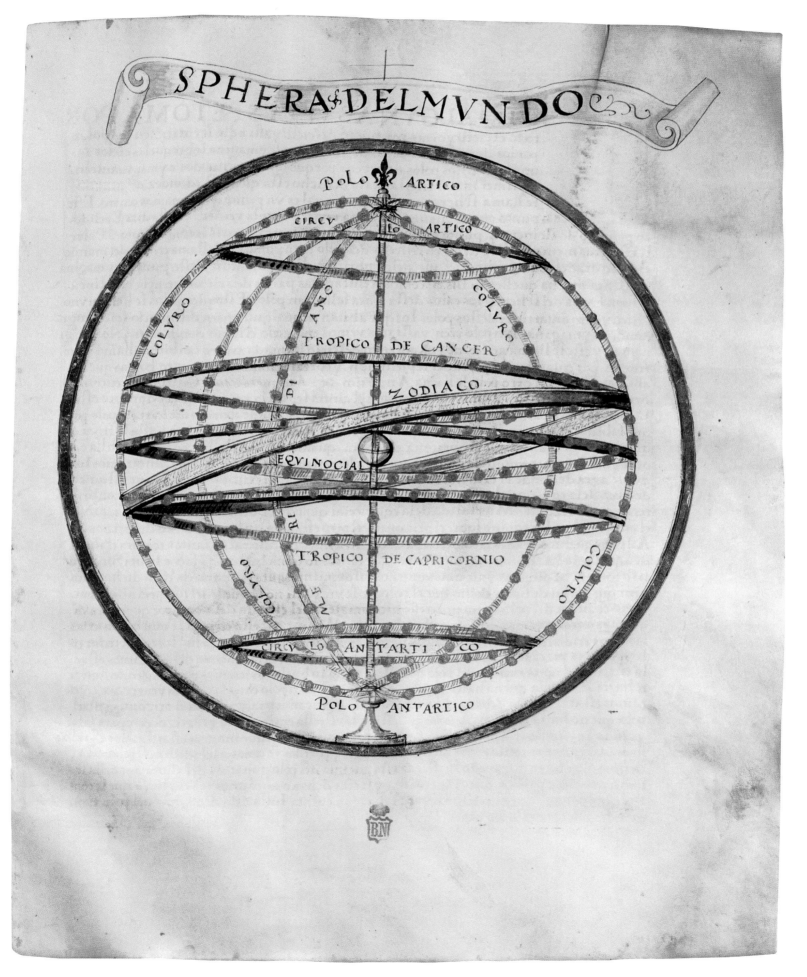

SPHERA DEL MVNDO

POLO ARTICO

CIRCVLO ARTICO

COLVRO

COLVRO

TROPICO DE CANCER

ZODIACO

DI ANO

EQVINOCIAL

TROPICO DE CAPRICORNIO

COLVRO

COLVRO

CIRCVLO ANTARTICO

POLO ANTARTICO

de «tierra»? El mismo Colón se atribuyó el hallazgo y obtuvo la recompensa que los reyes habían prometido al primero que la divisara, 10.000 maravedíes de renta anual. Una leyenda, o quizá no, nos dice que fue un marinero de la *Pinta* quien hizo el anuncio, como recordábamos más arriba y que, tras verse desposeído de honores, emigró a tierra de «moros». ¡Quién sabe!

Al amanecer del 12 las naves atracaban en una pequeña isla de las Bahamas que sus habitantes llamaban Guanahaní y que el almirante bautizó con el nombre de San Salvador. Su latitud: 26° 4′ 15″ norte.

Navegando por la ruta de las canoas indígenas

Don Cristóbal estaba seguro de haber llegado a una de las islas del Asia oriental, a una de las que mencionaba Marco Polo en su *Il Milione*, pero ni el tipo físico de sus habitantes, ni su grado de civilización, ni sus costumbres se parecían en nada a lo que su compatriota afirmaba. Tenía que seguir adelante. Para ello y, por miedo a chocar con las barreras coralinas, Colón siguió la ruta que entre las islas hacían las canoas indígenas.

Las barreras coralinas, tan distintas a los bancos de coral del Mediterráneo, fueron quizá la primera novedad con la que tropezaron. Colón no dejó de observarlas y de anotar en su *Diario*, que a causa de ellas el mar «nunca se devía de alçar, porque la yerba de la playa llegaba hasta cuasi el agua, lo cual no suele llegar adonde la mar es brava». Efectivamente, las grandes olas se detienen a lo largo de las playas, en la barrera coralina.

El descubrimiento de Cuba

Podemos reconstruir el itinerario seguido por la flota que zarpó de San Salvador el 14 de octubre con ruta sudoeste. De San Salvador navegaron hasta la isla que llamaron de Santa María de la Concepción (cayo Rum), donde apenas se detuvieron para continuar bordeando primero la Fernandina (Long Island) y unos días más tarde la Isabela (Crooked). El 28 de octubre las naves llegaron a la costa septentrional de Cuba, a la que llamaron Juana.

Desde el 29 la flota fondeó en la bahía de Gibara. Ante las noticias que le daban los indígenas, asegurándole que en pocos días vendrían indios del interior a ofrecerle sus mercadurías, Colón comenzó a sospechar que aquella tierra no era isla, sino tierra firme: «y es cierto que ésta es la tierra firme, y que estoy ante Zaiton y Quinsay». La imaginación y el deseo de encontrarse ante las dos ciudades cantadas por Marco Polo le hizo incluso sentir frío: «fallé que hazía frío», advierte el día primero de noviembre.

La ocasión pedía un reconocimiento del interior y para ello decidió enviar, al día siguiente, a dos personas de su confianza con instrucciones precisas. Fueron los escogidos Rodrigo de Jerez, vecino de Ayamonte, y Luis de Torres, un converso que hablaba caldeo, hebreo y algo de árabe. Una vez entablada relación, habrían de hacer saber a los indígenas que el almirante llegaba de parte de los Reyes Católicos y que para ello tenía sus credenciales y «un regalo». Además, deberían de estar atentos e informarse bien de la disposición de la tierra, el número de provincias y la localización de ríos y puertos. Para averiguar si había especiería llevaban los expedicionarios unas muestras, que seguramente habría preparado el boticario.

Tres días más tarde, el 5 de noviembre, regresaron los expedicionarios. Con exquisito cuidado anotó Colón todo cuanto éstos le refirieron. En esta primera y amplia descripción de los cubanos se pueden apreciar las características de aquel pueblo, acogedor, que reci-

En 1497 recibió Colón de manos de su amigo inglés John Day un ejemplar de *Il Millione*, de Marco Polo. De las cuatro notas marginales de esta página, salvo la tercera que es de su hijo Hernando, resaltó con una cruz la que más le interesaba, la que hacía referencia al puerto de Zaitón, que él llamó de Alfa e Omega, principio y fin, la Punta Maysi de Cuba.

annu ptinuu sut in mari qr in byeme vadunt et in estate re
deut duo soli venti in mari illo regnat vnus in byeme ali?
in estate Est ecia hec regio multu distas a littorib? ynoie
de hac regione qr ibi no fui nerrare nichil ꝯcludo Reuerta
mur igit ad portu zayzen vt in eo alias regiones ꝓcedam?

De puincia zyamba   Capitulu nonu

Ost recessu igit a portu zayzen nauigando p garbinu
p mille et quingeta miliaria puenit ad ꝓuincia zyam
ba que magna e valde et multaꝛ opu hec ꝓuincia ꝓpriam
lingua habet et ꝓpriu rege et sectat ydolatria Anno dni.
MCCC z lxvij misit magn? kaa Lublay vnu ex suis princi
pibus noie sagata cum exercitu magno vt eius dnio illa ꝓ
uincia sbiugaret Inuenit at ciuitates ta fortes z ta fortissi
ma castra ei? qr neqz ciuitates neqz castra capere potuit sz qr
regiones villes arbores deuastabat ꝓmisit r z zyamba anu
sti magno kaa tbuta psoluere si eu cu pace volebat dimitte
cu ꝯcordia discessit exercit? et rex ille elephates xx pul
cherrimos anis singul mittit ad rege Ego marc? fui i hac
puicia vbi rege atiquu iueni bnte vxoꝛu multitudine ex qui
bus mares et seias habuerat ccc xxxvi c et l. ia poterat de
ferre arma In hac regione multe infates sut z ligna eloe
sut ibi i copia magna Sut ecia ibi nemoꝛa de lignis ebani.

De insula magna lana   Capitulu decimu

Imissa puincia zyamba nauigat in meridie et syro
chu p miliaria cccc puenit ad magna lana q in circui
tu suo habet mensura miliarioꝛu triu miliu In hac insula
rex est qui nemini est tributarius Ibi est pipis nucu mus
cetaru spice galange cubelaru gariofoloꝛu et ceteroꝛu aro
matu copia maxima Negociatores multi ibi ꝯfluut qr
lucra magna pcipiut Oés habitatores insule ydolatre sut
magnus kaam nondu potuit ea obtinere

bió con delicadeza a los recién llegados. Los indígenas no dudaron en ofrecer a los españoles de comer y de beber, dándoles cuanto tenían y llevándolos a sus casas con un sentido de la hospitalidad extrema. A los recién llegados, como a invitados principales, les ofrecieron como asiento los *dujos*, esas sillas bajas en las que se sentaban los caciques; y, siguiendo un ritual estricto, primero pasaron los hombres y, más tarde, las mujeres. Tanto unos como otros parece que se sorprendieron del color de los recién llegados, pero tan sólo las mujeres, más curiosas, se atrevieron a palparles tocándoles los pies y las manos.

Fue en esta ocasión cuando el uso y consumo del tabaco fue descrito por primera vez. Ya desde su llegada a San Salvador, Colón había observado a unos indígenas que llevaban unas hierbas que mascaban y que le ofrecían como cosa preciada; pero no fue hasta la llegada a Cuba cuando por primera vez vemos a los indios fumando tabaco, «mujeres y hombres con un tizón en la mano». Una costumbre a la que el almirante no pareció dar mayor importancia, como tampoco se la dio muchos años más tarde fray Bartolomé de Las Casas, que no comprendía el placer que podía proporcionar aquel cartucho y así comentaba el dominico: «Españoles conoscí yo en esta isla Española que los acostumbraron tomar, que siendo reprendidos por ello, diciéndoseles que aquello era vicio, respondían que no era en su mano dejallas; no sé qué sabor o provecho hallaban en ello».

Colón y sus hombres, aunque no se refleja en el *Diario*, debían estar desazonados. Los indígenas, que les saludaban como si fuesen divinidades, y que tan amablemente les habían invitado a sus casas, eran pobres y simples y, además carecían de oro y piedras preciosas. «Andaban todos desnudos»; pintados de negro, de blanco, de rojo o de marrón, pero al fin y al cabo desnudos. Los asiáticos, por el contrario, iban ricamente ataviados. Desconocían el hierro, «no tienen ningún hierro» señaló Colón en varias ocasiones, sabiendo muy bien que tanto en Asia como en Europa conocían y utilizaban el metal. El panorama que se presentaba a la vista nada tenía que ver con las soñadas maravillas asiáticas.

El almirante continuó su exploración costeando la isla hacia el oeste. Lástima que retrocediera al recibir la noticia de que en dirección opuesta se encontraba la tierra que los indígenas llamaron Babeque donde le aseguraron que había gran cantidad de oro. De no haber variado su curso hubiera llegado al continente.

La noticia de la proximidad de Babeque encandiló a Martín Alonso que en la noche del 22 de noviembre decidió abandonar con la *Pinta* el convoy para ser el primero en descubrirla.

Por su parte Colón en la *Santa María* y Vicente Yáñez en la *Niña* llegaron hasta el extremo oriental de la isla de Cuba que el almirante bautizó como cabo de Alfa y Omega, en señal de que había llegado a los confines del continente asiático.

La expedición había entrado en las Antillas mayores dejando definitivamente atrás las islas Bahamas o Lucayas que no serían visitadas por los españoles hasta veinte años más tarde cuando Ponce de León en 1512 emprendió una campaña sistemática de reconocimiento. El desastroso resultado económico le hizo desistir y las islas permanecieron alejadas de los europeos durante más de un siglo.

El descubrimiento de Haití

El 24 de noviembre divisaron la isla que los indígenas llamaban Haití y que Colón puso como nombre La Española, la última tierra que se descubrió en este viaje.

Mapa de La Española atribuido a Colón en su *Diario de a bordo*, representa el ángulo noroeste de la isla. Colón escribió en él la palabra CIVAO, pues pensaba que había llegado a Cipango. La ausencia de la Isabela, construida en el segundo viaje, indica que Colón realizó este mapa en el primero.

Pronto entablaron relación con Guacanagarí, uno de los siete caciques de la isla, que les recibió con cortesía no sin advertirles que en el interior había una región riquísima a la que llamaban Cibao. La similitud con el nombre de Cipango hizo creer a Colón que, por fin, había llegado al «Japón» de Marco Polo y así lo anotó en su *Diario*.

Como era lógico, allí se detuvo la flota. Se buscó oro, se tomaron muestras de especias. Poco se parecían a las asiáticas pero, sin embargo, Colón acertó a considerar a algunas de ellas como objetos de comercio. Así, por ejemplo, el ají, «su pimienta» que, escribe «vale más que pimienta y toda la gente no come sin ella, que la halla muy sana; puédense cargar cinquenta caravelas cada año en aquella Española». Se trata de la guindilla, tal vez la más importante de las especias encontradas en este viaje. Pero también en Haití los españoles descubrieron el pimiento que describió el humanista Pedro Mártir de Anglería, gran amigo de Colón, tan pronto como lo vio: «trujeron de allí algunos granos rugosos de distinto color, más picantes que la pimienta caucásica, ramos secos cortados de los árboles, con la forma del cinamomo, aunque por el gusto, el olor, la corteza y la médula, parecen jengibre picante». Junto a la guindilla y el pimiento, en estos días los europeos conocieron también el maíz, que Colón confundió en un primer momento con la cebada, los ajes y la

Maqueta de la *Santa María* conservada en el Museo Naval de Madrid.

yuca. Colón nunca vio patatas ni tomates, ya que no se producían ni en el Caribe ni en las costas de tierra firme que conoció.

El descubrimiento comportó grandes hallazgos en el campo de la botánica, pero pocos en la fauna cuya cantidad y variedad les hizo suponer que era mucho menor que en el Viejo Mundo. Y Colón, como la mayoría de los cronistas, apenas dedicó unas pocas letras a describir los animales que vio: perros que no ladraban, aunque, como decía Las Casas eran «buenos de comer, mejor que los conejos y que las liebres»; hutías, ratas salvajes, conejos o gatos y tan sólo parece que a Colón le impresionaron las iguanas pues, bien embalsamada, guardó un ejemplar que él llamó simplemente «sierpe», para entregársela como regalo a los reyes.

Pese a estas novedades el Cipango no aparecía, pero Colón aún confiaba.

El primer naufragio

Una tragedia puso fin a sus ambiciones: la noche del 24 de diciembre, cuando estaban todos en tierra celebrando la Pascua, encalló la *Santa María*. No fue posible repararla. ¿Sería esa una señal divina que le indicaba que debía regresar? El almirante se encontraba con un grave problema. No podía acomodar en la *Niña* a las dos tripulaciones. La decisión no se hizo esperar: dejaría allí a treinta y nueve hombres, armados y con comida suficiente para unos meses. Con los restos de la nao, y con la ayuda de los indígenas, ordenó Colón construir un fuerte, que en recuerdo del suceso llamó La Navidad, donde los españoles pudieran albergarse hasta que él regresara de nuevo. Mientras tanto, los que allí habían de quedar tenían que reconocer la isla y encontrar la rica provincia de Cibao.

Terminado el fortín Colón se dispuso a regresar. Sólo disponía de una nave y tenía serios problemas de espacio en la *Niña*. Cuando andaba cavilando qué hacer supo que la *Pinta* se encontraba en un fondeadero cercano y, efectivamente, pocos días más tarde, el 6 de enero, apareció Martín Alonso. Se disculpó el palermo diciendo que se había separado del convoy involuntariamente y Colón, muy a su pesar, aceptó las disculpas. Siempre era mejor realizar el tornaviaje en conserva.

El tornaviaje

Después de recorrer la costa norte de La Española, la flota dejó la isla el 16 de enero de 1493. La ruta que marcó el almirante fue completamente diferente a la de llegada. Durante veinte días (del 16 de enero al 4 de febrero) navegaron, con mucha lentitud pues los vientos y las corrientes les eran contrarios, en dirección norte y noreste. El 4 de febrero ordenó Colón mudar la derrota hacia el este. Había llegado al paralelo de las Azores y ésa era la única vía de retorno con vientos favorables, como lo fueron los alisios en el camino de ida. La pregunta es ¿cómo lo supo Colón, dado que nadie nunca había navegado por esos mares? Se han dado dos respuestas. Para unos esa certeza no era más que la prueba de la pericia marinera del genovés, para otros, Colón –ya antes de iniciar su viaje– sabía por un piloto anónimo que ésa y no otra era la ruta que debía seguir para llegar a salvo a la Península.

Ya en el paralelo 35, la travesía fue buena hasta el 13 de febrero y los días siguientes en que se vieron envueltos en una terrible tormenta. Todos creyeron que su muerte estaba cerca e, incluso, llegaron a confesarse unos con otros. Se decidió que, si se salvaban, uno de ellos debía de ir en representación de todos al monasterio de Loreto en Ancona, a Santa Clara de Moguer y al de Guadalupe. La suerte, que consistió en sacar un garbanzo negro de un talego, recayó por dos veces en don Cristóbal. Cumplió su promesa pues sabemos que tan pronto como pudo peregrinó a Moguer y a Guadalupe, donde fueron bautizados los primeros indígenas americanos que trajo consigo del Nuevo Mundo. Para ir al monasterio de Loreto en Italia la suerte recayó en Pedro Villa, un marinero del Puerto de Santa María a quien Colón prometió una ayuda de costas para que pudiera cumplir la promesa.

La tormenta separó el convoy. Nada se sabía de la *Pinta* cuando el 18 de febrero la *Niña* arribó a la isla de Santa María, una de las Azores. Los portugueses les recibieron mal pero, salvados los obstáculos iniciales, pudieron descansar hasta el 24 y acudir a rezar a una ermita cercana.

Cuando dejaron la isla camino de la Península, en una derrota ya conocida, no pensaban que una nueva tempestad les estaba esperando. Como si de un náufrago de cuento se tratara, Colón decidió escribir una carta a los reyes y lanzarla al agua en un barril encerado. Tenía que contar a sus monarcas que había llegado a unas islas, desconocidas, que eran el comienzo de Asia.

Y porque, si se perdiese con aquella tormenta, los reyes oviesen notiçia de su viaje, tomó un pergamino y escribió en todo lo que pudo de todo lo que avía hallado, rogando mucho a quien lo hallase que lo llevase a los reyes.

Superada la crisis, el 4 de marzo la *Niña* se encontraba frente a Cascais. De nuevo les sorprendió otra tormenta, quizá peor que la precedente, que «rompió todas las velas». Cuentan las crónicas que la gente del lugar pasó toda la mañana rezando por las vidas de los marineros de la zozobrante carabela y, cuando al fin les vieron a salvo, fueron todos «a verlos por maravilla de cómo avían escapado».

En las páginas siguientes:

Barcelona en un dibujo de Anton van Wyngaerde, a la izquierda, en donde acaba la ciudad se hallan, todavía hoy, las Atarazanas.

Mon crovi

playa

playa

La terfana

Tras detenerse unos días en Lisboa y visitar a los reyes portugueses la *Niña* llegó salva a Palos el día 15 de marzo de 1493. El viaje había concluido.

Ese mismo día Martín Alonso Pinzón con la *Pinta* arriba al puerto de Bayona en Galicia.

Colón había cumplido, al menos así lo creía. Como escribía a los reyes en su famosa carta anunciando el descubrimiento, había encontrado unas islas desconocidas hacia el oriente. Todas sus teorías se habían confirmado.

Durante este viaje padeció Colón la primera enfermedad de que se tienen referencias. Todo parece indicar que fue una blefaritis (inflamación de los párpados), según algunos ocasionada por el esfuerzo constante y desesperado por «ver tierra», a pleno sol, salpicado por las olas, en una atmósfera muy diáfana, o bien en medio de la humedad nocturna. Su sentido de la vista, por su tendencia al albinismo, le permitía ver muy bien en un ambiente oscuro y es más que probable que estuviera ya enfermo cuando vio «como una candelilla que se elevaba y trasladaba» en la noche que se avistó Guanahaní. A don Cristóbal, el esfuerzo le había merecido la pena.

Colón en Barcelona

En Barcelona, donde recibieron los reyes a Colón a su regreso del Nuevo Mundo, se iniciaron los preparativos del siguiente viaje. Todos, Colón y los monarcas, deseaban ver pronto los resultados de tan heroica aventura y también desde Barcelona se organizó la propaganda que necesitaban para conseguir el pleno dominio de las nuevas islas descubiertas.

En primer lugar había que anunciar a los cuatro vientos la buena nueva y así se procedió al ordenar imprimir la carta que el 14 de marzo de 1493 –desde Lisboa– el almirante había dirigido a los reyes anunciándoles su descubrimiento. El interés de la corona hizo que la carta alcanzara una difusión desmesurada para entonces. Desde abril de 1493 a fines de siglo tuvo dieciséis ediciones: dos en castellano, una en catalán, nueve en latín, tres en italiano y una en alemán. Aunque muy similares, el texto, salvo en las ediciones en castellano, presenta a don Fernando como el gran impulsor del descubrimiento, sin mencionar para nada a la reina. Por lo demás no difieren: Colón fue el artífice único de aquel hecho. Un claro ejemplo de cómo dominaba la propaganda el Rey Católico.

Tan sólo un problema preocupa a los reyes, la relación con Portugal, dado que las dos monarquías se disputaban el control del Atlántico. Ya habían llegado a un acuerdo años atrás, cuando en 1479 se había firmado el Tratado de Alcaçobas. Pero ahora las circunstancias habían cambiado. Había que conseguir, además, una bula papal que confirmara la legitimidad de esas islas descubiertas y es muy probable que don Cristóbal fuera uno de los asesores de los monarcas. Con una celeridad pasmosa, los días 3 y 4 de mayo de 1493, el papa Alejandro estampó su firma en las bulas «Inter Caetera», I y II, concediendo a los Reyes Católicos el derecho a descubrir en «las partes de India» y donándoles las islas descubiertas por Colón, «hombre ciertamente digno y muy estimable y apto para asunto tan importante». Poco más tarde, a éstas siguieron otras bulas que establecieron límites geográficos con una nueva división del Atlántico entre España y Portugal y nombraron al catalán fray Buil primer legado apostólico en el Nuevo Mundo.

Sin lugar a dudas, antes de partir para su segundo viaje, Colón hubo de dejar algún informe –cuyo texto hoy desconocemos– que manejaron los científicos que se ocuparon de la redacción del Tratado de Tordesillas que en junio de 1494 demarcó el océano Atlántico entre España y Portugal. Así se desprende de la carta que en agosto de 1494, a poco de

A partir de 1493 los reyes autorizaron a Colón a añadir nuevas divisas en el blasón que le habían concedido en las Capitulaciones. Con el tiempo, el almirante fue variándolo y ampliándolo a su antojo.

Plaza del Rey en Barcelona, a la izquierda, la llamada torre del rey Martí, a la derecha los magníficos arcos del Saló del Tinell, en donde supuestamente fue recibido Colón por los Reyes Católicos al regreso de su primer viaje.

firmarse, escribió el cosmógrafo catalán Jaume Ferrer de Blanes a los reyes, exponiéndoles la consideración profesional que don Cristóbal le merecía:

[...] y si en ésta mi determinación y parecer será visto algún yerro, siempre me referiré a la corrección de los que más de mí saben y comprenden, especialmente del almirante de las Indias, el cual, *tempore existente*, en esta materia más que otro sabe; porque es gran teórico y mirablemente plático como sus memorables obras manifiestan.

En efecto, don Cristóbal, que se carteaba con el catalán, había demostrado ser un hombre práctico en la marinería. Supo aprovechar tanto los vientos alisios como la corriente de la *Gulf Stream* para realizar un viaje extraordinario. Y conviene que no olvidemos que esa misma ruta, con escasas variaciones, fue la que tuvieron que seguir los barcos en sus viajes a América y retorno hasta que el vapor dio nuevos bríos a la navegación de altura.

Interior de las Atarazanas
de Barcelona.

Ilustración de José
Guío de una yuca
peruana, 1790.

Piper Indicum, dibujo
de Basil Besler
publicado en el libro
Hortus Eystettensis,
c. 1613.

Piper Indicum bifurcata filiqua.

Piper Indicum minimum
erectum.

Piña de montaña

Paisaje con la planta que produce la piña de montaña. Anónimo.
Óleo sobre lienzo. Real Jardín Botánico, CSIC.

Iguana y mas abajo una pequeña lagartija de Panama y Acap.

Ilustración de Cardero de una iguana.

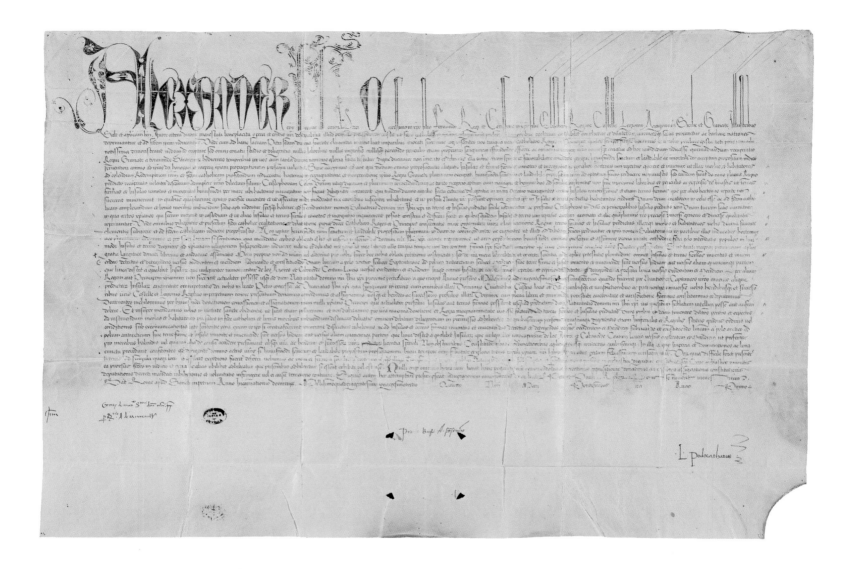

Bula «Inter Caetera» (II) del papa Alejandro VI a los Reyes Católicos, en que les hace donación a ellos y a sus sucesores, de todas las islas y tierras firmes, descubiertas y por descubrir, hacia el occidente y mediodía de una línea distante cien leguas de las islas Azores y Cabo Verde, no poseídas por otro rey cristiano antes del día de Navidad de 1492, para que puedan convertir a sus habitantes a la fe católica.

Esta bula, que corrobora otra del mismo nombre de 3 de mayo, es la base de la incorporación de pleno derecho de las Indias a la corona de Castilla, a cambio de la obligación de evangelizar las tierras descubiertas y por descubrir. A pesar de las controversias sobre el sentido de tan fabulosa donación y sobre el derecho que asistía al papa para hacerla, la corte española siempre la hizo valer, junto con las demás concesiones alejandrinas, para defender su soberanía política en el Nuevo Mundo.

Como consecuencia de los nuevos descubrimientos, España y Portugal tuvieron que renovar el tratado de delimitación que habían firmado en Alcaçobas-Toledo en 1479. En Tordesillas, el 7 de junio de 1494, los representantes de ambos reinos firmaron un doble tratado. Uno de pesquería y otro por el que acordaron la demarcación de una línea divisoria de las esferas de influencia y expansión. Se decidió trazar la raya de polo a polo, a 370 leguas al oeste del archipiélago de Cabo Verde: la parte occidental pertenecería a España y la oriental a Portugal. Los contratantes se comprometieron a no acudir «al papa ni a ningún otro prelado» para alterar esas disposiciones. Cuando en 1522 Elcano regresó a la Península, con la nao *Victoria* cargada de clavo, se volvió a plantear el problema. La línea trazada en Tordesillas era un semimeridiano, había que señalar el contrameridiano. A tal efecto en 1524 se reunió, sin éxito, una junta en Badajoz-Elvas. Cinco años más tarde, el Tratado de Zaragoza (1529) puso fin al conflicto: Juan III compró a su cuñado Carlos V el derecho a la navegación, comercio y dominio de las Malucas por 350.000 ducados. Una suma enorme.

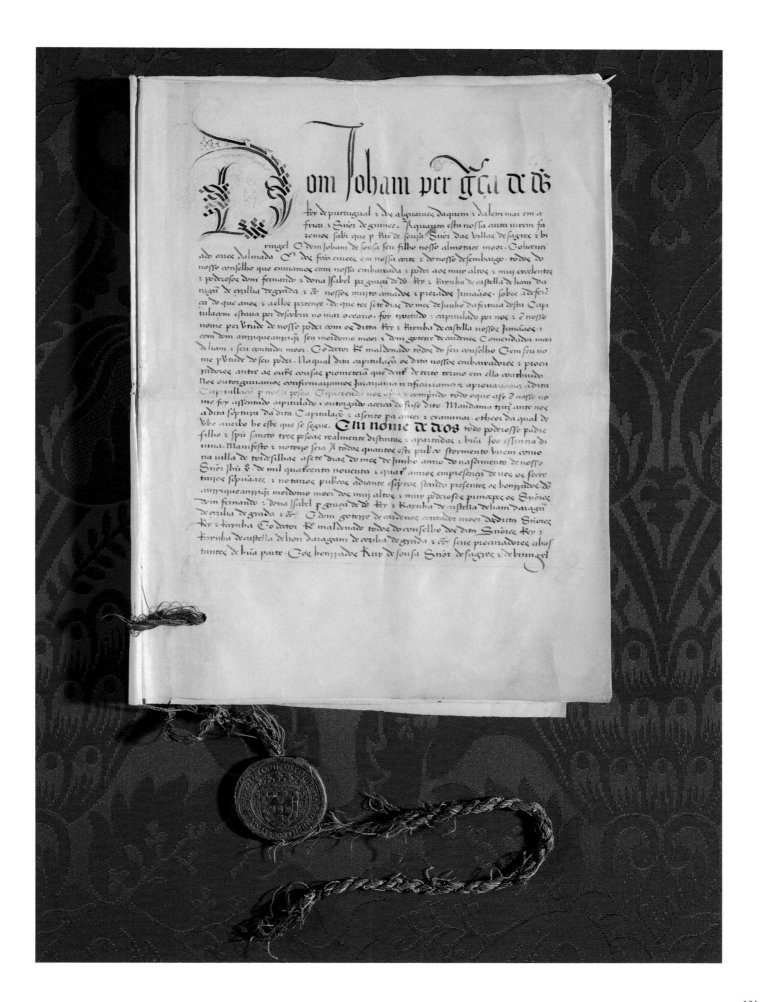

Dom Joham per g͠ra d͠e d͠s

͠rey de purtugual ꞇ dos algarues daquem ꞇ dalem mar em a
fr͠ica ꞇ Sn͠or de guinee. A quantos esta nossa carta uirem fa
zemos sabr que p͠ rui de sousa Sn͠or das ujllas de sagree ꞇ bi
ringel ꞇ dom joham de sousa seu filho nosso almotace moor ꞇ ohenao
ado ante dalmada C͠n de frei enees em nossa corte ꞇ do nosso desembargo todos do
nosso conselho que enujamos com nossa embaixada ꞇ poder aos muy altos ꞇ muy excelentes
ꞇ poderosos dom fernando ꞇ dona issabel p͠ graca de d͠s rey ꞇ rynha de castella ꞇ ham da
ragũ de ezilia degrada ꞇ ꞇ nossos muyto amados ꞇ prezados irmaãos. sobre a difere͠
ca do que a nos ꞇ aelles pertence do que tre sete dias do mes de junho da feitura desta Capi
tulaçm estaua por descobrir no mar oceano. foy tractado ꞇ capitulado por nos ꞇ nosso
nome per vtude de nosso poder com os ditos rey ꞇ rynha de castella nossos irmaãos ꞇ
com dom anrriqueanrriquj seu mordomo moor ꞇ dom gutere de caidenes Comendador mor
de liam ꞇ seu contador moor ꞇ o dotor ꞇ maldonado todos do seu conselho ꞇ em seu no
me p͠ vtude do seu poder. Na qual dita capitulaçu os ditos nossos embaixadores ꞇ procu
radores antre as outr̃s cousas prometera que dent de certo termo em ella contheudo
nos outorgariamos confirmariamos juariamos ꞇ ratificariamos ꞇ aprouariamos a dita
Capitulaçu p͠ nossa pesoa. Equerendo nos ꞇ sr̃ꞇ comprir todo oque assy ꞇ nosso no
me foy assentado capitulado ꞇ outorgado acerca do suso dito. Mandamos traz ante nos
a dita sc͠ptura da dita Capitulaçu ꞇ asento pa a uee ꞇ examinar. o theor da qual de
vbo a uerbo he este que se segue. Em nome de d͠os todo poderosso padre
filho ꞇ sp͠u sancto tres pesoas realmente distintas ꞇ apartadas ꞇ hũa soo essencia di
uina. Manifesto ꞇ notorio seia A todos quantos este pub͠o stormento virem como
na ujlla de tordesilhae a sete dias do mes de junho anno do nascimento de nosso
Sn͠or ihũ c͠o de mil quatrento nouenta ꞇ quatr̃ annos empresenca de nos os secre
tarios sc͠pu͠aaes ꞇ notarios pub͠os adiante esc͠ptos estando presentes os honrrados do
anrriqueanrriquj mordomo moor dos muy altos ꞇ muy poderosos principes os Sn͠ores
dom fernando ꞇ dona issabel p͠ graca de d͠s rey ꞇ Raynha de castella delham daragũ
de ezilia degrada ꞇ ꞇ ꞇ dom gutere de caidenes contador moor dadictos Sn͠ores
Rey ꞇ Raynha ꞇ o dotor ꞇ maldonado todos do conselho dos ditos Sn͠ores Rey ꞇ
Raynha de castella delion daragam de ezilia de grada ꞇ ꞇ seus procuradores abas
tantes de hũa parte. Eos honrrados Ruy de sousa Sn͠or de sagree ꞇ de biringel

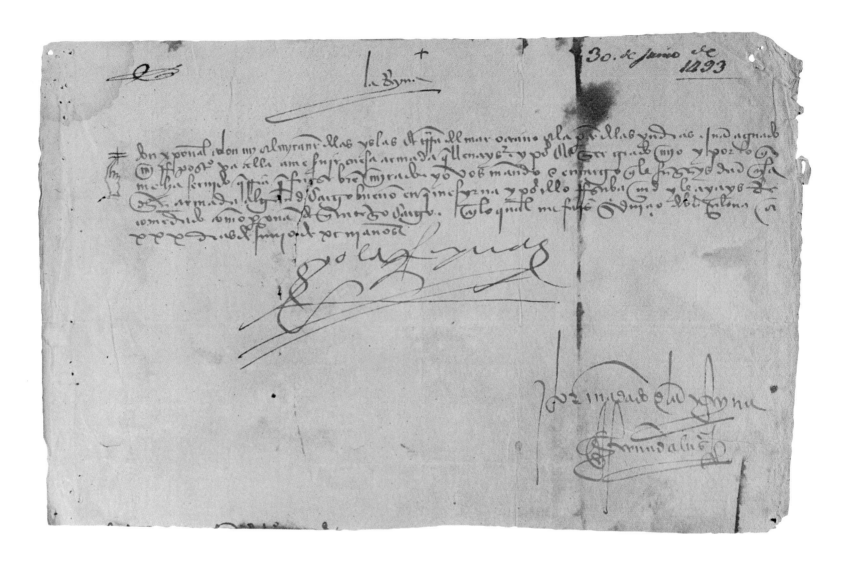

Por indicación de la reina, Juan Aguado marchó al Nuevo Mundo en 1493. La chancillería de la época, que custodiaba todo cuanto se escribía, nos ha conservado esta carta de recomendación de doña Isabel a su almirante «de las yslas e tierras del mar Oçéano a la parte de las Yndias» pidiéndole que diese a su repostero «algún cargo bueno». A los pocos meses de su llegada regresó Aguado a la Península. De nuevo fue enviado a las Antillas en 1495, entonces para hacer una investigación, una pesquisa, sobre la difícil situación por la que atravesaba la colonia en La Española.

La armada de colonización

El 25 de septiembre de 1493 partía del puerto de Cádiz una flota compuesta de diecisiete naves, cinco de ellas naos y doce carabelas. Al no disponer del rol de este viaje, hemos de fiarnos de cifras aproximadas que nos indican que participaron entre mil doscientos y mil quinientos hombres en éste, el más espectacular viaje –en cuanto al aparejo y gastos– de los que efectuó el almirante a las Indias. La mayoría de los marineros eran andaluces, en menor número acudieron vizcaínos, un tonelero era mallorquín y un par de marineros procedían de Santander y de Ciudad Rodrigo. Se enrolaron varios aragoneses y catalanes pertenecientes al círculo de don Fernando, muy preocupado por controlar al genovés. No faltaron extranjeros, entre ellos un puñado de portugueses y un buen número de italianos, entre éstos, Diego, el hermano menor del almirante. Y, a pesar de lo que se ha venido afirmando, sí participaron mujeres. No debía de ser un grupo numeroso ya que, de haber sido así, las fuentes lo habrían mencionado. En todo caso Colón llevó a su criada, María, y al menos otra mujer dio a luz en las Indias.

Acudieron todo tipo de hombres, funcionarios, pajes, oficiales, artesanos, agricultores con sus semillas, ganaderos con sus bestias, mineros... destacándose un contingente de fuerzas armadas –las famosas lanzas jinetas– enviadas tanto como una precaución ante el peligro luso como por el evidente deseo de conquista.

Como nota característica de esta tripulación hemos de considerar la extraordinaria calidad de los expedicionarios, entre los que recordamos al doctor Diego Álvarez Chanca, físico de la princesa Isabel y primer médico que fue al Nuevo Mundo, que nos ha dejado una bella e interesante descripción del viaje; al cosmógrafo Juan de la Cosa, que ya había participado en la primera expedición; a los capitanes Antonio de Torres, Ginés de Gorbalán, Pedro Margarit y Alonso de Hojeda; los oficiales Melchor Maldonado, Juan Ponce de León, futuro descubridor de Puerto Rico y la Florida; Diego Velázquez, Alonso de Carvajal, Pedro de Las Casas –padre del dominico fray Bartolomé– y un largo etcétera.

Como la nueva empresa tenía una triple vertiente, colonizadora, conquistadora y evangelizadora no faltaron religiosos en este viaje. El encargado de dirigirla fue el catalán fray Bernardo Buil, nombrado vicario apostólico, quien al frente de una expedición formada al menos de cuatro o cinco franciscanos, de tres frailes mercenarios y del ermitaño fray Ramón Pané –primer etnógrafo de los indios–, fundó la primera misión en las Antillas. Infortunadamente, salvo Pané que vivió en las Indias hasta su muerte, todos regresaron a la Península en un plazo de dos años. Costó mucho encontrar sacerdotes y clérigos dispuestos a alistarse, tanto que hasta 1500 no pudo el cardenal Cisneros enviar una nueva misión evangelizadora.

Para llevar a cabo la organización civil, política y conquistadora se dictaron órdenes concretas sobre la creación de municipios, modos de administrar justicia, nombramientos de oficios, etc. Nada parecía haberse dejado al azar.

El viaje

Desde Cádiz la flota se engolfó zigzagueando hacia las Canarias para evitar el encuentro con naves portuguesas o corsarias, siguiendo las instrucciones recibidas por los reyes. Cinco días más tarde llegaba a Gran Canaria y de allí a la Gomera para cargar las últimas provisiones: quesos, vino y unos cerdos que, al parecer, llevaban la peste en sus carnes. Hasta el 13 de octubre no dejaron las islas. La última divisada fue la de Hierro, paralelo al que se referirá Colón cada vez que recuerde la distancia recorrida en el Atlántico.

Todo parece indicar que, en esta ocasión, decidió Colón tomar una ruta más meridional, oeste cuarta del sudoeste, con la esperanza de encontrar nuevas islas, aquellas de las que le habían hablado los indios de La Española que se extendía como un arco al sudeste de Haití.

La travesía, que duró veintiún días –desde el 13 de octubre al 3 de noviembre en los que recorrieron 820 leguas–, resultó ideal. Ninguna de las naves tuvo la más mínima avería, no sufrieron ciclones y tan sólo padecieron una tormenta que apenas duró cuatro horas; navegaron siempre con vientos favorables que soplaban constantes y con más fuerza que en el viaje anterior. En aquél las naves se habían mantenido entre los paralelos 28° y 26° hasta que, al ver aves, descendieron hasta el 24°; en éste ya desde la salida tomaron el paralelo 16° exactamente el paralelo en el que encontraron tierra en la mañana del 3 de noviembre: una isla que el almirante, puesto que el día era domingo, llamó La Dominica, nombre que aún hoy conserva.

En las Antillas menores

Queriendo dirigirse a La Española, el almirante ordenó que la flota se dirigiera hacia el norte. Muy probablemente siguiendo la misma ruta que hacían los indígenas, la armada fue recorriendo las Antillas menores, primero La Deseada y después La Guadalupe, donde por culpa de una partida de españoles extraviados, tuvieron que detenerse por espacio de una semana.

> Tres leguas antes de llegar a esta isla, vieron una roca altísima que remataba en punta, de la cual salía un golpe de agua [...] la cual caía con tanto rumor y fuerza que se oía en los navíos (Colón).
>
> [...] y era la más hermosa cosa del mundo de ver cuán alto se despeñaba e que de tan poco logar nacía tan gran golpe de agua (Chanca).

En La Guadalupe los europeos tuvieron por primera vez ocasión de probar la piña y de admirar bandadas de aves que hicieron las delicias no sólo de los cazadores sino también de la hambrienta tripulación, «garzas reales, milanos, palomas, tórtolas, perdices, gansos y ruiseñores».

> [...] que parecían piñas verdes como las nuestras, bien que mucho mayores y llenas por dentro de una carne que parecía melón, muy olorosa y suave; nace en las matas por los campos, como de lirios o áloes (Colón).

Pero junto a aquel delicioso paisaje y prometedores manjares los españoles tuvieron por primera vez contacto con los caribes, los caníbales «que comían carne humana». Ya en el

El volcán de La Soufrière en la isla de Guadalupe.

anterior viaje habían oído hablar de ellos, ahora los tuvieron a la vista. Mientras esperaban el regreso de los expedicionarios que se habían adentrado en el interior de la isla, Colón descendió en tierra para conocer con sus propios ojos una de las casas de sus habitantes y, junto a grandes cantidades de algodón hilado y por hilar, acertó a ver «muchas cabezas de hombres colgadas y cestas de huesos humanos». Era la prueba irrefutable. La presencia de los caníbales aterrorizó a la marinería y como comentaba Michele de Cuneo, un mercader savonés que se había alistado como marinero y que nos dejó una relación del viaje, se decían unos a otros, «pobrecitos, si no vuelven se los habrán comido».

De La Guadalupe bajaron a una isla volcánica y de espesa vegetación que Colón bautizó con el nombre de Santa María de Montserrat, en recuerdo del monasterio cercano a Barcelona; no se detuvieron, el almirante tenía prisa por llegar a Haití.

De Montserrat a Santa Cruz, adonde llegaron el 14 de noviembre y tuvieron el primer encuentro bélico con los caribes, con el resultado de un muerto y varios heridos entre los indios y dos heridos por parte española, uno de los cuales, un vasco, murió pocos días más tarde pese a los cuidados del doctor Chanca.

Fue entonces cuando don Cristóbal comprendió la nueva realidad adoptando una teoría que haría, infelizmente, fortuna: los caribes serían considerados los enemigos naturales de los Reyes Católicos y por consiguiente podrían ser capturados como esclavos.

El encuentro con los indios contribuyó a acelerar la marcha. Así, siempre siguiendo la ruta de las canoas indígenas que les señalaban el camino bordeando islas llegaron pocos días más tarde al archipiélago que Colón llamó de las Once mil vírgenes, aunque tan sólo son cuarenta y siete islas. El 19 de noviembre avistaron Boriquén, rebautizada por los españoles como San Juan Bautista y hoy como Puerto Rico. El 22, por fin, llegaban a Haití, a Santo Domingo, aunque no arribaron al fuerte de La Navidad, donde Colón había dejado una pequeña guarnición, hasta el 27.

El primer desastre

Ante el asombro de todos, La Navidad había desaparecido. Enseguida descubrieron los cadáveres de los treinta y nueve hombres que componían la pequeña colonia. Colón pidió explicaciones al cacique de la zona, Guacanagarí, que se hizo el sordo (adujo que estaba enfermo). ¡Para qué hacer una investigación! Parecía claro que las disputas entre los cristianos, los celos y la avaricia en guardar el poco oro que podían haber encontrado había sido la causa final que les había llevado a ese desastre.

La Isabela. Primera ciudad europea en el Nuevo Mundo

Era necesario buscar un nuevo emplazamiento. Los hombres no podían seguir viviendo en los barcos o en chamizos improvisados. Para ello se escogió un promontorio, a 30 leguas de La Navidad, donde oficialmente fue fundada la ciudad de La Isabela, en recuerdo de la reina católica. El día 6 de enero de 1493 fray Buil y sus frailes concelebraron la que se ha dado en llamar la primera misa en el Nuevo Mundo.

La ciudad, modesta, no estaba situada en el lugar adecuado. Muy pronto la mayoría de la población cayó enferma y el propio almirante tuvo que quedar en cama y, al parecer, estuvo doliente desde el 11 de diciembre de 1493 hasta el 12 de marzo de 1494.

Así se imaginaron los editores de la Carta la primera construcción de una ciudad en el Nuevo Mundo. Es una imagen ideal, pues los españoles aún no habían comenzado a edificar La Isabela.

Ni los padecimientos de sus hombres ni su enfermedad desanimaron al almirante o le hicieron desistir de su propósito. Por encima de todo tenía que demostrar que lo encontrado eran unas islas próximas a Asia, ricas en oro y especias, y luego encontrar el paso al continente.

Según las instrucciones recibidas, tan pronto como acomodase a los hombres, doce de los diecisiete navíos debían regresar a la Península. Pero antes de mandarlos, quizá para que en la corte no causase tan mala impresión el desastre de La Navidad, decidió el almirante enviar una misión de reconocimiento al interior de la isla. Al mando de Alonso de Hojeda y Ginés de Gorbalán, una veintena de hombres, acompañados de guías indígenas, se adentraron hasta el valle central de la isla y recorrieron el río Yaque. Catorce días después, el 29 de enero, los expedicionarios regresaban a La Isabela habiendo recogido tan sólo unas pepitas pero con la seguridad de que por aquellos parajes sí podía encontrarse el ansiado metal.

El 2 de febrero, quince de los diecisiete navíos que habían formado el convoy, regresaron a Cádiz. En sus bodegas cargaron una veintena de indígenas, poco oro y algunas muestras de especias que en nada se asimilaban a las asiáticas. Con Antonio de Torres, que comandaba la expedición, envió Colón a los reyes un extenso memorial, que conservamos, en los que solicitaba ayuda para mantener la colonia y proponiendo establecer un negocio con los indios esclavos.

Por su parte el almirante decidió comprobar él mismo la situación descrita por Hojeda y Gorbalán adentrándose en la isla. Al mando quedaba en La Isabela su hermano Diego apoyado por unos pocos fieles. Tras atravesar la cordillera septentrional de la isla y pasar el puerto que llamó de los Hidalgos, llegó hasta el Yaque, donde ordenó levantar el fuerte que llamó de Santo Tomás dejando por capitán con un retén de hombres al aragonés Pedro Margarit.

El reconocimiento había durado apenas diecisiete días y poco o nada se había encontrado. Quizá fuera entonces cuando Colón empezó a darse cuenta de que aquella isla no era Cipango: ni había oro en abundancia, ni especias en cantidad significativa ni las casas de los indígenas, los míseros bohíos, se asemejaban a las descripciones de Marco Polo. ¿Qué hacer? En la colonia la gente comenzaba a murmurar y hubo intentos de motines. En lugar de afrontar la situación, decidió el almirante zarpar para comprobar si Cuba era la deseada tierra firme.

Reconocimiento de Jamaica y Cuba

Con tres naves y sesenta hombres, entre los que se encontraba Juan de la Cosa, la flota recorrió la costa de Cuba, desde el extremo oriental que había llamado en el anterior viaje cabo de Alfa y Omega (hoy punta Maysi) y siguió por la costa meridional. «La tierra más hermosa», como la denominó Colón en su *Diario*, le entusiasmó y, siguiendo su costumbre, fue dando nuevos nombres a los puertos que recorría, Puerto Grande (Guantánamo), hasta el cabo de Cruz en el extremo sudoeste.

El 2 de mayo las naves viraron al sur y, atravesando el canal entre Cuba y Jamaica, llegaron a un puerto en la costa norte de esta isla que nombraron de Santa Gloria (St. Anns Bay) y de allí al golfo que llamó del Buen Tiempo (Montego Bay).

Colón tenía prisa en regresar a Cuba y ordenó volver al cabo de Santa Cruz para desde allí comenzar la exploración sistemática de su costa sudoeste. El camino era difícil, pues navegar por los canales entre el laberinto de islas que llamó Jardín de la Reina requería gran pericia. Los fondos eran insuficientes para el tamaño de las naves y, además, estaban sembrados de arrecifes coralinos que complicaban aún más la navegación.

Frontispicio de la carta de Dati. En 1493 Giuliano Dati publicó en Roma el primer poema dedicado al descubrimiento, donde sólo citó a don Fernando V como patrocinador de la empresa.

Desde Saona, el 15 de octubre de 1495, Michele de Cuneo, escribía a su patrón Jerónimo Annari contándole, entre otras cosas, cómo superaba Colón las situaciones complicadas:

> En el curso de la navegación, solamente con ver una nube o una estrella de noche juzgaba el cielo que debía venir, y si había de hacer mal tiempo, él en persona dirigía y permanecía al timón. Y una vez que había pasado la tempestad, él largaba las velas y los demás dormían [...] no ha nacido un hombre tan esforzado y sabedor del arte de navegar.

Cuba, ¿tierra firme?

Con extrema habilidad y sin duda guiándose por la ruta que hacían las canoas indígenas que circulaban por la zona, llegó la flotilla, costeando la isla de Pinos que Colón llamó San Juan Evangelista, hasta el extremo occidental de Cuba. En ese cabo la costa muda bruscamente y comienza el septentrión de Cuba, que Colón no recorrió. No quiso seguir adelante. En ese momento había calculado que desde el cabo de Alfa y Omega hasta allí habían recorrido una distancia de 335 leguas lo que le autorizaba, o así lo debía él de creer, a considerar que aquella tierra que contemplaban era ya la tierra firme. Ni corto ni perezoso el 12 de junio ordenó levantar acta de tan importante descubrimiento. El escribano de la flota Fernán Pérez de Luna presentó a todos los tripulantes un documento en el que debían estampar su firma si consideraban que la Juana, o sea Cuba, era tierra firme. Todos firmaron, incluso Juan de la Cosa que, pocos años más tarde, dibujaría en su mapa a Cuba como una isla.

¿Sabía Colón entonces que Cuba era una isla o creía firmemente que había llegado al continente? Lo más probable es que lo supiera, sin embargo necesitaba esa confirmación de sus hombres que estaban cansados del viaje y querían regresar a La Isabela. Recordó entonces el almirante que en la misma situación se había encontrado seis años antes Bartolomé Díaz cuando sus gentes lo obligaron a regresar desde las mismas puertas de la India y les obligó a firmar un documento de idéntico tenor al que acababa de hacer signar a sus hombres. Dado que el genovés se encontraba en Lisboa cuando llegó Díaz es más que posible que viera el documento o se enterara del hecho.

El regreso a La Española fue lentísimo, hasta el 18 de julio no llegaron al cabo de Santa Cruz y de allí a Jamaica –adonde arribaron tras treinta y cuatro días de agónica navegación–, cuya costa recorrieron hasta encontrarse frente al cabo de San Miguel de la isla de Santo Domingo. Tras descansar en aquel paraje decidió el almirante enviar a unos hombres por tierra a La Isabela para dar cuenta de su viaje mientras que él, con los navíos, daba la vuelta a la isla.

El almirante intenta medir la longitud

El 14 de septiembre la flotilla estaba frente a la isla de Saona, en la costa sudoeste de Santo Domingo donde contemplaron un eclipse de luna. Inmediatamente el almirante echó mano del *Calendario*, de Regiomontano, que indicaba la hora en que el fenómeno debía observarse en Lisboa. Como en Saona lo había podido ver cinco horas y media más tarde, el almirante hizo sus cálculos: la longitud Saona-Lisboa (o el cabo de San Vicente) sería de 82° 30′. A Colón no le salieron las cuentas ya que la diferencia entre los dos puntos no es

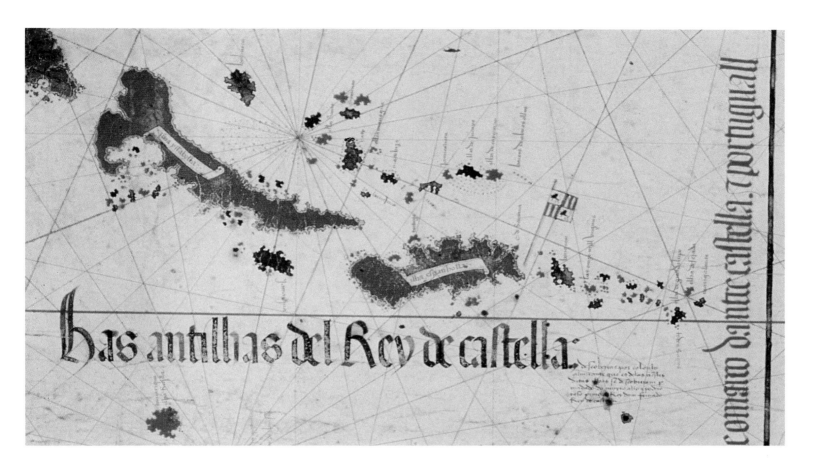

Detalle de la Carta de Cantino donde aparecen «Las Antillas del Rey de Castilla».

superior a 60°, sin embargo sí fue el primero que intentó medir la longitud que, como decíamos antes, no se logró hasta muchos años más tarde.

De Saona a La Isabela

Pocos días después de dejar Saona, al llegar al cabo que llamó del Engaño, sufrió el almirante una extraña enfermedad que conocemos por el relato de su hijo Hernando, que no le acompañó en esta ocasión. Dice Hernando que su padre sufrió entonces de «modorra», un letargo o sueño profundo con alta fiebre y alucinaciones que le mantuvieron postrado. Hacia el 25 de septiembre después de más de cinco meses de navegación y de estar los últimos treinta y tres días casi sin dormir, Colón sufrió un colapso con postración extrema, que le produjo una fuerte depresión y gran debilidad de las funciones cardíacas, por lo que se vio obligado a permanecer en reposo durante cinco meses.

Aunque por carencia de datos no se puede establecer diferencia de diagnóstico, los especialistas que han estudiado este episodio de la vida del descubridor no dudan en afirmar que, pasado el colapso, el almirante sufrió fiebre recurrente, que muy probablemente fuera tifus. La prolongada convalecencia pudo deberse también a alguna complicación de parálisis parcial, disentería, escorbuto o un trastorno articular.

En esa situación llegó Colón a La Isabela el 29 de septiembre. Había reconocido una buena parte de la isla de Cuba, había efectuado la circunnavegación casi completa a Jamaica y dado la vuelta a Santo Domingo, pero no había podido encontrar el continente asiático.

Las dificultades de la incipiente colonia

Hasta un año y medio más tarde no dejó Colón la isla de Santo Domingo. Fueron dieciocho meses de infierno. A la alegría de ver a su hermano Bartolomé, recién llegado a La Isabela, cuando tornó de su viaje de exploración de Cuba y Jamaica, siguió la comprobación de la mala situación en que se encontraba la colonia. Los cristianos, como las crónicas denominan a los europeos que allí malvivían, hambrientos y enfermos, los indígenas alborotados y, lo que era preocupante, muchos de los principales habían regresado a Castilla para dar cuenta del mal gobierno de los Colón y del pésimo estado en que se encontraban. Colón decidió internarse en la isla para pacificarla y ordenar levantar una serie de fortines, hasta siete, con objeto de controlar el territorio.

Todo iba de mal en peor cuando llegó Juan Aguado, comisionado por los reyes, para averiguar in situ el estado de la isla. Tan pronto como tuvo realizado su informe, que desconocemos, volvió el juez a la Península. En la misma flota, que zarpó de La Isabela el 10 de marzo de 1496 regresaba don Cristóbal, no sin antes haber nombrado un triunvirato para regirla. Dejó a Bartolomé como adelantado, a Diego como gobernador y a Francisco Roldán lo nombró alcalde mayor. Además el almirante encargó a Bartolomé que buscase el lugar idóneo para fundar una nueva ciudad.

El regreso a la Península

Nada más dejar La Isabela decidió Colón acercarse a Puerto Plata y de allí, con vientos contrarios navegaron hasta el cabo del Engaño, donde perdieron de vista la isla. En esta ocasión el almirante eligió una ruta de retorno diferente a la que había hecho en el primer viaje. Primero hasta la Marigalante, con la intención de aprovisionarse de productos frescos, ante la actitud poco amistosa de los naturales la flota se dirigió a La Guadalupe donde, tras varias escaramuzas con los indígenas, consiguieron unos pocos víveres y capturar algunos indígenas que cargaron como esclavos.

Durante un mes navegaron muy despacio siempre en alta mar. Los pilotos, asustados, no sabían dónde se encontraban y sólo Colón sostenía contra viento y marea que navegaban en un paraje al oeste de las Azores. Los víveres escaseaban y la tripulación propuso que se echaran al mar a los indígenas a los que era imposible alimentar. El almirante, en unos de esos golpes de efecto, lo impidió asegurándoles que estaban cerca de las costas portuguesas como así ocurrió: el 8 de junio fue avistado el cabo de San Vicente y el 11 la armada entraba en el puerto de Cádiz.

Así terminaba el segundo viaje de Colón al Nuevo Mundo.

Ilustración de la Carta a Santángel anunciando el descubrimiento.
La imprenta contribuyó a la propaganda regia como demuestra que la Carta de Colón anunciando el descubrimiento tuviera desde abril de 1493 a fines de siglo dieciséis ediciones: dos en castellano, una en catalán, nueve en latín, tres en italiano y una en alemán. La traducción al latín recoge los nombres con los que Colón fue bautizando a las islas: Fernandina, Isabella, Salvatoris, Concepto Marie e Hyspaniola. De aquí parte el nombre de Hispaniola que aún hoy utilizan algunos autores para referirse a La Española.

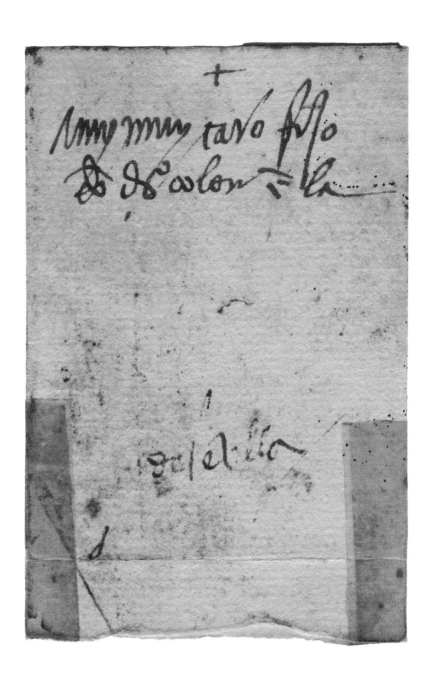

Carta de Colón a su hijo Diego, 1498.
Así quedaban las cartas, formando un billete. En la parte anterior se ponía la dirección y en la posterior se sellaba con lacre para asegurar la confidencialidad.
Colón era un escritor empedernido. Aunque muchas de sus cartas se han perdido con el paso de los años, conservamos un buen número de cartas a su hijo Diego, a sus amigos y conocidos, unos cuantos recibos de pagos y copias fidedignas de sus diarios de navegación.

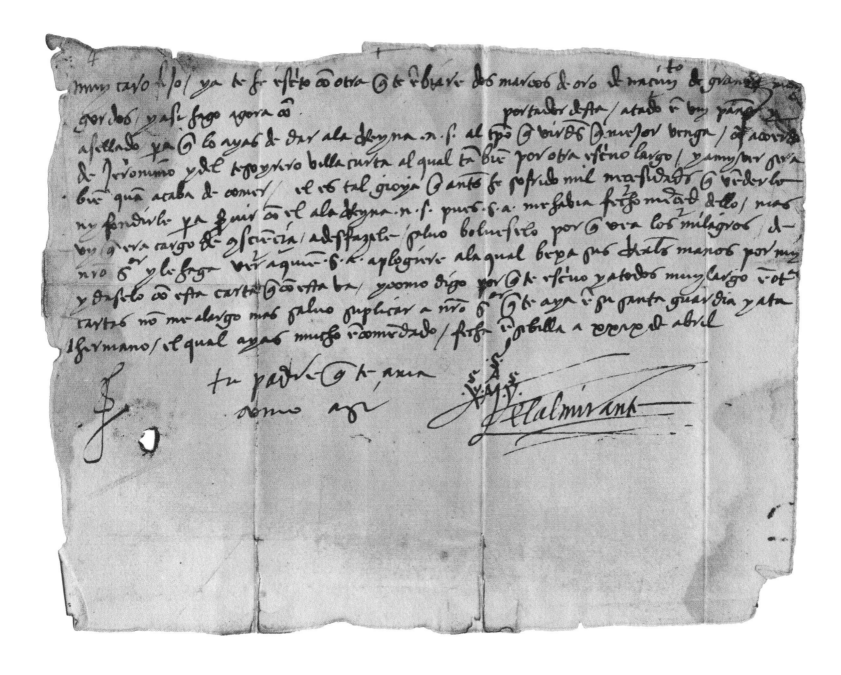

Transcripción de la carta de Colón a su hijo Diego:

Muy caro fijo: Ya te he escrito con otra que te enviaré dos marcos de oro de naçimiento de granos muy gordos y así fago agora con ***
portador d'esta, atado en um paño y asellado, para que lo ayas de dar a la reina, nuestra señora, al tiempo que virdes que mejor venga,
con acoerdo de Jerónimo y del tesoirero Villacurta, al cual también por otra escrivo largo; y a mi ver será bien cuan acaba de comer.
El es tal gioya que antes he sofrido mil neçesidades que venderlo ni fondirle para servir con él a la reina, nuestra señora, pues su alteza
me había fecho merçed d'ello; mas vi que era cargo de consçiemçia a desfazele salvo bolvéselo, porque vea los milagros de Nuestro Señor
y le haga ver a quien su alteza aplogiere; a la cual bexa sus reales manos por mí y dáselo con esta carta que con ésta va. Y como digo
por qué te escrivo y a todos muy largo en otras cartas non me largo más, salvo suplicar a Nuestro Señor que te aya en su santa guardia
y a tu hermano, el cual ayas mucho encomendado. Fecha en Sebilla a XXIX de abril.

Tu padre, que te ama como a sí.
·S·
S A S
·X·M·Y·
El Almirante

AMERICA.

Americen Americus retexit, *Semel vocauit inde semper excitam*

Representación alegórica del descubrimiento de América, que en forma de mujer reposa en una hamaca.
Ion Stradanus, *Nova Reperta*.

El mar dulce y tierra firme

No le fue fácil al almirante organizar un nuevo viaje al Nuevo Mundo. En la corte muchas voces se alzaban en su contra. Los que habían regresado no sólo criticaban su actuación como gobernante –y la de sus hermanos–, sino que además no dejaban de señalar las dificultades para establecer en las Indias una colonia que, para colmo no daba, ni por asomo, los frutos esperados. Su popularidad había decrecido y las circunstancias habían cambiado desde que los reyes decidieron otorgar licencias para hacer viajes a particulares mediante capitulaciones. ¡Hasta los sastres se empeñan en descubrir!, exclamaba Colón indignado ante la ruptura de su monopolio que tan celosamente cuidaba.

Colón, por su parte, insistía en su convencimiento de haber llegado a unas tierras próximas al ansiado estrecho que le conduciría a Asia. Sus informantes de las Antillas le aseguraban de la existencia de tierras al sur. Unas tierras que, por estar más cercanas al ecuador, debían de ser ricas en piedras preciosas y especias tal y como le decían los libros en los que basaba sus conocimientos, tanto el *Ymago mundi,* de Pierrre d'Ailly, como *Il Milione,* de Marco Polo.

Una vez conseguido el permiso para viajar, tuvo Colón toda clase de dificultades para poder armar los ocho navíos que había solicitado. La corona tuvo que desviar parte del dinero asignado a la expedición para la reparación de las fortificaciones en la frontera con Francia y el almirante tuvo que recurrir a la banca genovesa de Martín Centurión y Pantaleón Italian para poder sufragar su parte en el negocio.

Así como en la segunda expedición la afluencia de voluntarios para realizar la travesía fue notable, las tristes nuevas y el desprestigio de la empresa de Indias hicieron difícil el reclutamiento de las 330 personas que los reyes habían previsto que se desplazaran en este viaje. Hubo que dictar cartas patentes para deportar presos y se prometieron indultos, si bien, a pesar de lo mucho escrito sobre la enorme cantidad de *desorejados* que pasaron a las Indias en este viaje colombino, de los 226 miembros que componían la tripulación sólo 10 figuraban en la nómina como homicidas. Publicado hace apenas unos años el rol de este viaje, hoy sabemos que la tripulación estaba compuesta por 77 ballesteros, 50 peones, 28 labradores y hortelanos, 18 oficiales, 15 marineros, 6 grumetes, 4 canarios cuya profesión no consta, 4 criados del almirante, 2 clérigos, 1 bombardero, 1 tamborino, 5 personas sin sueldo y, al menos, 2 mujeres. Dejando de lado a los extranjeros, unos 12, italianos en su mayoría, algún que otro portugués y un francés de la Picardía, los tripulantes, en general de baja extracción social, procedían: 15 de Jerez de la Frontera, 13 de Sevilla, 4 de Madrid e igual número de Palos, 3 de Salamanca al igual que de Baeza, Córdoba, Lepe y Jerez de los Caballeros, 2 de Baracaldo, Jaén, Toledo, Palencia, Paterna del Campo, Ciudad Real, Coria, Fregenal, Fuente del Maestre, Huelva, Illescas, Lebrija, Lugo, Manzanilla, Mirandilla, Morón, Oviedo, Roales, Sepúlveda, Torralba, Triana y Valladolid.

El 6 de febrero de 1498 mientras disponía el viaje y terminaba de aprestar la flota despachó Colón las carabelas *Santa Clara* y *Santa Cruz* al mando de su fiel amigo Pedro Hernández Coronel. Tenía prisa el almirante por enviar cuanto antes refuerzos a su hermano, que había quedado al frente de una colonia alborotada y eso explica que las dos naves zarparan bien provistas de gentes de armas y que no hicieran la travesía en convoy como era habitual.

Una nueva ruta

Tres meses más tarde, el 30 de mayo, partía Colón de Sanlúcar de Barrameda al mando de una armada compuesta por cinco navíos a los que se unió un sexto en el puerto gaditano. Unos doscientos veinte hombres formaban la tripulación.

Ante el temor del ataque de una flota francesa, apostada en el cabo de San Vicente, decidió Colón cambiar la ruta para dirigirse a Porto Santo en el archipiélago de Madeira y de allí a las islas de la Gomera y Hierro en las Canarias adonde llegaron el 19 de junio.

En las Canarias decidió Colón dividir la flota en dos. Tres navíos fueron enviados directamente a Santo Domingo mientras que él, con las tres restantes, emprendió un viaje de exploración con un rumbo distinto, más meridional del que había llevado en los anteriores viajes. Sin duda quería navegar en el paralelo límite que le permitía la letra del Tratado de Tordesillas.

En tan sólo seis días de navegación, a una velocidad media de más de cinco nudos, la flotilla cubrió la distancia que separa las Canarias de Cabo Verde adonde llegaron el 21 de junio. Discurriendo por el archipiélago recorrieron la isla de la Sal, la de Buena Vista, en la que había una colonia de leprosos y la de Santiago, donde estuvo la flota amarrada hasta el 4 de julio; una escala obligada debida, al parecer, a un fuerte ataque de gota que tuvo postrado en cama al almirante. Se asombró el genovés de la gran cantidad de tortugas que desovaban en sus playas y de la sequedad de las islas en general, preguntándose por qué si eran tan estériles recibían el nombre de Cabo Verde.

La salida del archipiélago portugués no fue afortunada. Colón tenía el propósito de colocarse a la altura del paralelo 5°, pero muy pronto entraron en la zona de los sargazos y de las calmas donde padecieron diez días sin viento y un calor insoportable que, al reventar los barriles, arruinó buena parte del vino y del agua e, incluso, comenzaron a pudrirse las conservas saladas que llevaban como alimento. Mientras la marinería se desesperaba, Colón volvía a comprobar la declinación magnética y a anotar en su *Diario* las variaciones, al igual que hiciera en su primer viaje. No dejaba de observar todo cuanto le parecía novedoso y de interés.

La llegada al continente

El 31 de julio comenzó a escasear el agua. Cuando ya Colón estaba a punto de ordenar virar hacia el norte un marinero anunció que veía tierra y pronto todos pudieron divisar tres montañas en la lejanía. Se trataba del extremo sudoriental de una isla que Colón llamó de la Trinidad, nombre que aún perdura, y a sus extremos el cabo de la Galera, hoy la punta Galeota y punta del Arenal desde donde el 1 de agosto pudieron divisar la costa del continente sudamericano en la punta Bombeador. Aún tardaron unos días en pisarlo.

Doble excelente de los Reyes Católicos, *c.* 1497.
Un ducado de oro equivalía a 375 maravedíes,
que era una moneda de cuenta.

El paraíso terrenal

El pasaje entre Trinidad y el continente fue penoso por los violentos e irregulares movimientos de las aguas. Parece que fue entonces cuando sufrieron un macareo, que les asustó profundamente, tan grandes eran las olas que temieron naufragar.

> Estando al bordo de la nao oí un rugir terrible que venía de la parte del austro hazia la nao, y me paré a mirar y vi levantado el mar de Poniente a Levante, en manera de una loma tan alta como la nao, y todavía venía hacia mí poco a poco.

Una gigantesca ola había pasado por debajo de la nao almiranta levantándola a una gran altura y dejándola caer poco después hasta casi tocar fondo. Tan horrible experiencia fue la causante de que Colón bautizara aquel pasaje con el nombre de Boca de la Sierpe. Se encontraban frente a la península de Paria que, en un primer momento, creyeron que era una isla que llamaron isla de Gracia.

El 6 de agosto tuvo lugar la solemne toma de posesión del continente sudamericano en una zona cercana a la Guría actual. Todos creyeron que era una isla y ni siquiera Colón descendió del navío para asistir al acto que protagonizó su fiel amigo el capitán Pedro de Terreros.

Frente a la desembocadura del Orinoco, donde se encontraban, el agua dulce era tanta que desplazaba a la salada y esto fue lo que determinó al almirante a convencerse de que un caudal tan abundante sólo podía ser de un río continental. Según sus cálculos estaban ante un Nuevo Mundo situado al sur de Mangi (Cuba) y con el que tal vez estaba unido.

Como escribiría poco después a los reyes, había llegado a una zona muy próxima al paraíso terrenal pues ese río, inmenso, debía de ser uno de los que lo bañaban. La forma de la tierra, a manera de una pera, se asemejaba al lugar donde los antiguos lo habían situado. La bondad del clima, la verdura de la tierra y la disposición de los naturales, más claros de color que los habitantes de las Antillas, que vivían en casas de mejor factura, que parecían habituados al comercio, que tenían mejores canoas, incluso con toldos y que demostraban pertenecer a una cultura más desarrollada corroboraban esa impresión.

El Nuevo Mundo

Pese a todo y aunque había considerado islas los territorios descubiertos, Colón sospechaba que se encontraba en tierra firme y así se lo escribía a los reyes, «Yo estoy creído que ésta es tierra firme, grandísima de que hasta hoy no se ha sabido», «Creo que esta tierra [...] sea grandísima y aya otras muchas en el Austro de que jamás se ovo noticia» y «Vuestras Altezas ganaron estas tierras tantas que son otro mundo». Sin embargo, todo parece indicar que el almirante seguía creyendo que aquella tierra era una parte de Asia desconocida para los europeos y así lo mantuvo hasta el final de sus días.

Un año más tarde Américo Vespucci recorrería esas mismas costas pero no fue hasta su segundo viaje, el que realizó bajo bandera portuguesa en 1501-1502, cuando el florentino abandonó la idea de que aquello era Asia para convencerse de que se trataba de una masa continental diferente, claro está que en aquel viaje se llegaron a alcanzar los 50° de latitud sur.

Al llegar la expedición a la zona tropical, el cambio de clima y la atmósfera calurosa y sofocante habían producido al almirante un severo ataque de gota, seguido de una fiebre violenta, que superó en pocos días. Mas la mejoría duró poco. Cuando salía del golfo de Paria,

LA EVANGELIZACIÓN DEL NUEVO MUNDO

Al lego ermitaño catalán Fray Ramón Pané le encargó Colón que se internase entre los indígenas. Tras residir un año en la comarca de Macoríx se trasladó a la Vega Real, señorío del cacique Guarionex, donde residió un par de años hasta que, fracasada la conversión de este cacique y de su familia, a fines de 1497 o comienzos de 1498, se trasladó al sur de la isla. Sus estancias entre los indígenas le hicieron aprender las dos lenguas principales de La Española, primero la de los manorijes y más tarde la taína, que se hablaba en toda la isla. Una circunstancia que, hábilmente, aprovechó el almirante para encargarle que averiguase todo lo más posible sobre los indios y pusiera sus anotaciones por escrito. «Esto es lo que he podido saber y entender de las costumbres y los ritos de los indios de La Española... porque de las demás islas no sé cosa alguna, pues no las he visto», parece que le dijo el ermitaño cuando le entregó su manuscrito, *Relación acerca de las antigüedades de los Indios*, en veintiséis capítulos, «que yo escribí con presura y no tenía papel bastante». El texto, hoy perdido, se conoce gracias a una copia que Hernando Colón incluyó en la *Historia del Almirante* y a la que efectuó Pedro Mártir en sus *Decades*.

Era Pané un hombre sencillo, «un pobre ermitaño» como se calificaba a sí mismo, que apenas conocía el castellano –nos dice Las Casas–, pero que, sin embargo, nos ha legado un importantísimo documento. Sin su empeño y sagacidad desconoceríamos muchas de las costumbres y creencias de los pobladores de La Española.

De su labor evangélica tan sólo sabemos lo que él, humildemente, nos contó al referir, por ejemplo, su alegría cuando en la fortaleza de la Magdalena logró convertir a dieciséis indígenas de una misma familia y cómo, a imitación de éstos, muchos otros se hicieron cristianos.

volvió a aparecer la gota, en esa ocasión acompañada de oftalmía y dolores en las articulaciones inferiores y superiores. Apremiado por sus males, decidió entonces poner rumbo a Santo Domingo sin detenerse en la isla Margarita, la isla de las perlas. El 31 de agosto entraban en Santo Domingo, la nueva ciudad que Bartolomé Colón había fundado en el sur de La Española a orillas del río Ozama.

En su exploración de la tierra firme habían dejado doscientos kilómetros de tierra venezolana detrás de sí y podían contemplar otros cien al oeste.

Durante año y medio permaneció Colón en La Española. No fueron buenos tiempos. Al llegar tuvo que sofocar la rebelión de Francisco Roldán, alzado contra su hermano Bartolomé, y poco después la de Adrián de Múxica. La situación parecía tan grave que los reyes optaron por enviar a Francisco de Bobadilla con la orden expresa de sustituir en sus funciones al almirante.

Colón, destituido, vuelve a Castilla

El 20 de noviembre de 1500 hacía su entrada en el puerto de Cádiz la flotilla que traía a la Península a los hermanos Colón, aherrojados, y al almirante desposeído de todos sus títulos. Pese a que los reyes le perdonaron, nunca más volvió a ser virrey de las Indias. Sí se le permitió, en cambio, volver a navegar.

En este viaje, proyectado como de descubrimiento y rescate, se descubrió el continente sudamericano iniciándose una nueva etapa en la historia de las exploraciones. Como era lógico, siguiendo esta ruta con escasas variaciones se organizaron los llamados «viajes menores o andaluces»: Hojeda, Juan de la Cosa, Vespuchi, Diego de Lepe, Bastidas, Vicente Yañez Pinzón, Alonso Vélez de Mendoza y Cristóbal Guerra, entre otros, descubrieron nuevas tierras que se fueron añadiendo a la corona española.

Desde el punto de vista administrativo muchas fueron las novedades que se iniciaron en la pequeña colonia. Fue entonces cuando se crearon los primeros repartimientos de tierras e indios entre los colonos, que dieron lugar años más tarde a las famosas «encomiendas» y la ciudad de Santo Domingo, desplazada poco después a la otra orilla del río Ozama, fue desde entonces la capital administrativa de La Española en el mismo emplazamiento que ocupa en la actualidad.

La isla Margarita era conocida como la isla de las perlas.

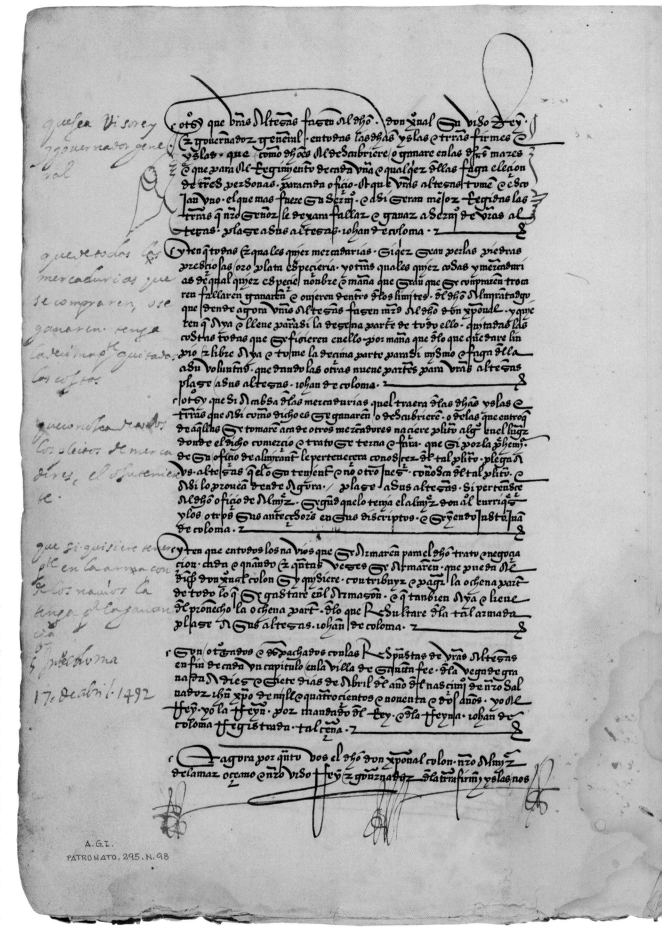

Libro de los privilegios, de Cristóbal Colón, 1498-1501. Con la ayuda de su amigo el fraile cartujo fray Gaspar Gorricio, que también le había ayudado en la redacción de *El Libro de las Profecías*, recogió Colón en un volumen los diversos privilegios que le habían sido concedidos por los reyes. Cuando fue desposeído del puesto de virrey de las Indias mandó hacer cuatro copias que distribuyó convenientemente: envió una a la Banca de San Jorge en Génova, dos a Nicolás Oderigo, embajador de Génova ante la corte de los Reyes Católicos, y la cuarta al banquero genovés afincado en Sevilla Francisco de Riberol.

suplicantes & pedistes por md que porque mejor & mas conplida ment
vos fuese guardada la dicha carta de md a vos & a vros fijos & descendientes
que vos la confirmasemos & prouasemos vos mandasemos dar nra ca
de preui della o como la nra md fuese. E nos acatando lo susodicho
los muchos & buenos & leales & grandes & continuos servicios que vos el dicho
don xpoual colon nro almirante & viso rrey & gouernador delas yslas
& tierra firme descubiertas & por descubrir enel mar oceano enla part
delas yndias nos avedes fecho & esperamos que nos fareys. especial
mente en descubrir & traer nro poder & su nro senorio alas dichas
yslas & tierra firme mayor ment porque esperamos que con ayuda de dios nro
senor & se fundara en mucho servicio suyo & honrra nra & pro & utili
dad de nros rreynos & senorios. Por que esperamos con ayuda de dios que los po
bladores yndios delas dichas yndias se convertiran a nra santa fee
catolica. tovimoslo por bien. E por esta dicha nra carta de preui o por
el dicho su traslado signado como dicho es de nro propio motiuo & cier
ta ciencia & poderio rreal absoluto de que esta parte queremos vsar
& vsamos confirmamos & prouamos para agora & para sienpre Jamas
a vos el dicho don xpoual colon. E alos dichos vros fijos & nietos & des
cendientes de vos & dellos & a vros herederos la sobre dicha nra carta
susodicho en cor porada. & la md en ella contenida. & queremos & mandamos es
nra md & voluntad que vos vala & sea guardada. a vos & a vros fijos
& decendientes agora & de aqui adelante yn violable mente para si
enpre & para sienpre Jamas. en todo & por todo bien & conplida ment. se
gund & por la forma & mana que en ella se contiene. y si necesario es agora
de nuevo vos fazemos la dicha md. E defendemos firme mente q
ningun ni algunas personas non sean osadas de vos yr ni venir
contra ella ni contra parte della por vos la quebrantar ni menguar en
tpo alguno ni por alguna mana. Sobre lo qual mandamos al infante don juan
nro muy caro & muy amado fijo. E alos ynfantes duques perlados. mar
queses condes & rricos omes maestres delas ordenes priores comendadors
& subcomendadores. E alos del nro consejo. oydores dela nra abdiencia al
caldes alguaziles & otras justicias quales quier de nra casa & corte &
chancilleria. E alcaydes delos castillos & casas fuertes & llanas. E a
todos los conçejos asistentes corregidors alcaldes alguaziles me
rinos prevostes. E a otras justicias de todas las cibdades & villas
& lugares delos nros rreynos & senorios & cada & vno dellos que
vos guarden & fagan guardar esta dicha nra carta de preui & confir
macion. E la carta de md enella contenida. E contra el thenor & for
ma della non vos vayan ni pasen ni consientan yr ni pasar en tpo
alguno ni por alguna mana. so las penas enella contenidas. & lo
qual vos mandamos dar esta dicha nra carta de preui & confirmacio es
cripta en pargamino de cuero & firmada de nros nonbres. E sellada
con nro sello de plomo pendiente en filos de seda de colores. la
qual mandamos al nro chanciller mayor & notario. & alos otros

DANTHES
Aligerius
Florentinus
Poëta, Anno
Sal. M.CCC.
descripsit
IIII. stellas
Antarcticas
cap. pr. purg.

His verbis
ab Americo
Vespuccio
in suis
Epistolis
adductis.

Io mi volsi a man destra, e posimente
A l'altro polo, e vidi quattro stelle
Non viste mai fuer ch'a la prima gente,
Goder pareua il ciel di lor fiammelle;
O Settentrional vedruo sito,
Poi che priuato sei di mirar quelle.

Ego inde versus intuebar æthera,
Poli Nothi adnotaui ibi astra quattuor,
Nisi à priore gente, visa nemini.
Nitet, micatq; flamma quadrupla æthere,
Mihi plaga orbis orba nosse cerneris
Nequit videre quando tanta lumina.

Ioan. Stradanus inuent.   Ioan. Collaert sculp.

Americ Vespuce observe la constellation de «la Croix du Sud»
D'après un dessin de J. Stradanus gravé par J. Collaert en 1522

El nombre de América. O quizá, ¿porqué «América»?

En 1506, Renato II, duque de Lorena, recibió una carta que Américo Vespucci había escrito en 1504 a Piero Soderini relatándole sus viajes, acompañada de un mapa donde se representaban los recientes descubrimientos geográficos. Entusiasmado, el duque entregó el manuscrito a los monjes de la abadía de St. Dié para que prepararan una cuidadosa edición. La *Cosmographie Introductio* fue publicada el 25 de abril de 1507, tras un largo trabajo en equipo. El poeta Jean Bassin de Saudacourt tradujo la carta de Américo, que el duque había recibido en francés, al latín; Matías Rigmann preparó la «Introducción»; y Martin Waldseemueller confeccionó un mapa que, pegado sobre una esfera, daría la imagen exacta del globo terrestre.

En su texto, el prologuista, había añadido una apostilla «Mas ahora que esas partes del mundo han sido extensamente examinadas y otra cuarta ha sido descubierta por Americus Vesputius, no veo razón para que no la llamemos *América*».

A pesar de esta frase, poco afortunada, fue la imagen gráfica de Américo y Ptolomeo colocados por Waldseemueller en la parte superior de su mapa el origen del nombre de América, no aceptado por todos hasta finales del siglo XVII.

Imagen de Américo Vespucci en el mapa de Waldseemueller.

En las páginas siguientes:

Mapa del mundo de 1507 realizado por Martin Waldseemueller.
Gracias a este mapa, dibujado en la abadía de St. Dié, en cuya parte superior aparecen las figuras de Ptolomeo y Vespucci,
presidiendo el Nuevo y el Viejo Mundo, Colón perdió el honor de dar su nombre al continente que descubrió.

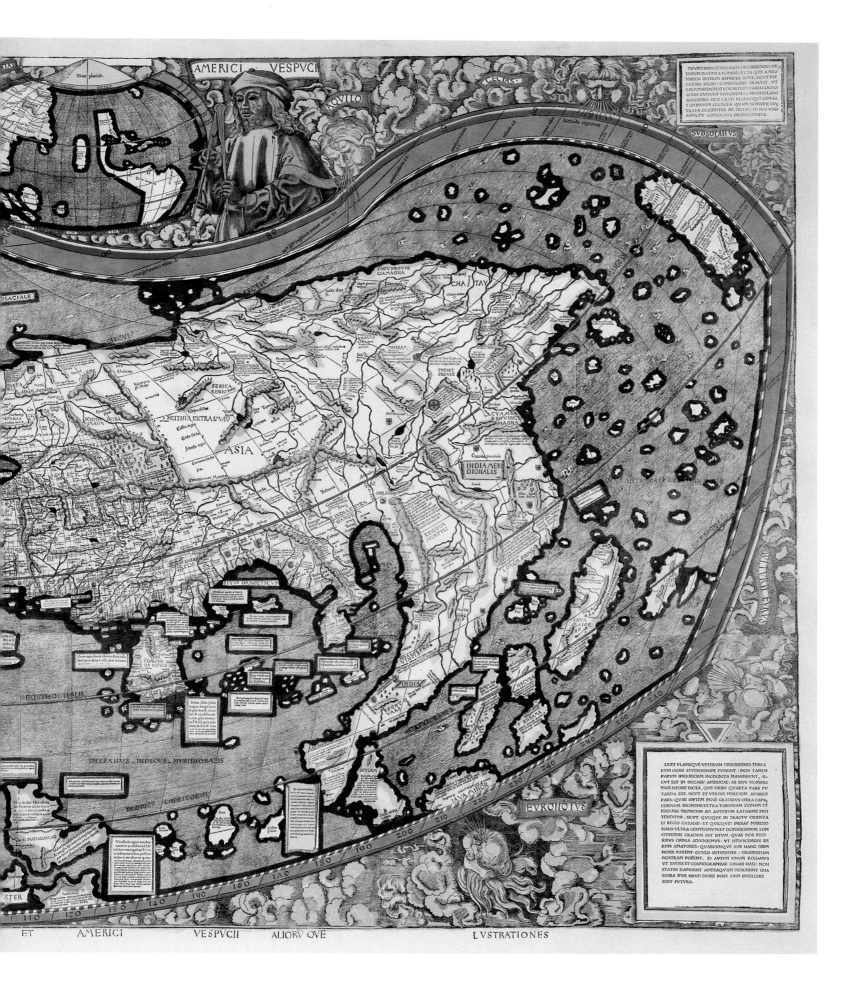

155

Xpianíssima Reyna

[carta manuscrita de Cristóbal Colón a la reina Isabel, en letra cortesana difícilmente legible]

A finales de agosto o primeros de septiembre de 1501, Colón escribió esta carta a la reina, la única que sepamos que dirigió a doña Isabel. El almirante se sentía enfermo y olvidado por todos. En su texto, el descubridor hace un repaso de su trayectoria vital desde que en Barcelona entregó a la soberana «las llaves de su voluntad», sin olvidar los trabajos que había realizado en las Indias, cuyo negocio él aún veía muy grande. Los motivos de esta carta son transparentes: a toda costa quería que se le autorizase a hacer un nuevo viaje (el cuarto, emprendido en 1502).

La ruta de los huracanes

Los descubrimientos en tierra firme llevados a cabo por otros marinos españoles –y también por portugueses– hacían cada vez más necesario el encuentro de un estrecho que condujera a la India. Lo encontrado comenzaba a dar tímidos frutos económicos pero el ansiado paso a Asia, que todos creían próximo a las tierras descubiertas, no aparecía.

Desde que Colón emprendiera su viaje de descubrimiento y hasta esta fecha se había dado un buen vuelco a los conocimientos geográficos de los europeos. No sólo Colón había descubierto un nuevo continente, aunque él mismo no fuera consciente de ello, sino que también Vasco de Gama había llegado a Calicut, a la India, circunnavegando África y Juan Caboto había alcanzado la parte más septentrional del continente americano. La conquista de los océanos y de sus rutas no había hecho más que empezar.

Y para darnos una idea de lo que ello representaba nada más claro que comparar dos mapas coetáneos. En primer lugar el de Juan de la Cosa, fechado en 1501, en el que se aprecia con detenimiento la zona central de América y, en segundo lugar, el de Alberto Cantino, 1502, en el que se pone el énfasis en las tierras descubiertas –o controladas– por los portugueses ya que, no en vano, el mapa fue confeccionado en Portugal pese a que lleva el nombre del personaje que lo llevó a Italia: así se movía la diplomacia lusa enseñando a Italia sus descubrimientos y a su vez se demuestra el interés de los italianos por estar a la última en los avances geográficos.

Durante un largo año siguió Colón a la corte, de villa en villa, de real en real intentando conseguir de nuevo permiso para volver a navegar. Según nos cuenta su hijo Hernando, todo su afán era «abrir la navegación del sur, de lo que tenía necesidad para descubrir las tierras de la especiería». Los reyes tenían otros problemas que resolver y fueron dando largas al almirante que no consiguió su licencia hasta finales de 1501.

En las instrucciones que el almirante recibió de los reyes no se habla de la especiería ni de la búsqueda del estrecho: Colón iba, según este texto, en demanda de unas islas o del mismo continente asiático en aquellas partes que pertenecían a los reyes españoles, en clara alusión a que no podía de ninguna manera quebrantar la letra del Tratado de Tordesillas. Los portugueses ya habían llegado al Brasil. Don Manuel, su monarca mercader, «que olía a pimienta», como le denominaban los cronistas, estaba casado con una hija de los Reyes Católicos que no querían tener conflictos con su yerno.

En la colonia un nuevo gobernador, Nicolás de Ovando, había sustituido a Bobadilla. Mas, pese al cambio de regidor, al almirante no se le autorizó a pisar la isla de Santo Domingo: no querían los reyes reabrir viejas heridas.

Túmulo de Vasco de Gama en el monasterio de Santa María de Belem, Lisboa.

Vasco de Gama a caballo.
Ilustración del *Códice Casanatense*.
Cual sería la sorpresa de Vasco de Gama cuando, al llegar a Calicut, un lugareño le recibió diciéndole, en castellano: «Al diablo que te doy que te trajo acá».

La expedición, modesta, estaba compuesta por cuatro barcos, dos carabelas (la *Santa María* y la *Santiago*) y dos navíos (la *Gallega* y el *Vizcaíno*) todos de pequeño tonelaje. Unos ciento cuarenta hombres formaban la tripulación de este último viaje colombino en el que no participó, al igual que en el primero, ninguna mujer. Infortunadamente las nóminas de pago dan en muy contadas ocasiones el lugar de procedencia o vecindad de los participantes; así y todo, la mayoría de ellos siguen siendo marineros andaluces, de Sevilla y de Palos principalmente. Como nota característica podemos señalar, además de la, en general, baja extracción social de los navegantes, la corta edad de los miembros de la expedición: de los 139 hombres que he podido identificar, figuran como grumetes 58 y 14 como escuderos, personajes que sin duda no rebasarían como mucho la mayoría de edad. Fue ésta la expedición colombina que contó con un número mayor de tripulantes italianos pues en torno a un 12 % eran genoveses, destacando entre ellos Bartolomé de Fiesco, capitán del navío *Vizcaíno* y Diego Cataño; acompañaban a don Cristóbal en este viaje su hijo Hernando, que hacía las veces de secretario de su padre, su hermano Bartolomé y su sobrino Andrea Colombo.

El almirante se sentía enfermo y preocupado por su suerte y la de sus hijos y por ello, antes de embarcarse, tuvo buen cuidado de dejar bien atados todos los cabos de su sucesión. Ya antes de partir para su tercer viaje había instituido un mayorazgo en favor de su hijo primogénito Diego; ahora se ocupó de mandar hacer varias copias del *Libro de sus pri-*

vilegios que, convenientemente, ordenó custodiar en lugar seguro. A la Banca de San Jorge de Génova le pidió que se ocupara de los asuntos económicos de la familia a cambio de un interés del 10 % de sus negocios: si él faltaba habría al menos una entidad financiera solvente que cuidaría de los intereses de sus hijos.

La travesía

A primeros de abril de 1502 la armada estaba ya preparada en Sevilla aunque no se hizo a la mar en Cádiz hasta el 9 de mayo. De Cádiz se dirigieron a Arzila en ayuda de los portugueses que estaban siendo asediados por los moros. De nada sirvió ese intento humanitario: los asaltantes hacía ya unos días que habían abandonado el cerco.

En las Canarias, como en otras ocasiones, procedieron a aprovisionarse de los víveres frescos que necesitaban para efectuar la travesía. Tras perder de vista el archipiélago el 26 de mayo realizaron un viaje velocísimo hasta la isla de Matininó (Martinica) adonde llegaron el 15 de junio muy de mañana, «con mucha alteración del mar y del viento». Había sido la travesía más corta de cuantas hiciera don Cristóbal, apenas había durado dieciséis días.

Ya en el primer viaje Colón había oído hablar de esta isla poblada de amazonas y en la carta anunciando el descubrimiento afirmó rotundamente que ésa era «la primera isla partiendo de España que se falla»; sin embargo, no fue hasta este viaje cuando optó por enfilar esa ruta. Pese a su curiosidad por ver a las «mujeres sin hombres», como él las llamó, pudo más su ansia de descubrir pues, en efecto y como hemos visto, en cada viaje aportó a un lugar diferente descubriendo y tomando posesión de nuevas tierras.

Desde Matininó, y tras una breve parada en La Dominica, Santa Cruz y San Juan, la armada se dirigió a Santo Domingo. Colón quería cambiar la carabela *Santiago* por otro navío más apto para proseguir su camino. De nada sirvieron los ruegos del capitán Pedro de Terreros, enviado por tierra a parlamentar con el gobernador. Nicolás de Ovando se negó a que los navíos colombinos entraran en Santo Domingo.

Colón predice un huracán

En su puerto estaba preparada una gran flota, de al menos veintiocho navíos, que habían de regresar a la Península con el comendador Bobadilla a la cabeza y un precioso y valioso cargamento. Ante la partida inminente, Colón, que conocía como nadie aquellos lares, no dejó de enviar recados a Ovando advirtiéndole de que una tormenta se avecinaba y pidiéndole que retrasara la salida de la flota. Por imprudencia o tozudez, quién sabe, desoyó el gobernador los consejos del genovés y ordenó que la flota se echara a la mar el 30 de junio. A poco de zarpar descargó la tormenta y el huracán que la acompañaba dio al traste con la mayoría de los barcos. En el desastre perecieron no sólo Antonio de Torres, el capitán de la flota que tantas veces había cruzado con éxito el Atlántico, sino también Bobadilla y el cacique Caonaobó que, preso, formaba parte del botín. En la única nave que logró tornar a la Península, la *Guecha,* regresaba el fiel colaborador de Colón, Alonso Sánchez de Carvajal portador de los documentos en los que, entre otras cosas, se declaraban los bienes que Bobadilla había confiscado a Colón y a sus hermanos.

Mientras todo esto sucedía, la flotilla del almirante se había refugiado en Puerto Hermoso a dieciséis leguas al oeste de Santo Domingo. Su sabiduría, experiencia y conoci-

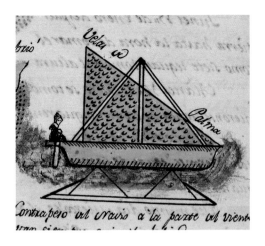

Ilustración de una pequeña embarcación perteneciente a la relación de Jaime Martínez y Diego Martín, pilotos de la armada de López de Legazpi en las Filipinas, 1565.

Mujeres amazonas matando a los indios que las atacan, grabado del siglo XVI, obra de Theodore de Bry.

miento del medio les habían librado, por esta vez, de un desastre mayúsculo. Aun así las naves, salvo la *Santa María*, tuvieron que ser reparadas en el cercano puerto de Azua.

Honduras

Una vez reparadas las embarcaciones la pequeña armada partió de Azua, con mar gruesa y viento contrario, hacia Jamaica atravesando el Jardín de la Reina. Ya con vientos favorables el 30 de julio arribaron a una isla, en el actual golfo de Honduras, donde divisaron una canoa, diferente a las que hasta entonces habían visto, «larga como una galera», que aparecía cargada de ricas mercancías. Tras capturar la embarcación los tripulantes les dijeron que venían del norte, en clara alusión a México y que más al sur se encontraba una tierra, Veragua, rica en oro. El almirante no lo dudó: el norte, que identificó con Cuba, podía esperar, ellos deberían dirigirse sin pérdida de tiempo a Veragua. No sabía el genovés que acababa de entrar en contacto con un pueblo nuevo, con los mayas chontal del Yucatán que residían en el ángulo sudoriental de la bahía de Campeche.

Al elegir la ruta meridional Colón creyó oportuno ir directamente al golfo de Paria, que había descubierto en el viaje anterior y, desde allí, ir costeando hasta alcanzar Veragua. Si el estrecho existía había de estar en aquel lugar.

Desde el golfo de Honduras podemos seguir la ruta de las naves colombinas en un viaje extraordinariamente contrariado en el que sufrieron toda clase de adversidades.

El 14 de agosto se encontraban frente a punta Caxinas, hoy cabo Honduras donde años más tarde se fundaría la ciudad de Trujillo. Durante un mes, con vientos contrarios y fuertes aguaceros, apenas pudieron avanzar hasta el paralelo 15° de latitud norte, donde pudieron atracar en una punta que Colón, agradecido, llamó de Gracias a Dios. Pocos días más tarde una embarcación que había acudido a tierra a recoger leña y provisiones, naufragó a la desembocadura del río que llamaron de los Desastres y que hoy se conoce como Escondido.

Nicaragua

Siguiendo su vía alcanzaron el paralelo 11° de latitud norte en una zona que los indígenas llamaban Cariai, hoy la costa de Nicaragua, cerca de la actual San Juan y que Colón identificó con la provincia asiática de Ciamba. Al igual que había sucedido en el viaje anterior, los indígenas mostraban una cultura superior a los de las Antillas y, además, disponían de oro que trocaban con gusto por baratijas. El almirante estaba esperanzado pues, como recordaba Las Casas, «allí hallaron la mejor gente que habían hasta allí hallado». ¿Estarían ya de verdad próximos al Gran Kan?

Costa Rica

Descansó la flota unos días en el actual Puerto Limón en Costa Rica. La estancia les permitió observar con detenimiento las costumbres de sus habitantes y, sobre todo, quedaron sorprendidos por sus extraordinarias ceremonias funerarias y su culto y veneración por los antepasados.

El 5 de octubre, después de haber tomado a dos indígenas para que les sirvieran de intérpretes, dejaron Cariai y, siempre en dirección sur, se dirigieron hacia Veragua adonde llegaron a fines de mes. Estaban en la actual costa de los Mosquitos y muy cerca, por tanto, del istmo.

Los lugareños les aseguraban que a nueve días de marcha, a través de una región que llamaban Ciguare rica en oro, había otro mar. A punto estuvo el almirante de toparse con el Pacífico. Ahí falló su olfato pues tanto él como su hermano Bartolomé creyeron que se encontraban en una península. Por ello no consideraron oportuno dilatar su viaje veinte días más, los que necesitaban los que habrían de hacer el camino por tierra de ida y vuelta.

Panamá

El 2 de noviembre la flota llegaba a Portobelo donde tuvieron que detenerse por espacio de una semana a causa del mal tiempo. Tras intentar de nuevo la navegación el día 9, tuvieron que detenerse durante quince días en un puerto que llamaron de Bastimentos.

Grabado que muestra la llegada de Américo Vespucci a Paria. Theodore de Bry, siglo XVI.

En las páginas siguientes:

Grabado que ilustra la batalla que se produjo a causa del motín encabezado por los hermanos Porras, en la isla de Jamaica. Theodore de Bry, siglo XVI.

Al llegar al puerto que llamaron del Retrete, actual Puerto Escribanos, el almirante decidió que tenían que emprender el viaje de regreso. Según sus cálculos habían llegado a las mismas tierras que ya habían reconocido Hojeda y Vespucci, la costa de las Perlas, sin haber encontrado el estrecho. Así que la misión estaba cumplida. Pero además era evidente que no podían continuar: las naves estaban seriamente averiadas y podridas por la broma; la tripulación desilusionada y revuelta y los huracanes no cesaban.

No fue nada fácil el regreso. Los huracanes dividían el convoy. La nao *Vizcaína* anduvo perdida varios días hasta que el 6 de enero de 1503 se encontró con sus compañeras en la desembocadura del río que llamaron de Belén. Allí decidió el almirante fundar la primera ciudad española en el continente con la intención de dejar al mando a su hermano Bartolomé mientras él regresaba a España con la buena nueva. No fue posible. Los indígenas, con su cacique el Quibián a la cabeza, atacaron a los españoles. Para colmo la *Gallega* estaba inservible. Su tripulación y armamento fue trasladado a los otros navíos que apenas podían navegar.

¿Con qué barco regresar, si todos estaban en tan malas condiciones? Creyendo que el *Vizcaíno* era el más adecuado, el 15 de febrero de 1503 decidió Colón comprárselo al maestre, que en nombre del propietario, Juan de Orquita, se lo vendió por un precio de 50.000 maravedíes. Poco duró la dicha: apenas dos meses más tarde, el 23 de abril, tuvieron que hundirlo porque «no podía navegar».

De regreso a Jamaica

Con sólo dos barcos, la nao *Capitana* y el *Santiago de Palos*, emprendieron el regreso enfilando las proas hacia Cuba, cuyo Jardín de la Reina recorrieron, hasta llegar a la isla de Jamaica. De nuevo se fue complicando la situación. El 23 de julio se perdió la nao *Capitana*, la *Santa María*, y el 12 de agosto la *Santiago*.

Por espacio de un año, Colón y sus hombres permanecieron en Jamaica. El almirante, enfermo, tuvo que sufrir dos motines consecutivos de sus hombres, que en una canoa india intentaron en vano regresar a La Española. Viendo la división entre los españoles, los indígenas se envalentonaron y se negaron a proporcionarles alimentos. Colón, desesperado, echó mano de su buen amigo Diego Méndez que, acompañado de unos pocos, se lanzó a una increíble aventura: llegar a Santo Domingo por una ruta adversa.

Colón predice un eclipse

Pasaban los meses y Méndez no aparecía lo que les hizo suponer que no había llegado a su destino. Los indígenas vieron entonces la oportunidad de terminar con los españoles y así se presentaron ante la tienda del almirante dispuestos a ejecutarlo. Colón, impasible, les salió a recibir y les amenazó: «Mi Dios va a oscurecer la luna, una terrible catástrofe caerá sobre vuestras cabezas. Sólo si os arrepentís yo le rezaré para que deshaga el maleficio». Al principio no le creyeron pero, tan pronto como comenzó el eclipse anunciado tan oportunamente, todos empezaron a temblar. Inmediatamente hizo su aparición Colón que, ante sus lloros y súplicas, le anunció que su Dios les había perdonado. Fue un alivio.

Colón no tenía dotes de adivino. Como en todos sus viajes entre sus libros llevaba un ejemplar del *Almanaque perpetuo*, de Abrahan Zacuto, y otro de las *Efemérides astronómicas*, de Regiomontano. Ambos le permitieron saber que el 28 de febrero de 1504 habría un eclipse total de luna. Al igual que hiciera en 1494, cuando presenció otro eclipse similar en La Española, inmediatamente empezó a calcular la distancia que le separaba de la península Ibérica. En esta ocasión halló que la diferencia entre Cádiz y Jamaica era de 108° 15′. Como antaño, se equivocó al hacer su cómputo ya que lo alargó nada menos que en 39°. ¿Incapacidad del almirante o instrumentos inadecuados? Seamos benévolos. Por muy marino avezado que fuera, que lo era, los aparatos de que disponía no le permitían hacer mediciones más certeras.

A los pocos días apareció un navío que enviaba el gobernador de La Española. Pero ante la sorpresa de los náufragos nadie pudo subir a bordo. Tan sólo traía provisiones y una carta para el almirante recordándole que no podía regresar a Santo Domingo. Al menos supieron que Diego Méndez había llegado a su destino.

Iamaica

Chriftophorus Columbus

14

157

Don fernando Adriã y sabel por la gra de dios Rey eReyna de castilla de leõ de aragõ de las dos
de grãn da de toledo de valençia de galizia de mallorcas de seuilla de çerdeña de cordoua de corçega de
murçia de Jahen de los algarues de algezira de gibraltar de las yslas de canaria con de de los... de
barçelona e señores de vizcaya e de molina duques de Athenas e de neopatria con de e de los condados de
... e marqueses de oristan e de goçiano fazemos saber a todos quantos esta nra carta vieren
Como nos mandamos fazer esta nra carta veedad de seuilla e una casa de contratar ... con ...
de fazer e deordenar çiertos ofiçiales çerca de tener cargo delas cosas tocantes ala dha contratación
conforme al vna hordenança que a ello mandamos fazer. En thenor dela que es este que se sigue...

Primeramente hordenamos e mandamos que en la çibdad de seuilla
se faga una casa de contratación en que se pueda...

casa de cõtrato

... mercadurias e todas las cosas que dellas se enbiaren...

... la qual dha casa mandamos que se faga de manera...

... otrosy hordenamos e mandamos que en la dicha casa se haga...

... otrosy hordenamos e mandamos que en la dicha casa este todo...
... vn factor que sea honbre abile e diligente...

factor y cõtador y escriuano

... vn contador que sea y vn tesorero abile de buena fama
los quales tengan en libros en quadernos de manera...

este e se decla ra mas enlas siguientes ordenanças de mano y año de M° D° viije

Más motines

Nada más partir la embarcación un grupo de cuarenta y ocho españoles firmaron una conjura capitaneada por los hermanos Porras a la que siguió, dos meses más tarde, un pequeño motín encabezado por el boticario maese Bernal, seguido de Alonso de Zamora y de Pedro de Villatoro. Unos y otros se habían acantonado en un extremo de la isla, esperando la ocasión para regresar a La Española tan pronto como llegara la ayuda de Diego Méndez. Pronto fueron reprimidos por Bartolomé Colón, un hombre que sabía bien el arte de las escaramuzas de guerra, y que supo aprovechar la buena disposición de los indígenas que lo ayudaron en el asedio. Pese a que Colón ordenó prender a los cabecillas, tan pronto arribaron a La Isabela, el gobernador Ovando los dio por libres. A su llegada a Sevilla los Porras fueron recibidos con todos los honores e incluso uno de ellos, Francisco, trabajó junto a Sancho de Matienzo, el tesorero de la Casa de la Contratación, la oficina en Sevilla donde, desde 1503, se organizaba todo lo referente a los viajes a las Indias.

El almirante, pasajero a España

A fines de mayo llegó por fin Diego Méndez a recoger a los náufragos y llevarlos a Santo Domingo donde el almirante compró una nave para que en ella regresaran cuantos quisieran a Castilla.

Del centenar y medio de hombres que inicialmente formaban la dotación regresaron con el almirante apenas setenta: treinta y ocho quedaron en La Española y treinta y cinco murieron en combate.

A comienzos de noviembre de 1504 llegaba Colón y sus acompañantes a Sanlúcar de Barrameda después de haber dado cuenta del viaje más desastroso e inútil de cuantos había realizado. Había abandonado la búsqueda del istmo cuando lo tenía más cerca, había perdido los cuatro navíos y aniquilado a buena parte de sus hombres. Él mismo regresaba enfermo, cargado de deudas y desprestigiado.

Para colmo, a los pocos días de su llegada a Sevilla moría doña Isabel. ¿Podría volver a navegar? Se preguntaba el loco soñador.

Éste es el documento fundacional de la Casa de la Contratación en Sevilla. Se trataba de una especie de ministerio de ultramar, a imitación de la Casa de Guiné de Lisboa, desde donde se controló todo el tráfico con el Nuevo Mundo. Años más tarde, en 1519, se intentó establecer en La Coruña una Casa de la Contratación para la especiería, que fracasó.
Hoy en día los archivos de la Casa de la Contratación están depositados en el Archivo General de Indias de Sevilla, en la antigua Casa Lonja de los mercaderes.

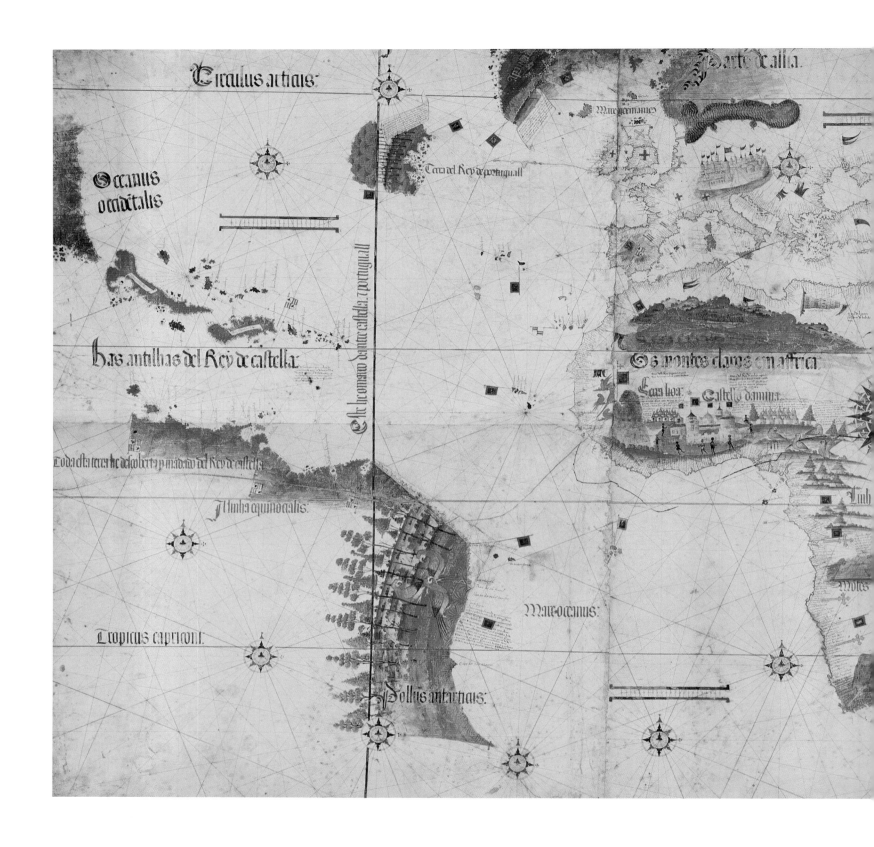

Mapa de Cantino. Este mapa, portugués, fue llevado a Italia por Alberto Cantino; de ahí su nombre.
Algunos topónimos inequívocamente demuestran un conocimiento de aquellas costas: terra do baccalhau,
cabo fermoso, cabo raso... Molesto con Inglaterra, que no había respetado el Tratado de Tordesillas,
el anónimo autor no menciona los descubrimientos de Caboto.

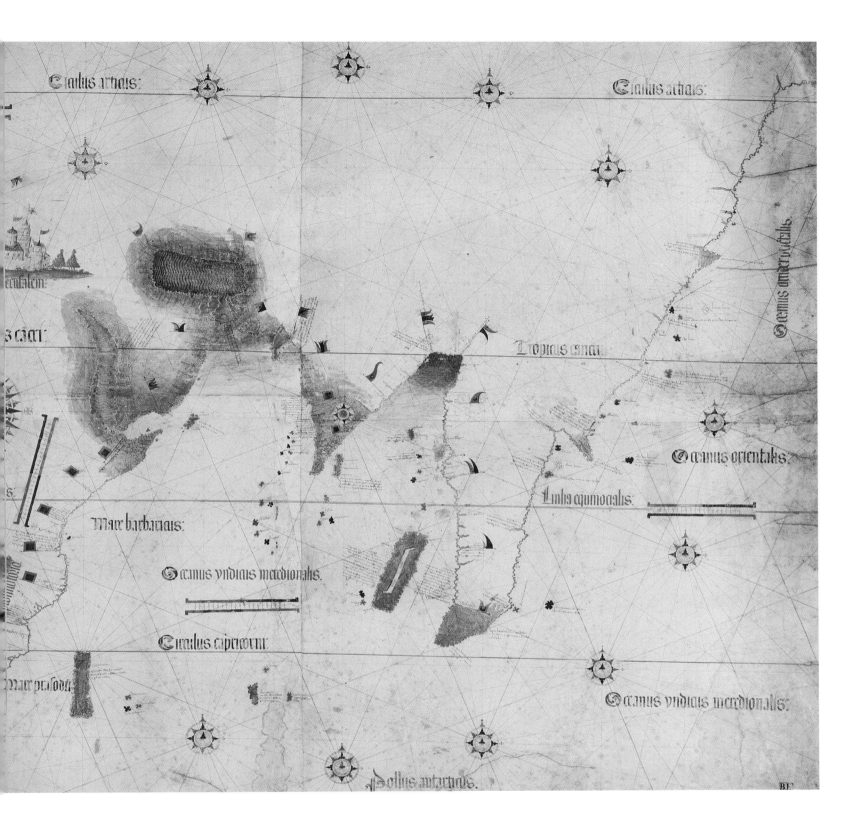

Circulus articus:

Circulus articus:

Oceanus amerovetalis

Tropicus cancri

ecafalon:

s cancr:

Oceanus orientalis

Linea equinocialis:

Mare barbaricus:

Oceanus yndicus meridionalis.

Circulus capricorni:

Oceanus yndicus meridionalis:

Mar persodag

Polus antarticus.

En las páginas siguientes:

Como resultado de sus viajes al Nuevo Mundo, Juan de la Cosa dibujó este mapa para los reyes en 1500.
Es especialmente interesante la parte relativa el mundo americano, presidida por un retrato de San Cristóbal.
Muy oportunamente De la Cosa colocó unas banderas portuguesas e inglesas en las costas que aquéllos
empezaban a frecuentar. Un aviso de hombre sagaz y enterado.

161

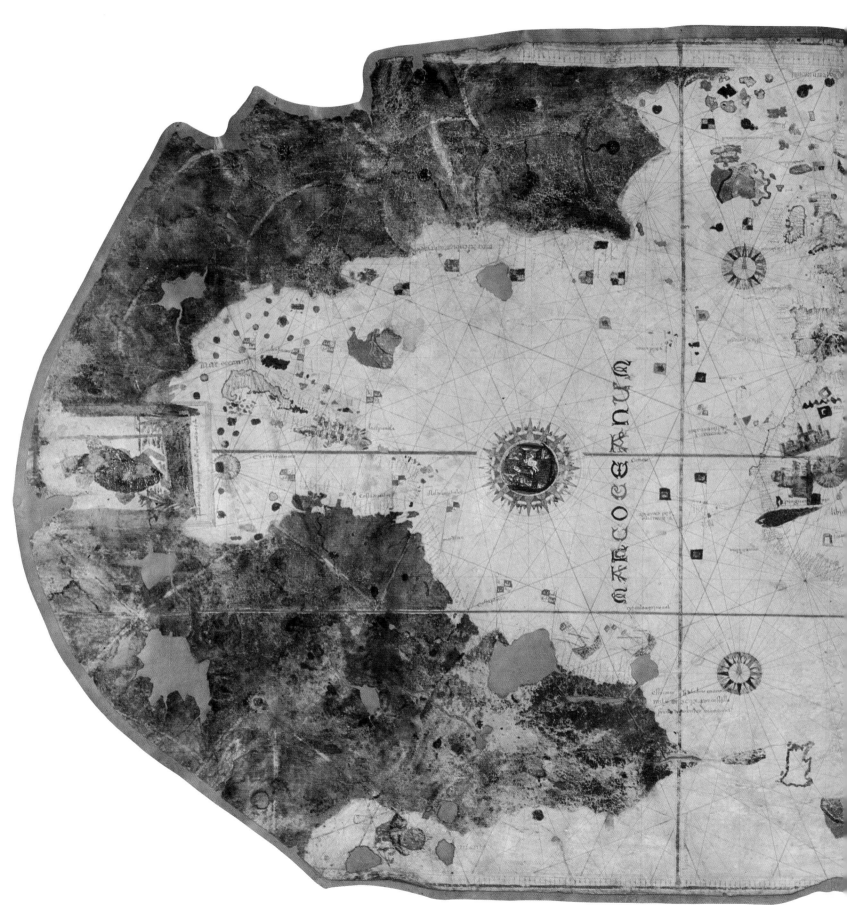

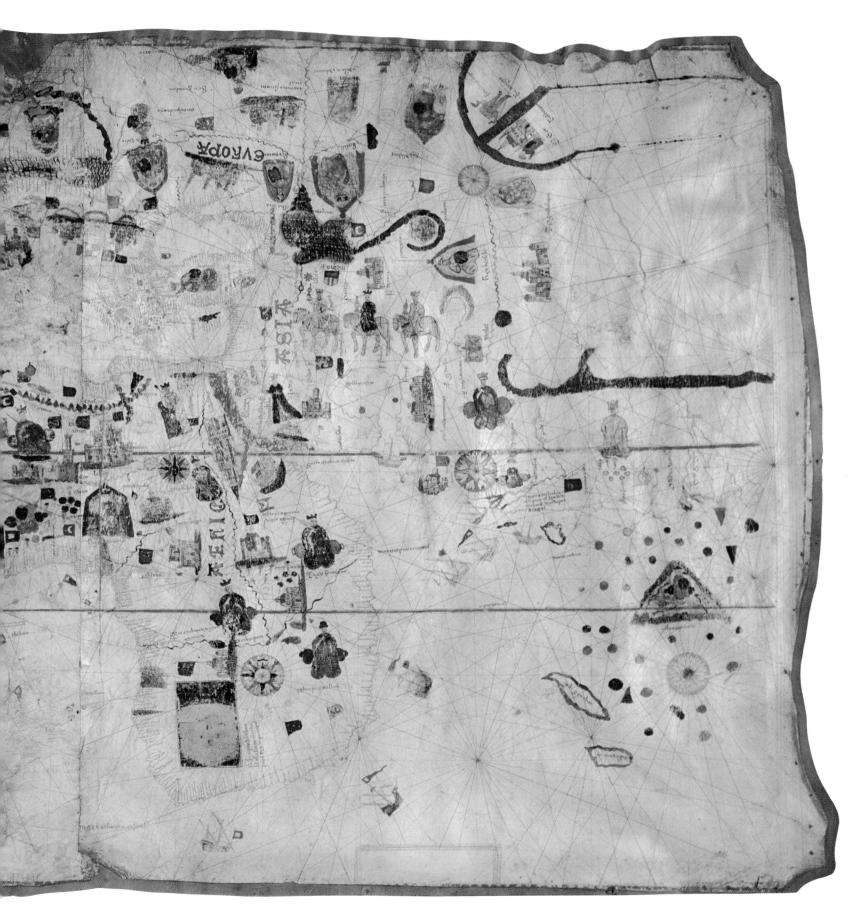

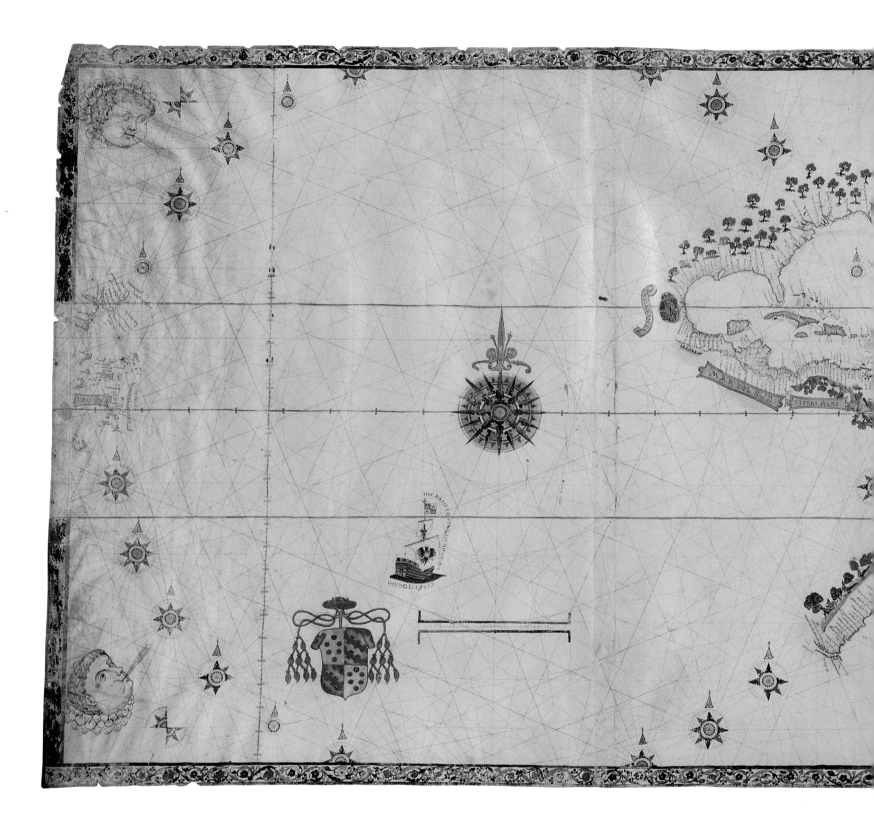

Carta universal de Nuño García de Toreno, 1525.
Al igual que Juan de la Cosa, que Vespucci o que Ribeiro, Nuño García de Toreno trabajó para la Casa de Contratación.
Fue cosmógrafo e intervino en la confección del Padrón Real.

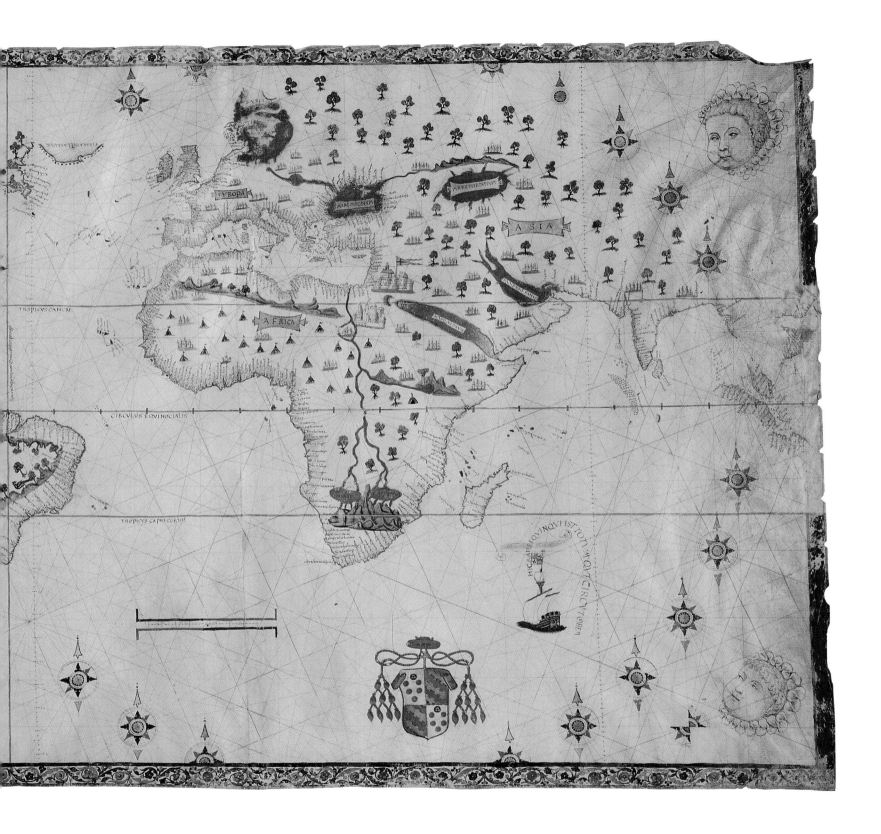

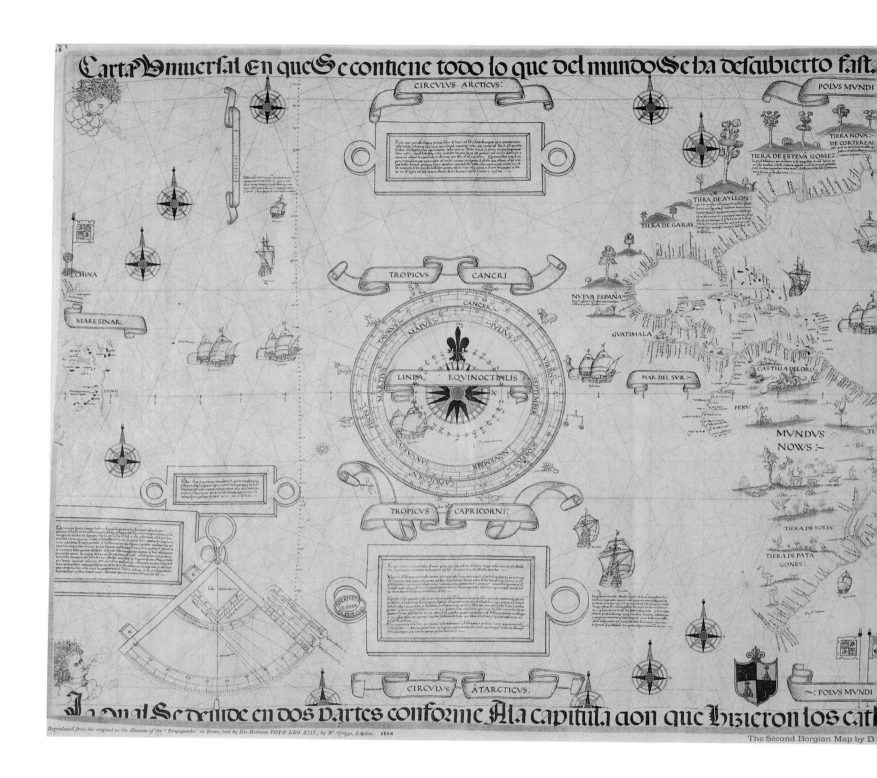

Carta universal de Diego Ribero, 1520.
«Carta Universal en que se contiene todo lo que del mundo se ha descubierto fasta agora.
Hízola Diego Ribero, cosmógrapho de Su Magestad. Año de 1520. Sevilla.»
La leyenda inferior dice: «La qual se divide en dos partes conforme a la capitulación que hizieron
los católicos reyes de España e el rey don Juan de Portogal en Tordesillas. Año de 1494».
Hernando Colón trabajó estrechamente con Ribero en la confección del Padrón Real.

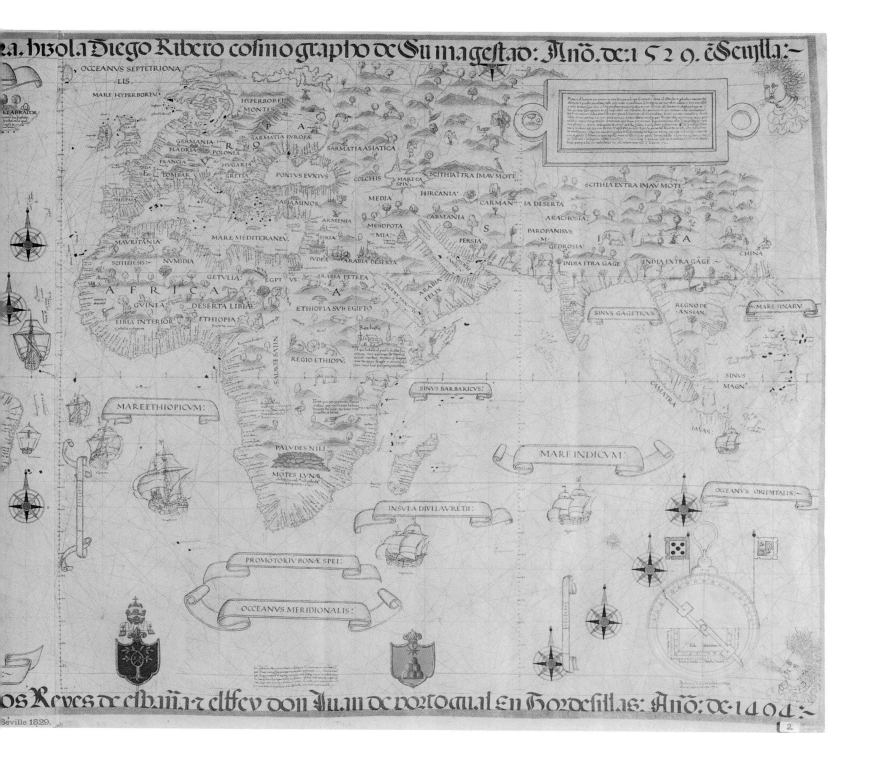

... hizo la Diego Ribero cosmographo de Su magestad: Año. de: 1 5 2 9. é Seuilla:~

OCCEANVS SEPTETRIONA
LIS
MARE HYPERBOREV

HYPERBOREI
MONTES

GERMANIA
FLADRIA
POLONIA
FRANCIA
HVGARIA
LOMBAR
GRETIA
HISPAL

SARMATIA EVROPÆ
SARMATIA ASIATICA

PONTVS EVXIVS
COLCHIS
MARE CA
SPIV
SCITHIA ITRA IMAV MOTE
SCITHIA EXTRA IMAV MOTE

ASIA MINOR
MEDIA
HIRCANIA
CARMAN IA DESERTA
CARMANIA
S
ARACHOSIA

ARMENIA
MESOPOTA
MIA
PERSIA
PAROPANISVS
M
GEDROSIA
I
INDIA ITRA GAGE
INDIA EXTRA GAGE
CHINA

MARE MEDITERANEV
SIRIA
IVDEA
ARABIA DESERTA

MAVRITANIA
SCITIEIESIS:~
NVMIDIA
GETVLIA
EGPT
VS
ARABIA PETREA
A
ARABIA
FELIX
SINVS GAGETICVS
REGNO DE
ANSIAN
MARE SINARV

AFRICA
GVINEA
DESERTA LIBIAE
ETHIOPIA SVB EGIPTO

LIBIA INTERIOR
ETHIOPIA

NILVS ELVVIS

REGIO ETHIOPV

SINVS BARBARICVS
CAMATRA
SINVS
MAGN

MAREETHIOPICVM
JAVAS

PALVDES NILI
MARE INDICVM

MOTES LVNA
OCCEANVS ORIENTALIS

INSVLA DIVI LAVRETII

PROMOTORIV BONÆ SPEI

OCCEANVS MERIDIONALIS

... os Reyes de españa: z elRey don Juan de Portogual en Hordesillas: Año: de 1494:~

En su cuarto viaje al Nuevo Mundo, Colón estuvo seriamente enfermo, teniendo que dictar
a su hijo Hernando el *Diario* del mismo. Su hermano Bartolomé se encargó de dibujar este bosquejo,
donde se representan los nuevos descubrimientos interpretados según la cartografía ptolemaica,
que copió Alessandro Zorzi en su *Informazione dei Bartº Colombo della Navegazione
di ponente et garbin di Beragua nel Mondo Novo*.

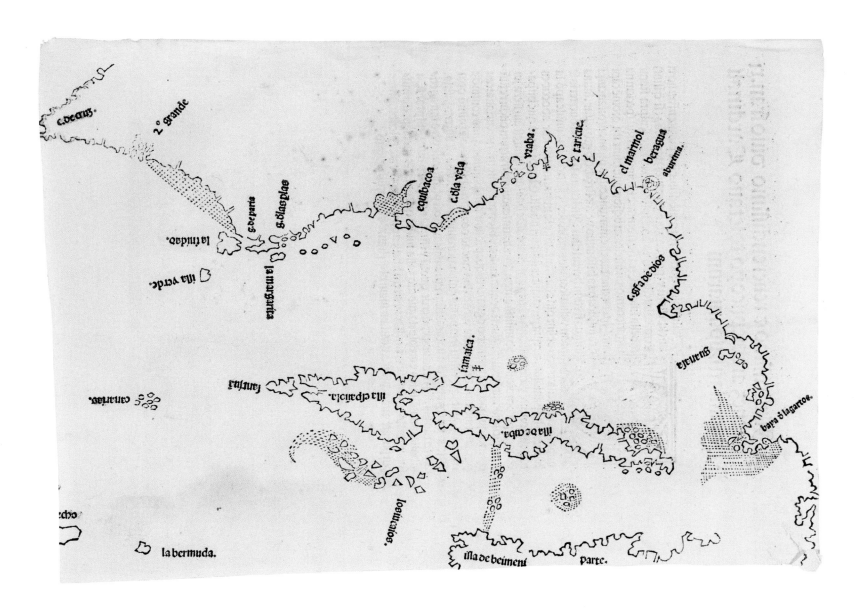

Mapa atribuido al piloto Morales e impreso en la primera edición de los *Opera,* de Pedro Mártir de Anglería (Sevilla, 1511). Con él se refrescó la memoria a los testigos que declararon en los pleitos colombinos.

En la página siguiente:

La caída de Constantinopla en 1453, a manos de Mehmed II, perjudicó a muchas casas comerciales genovesas, venecianas y florentinas al cortar el tráfico del mar Negro. Entre ellas la de la familia Toscanelli. Todos tuvieron que buscar otras rutas hacia occidente.

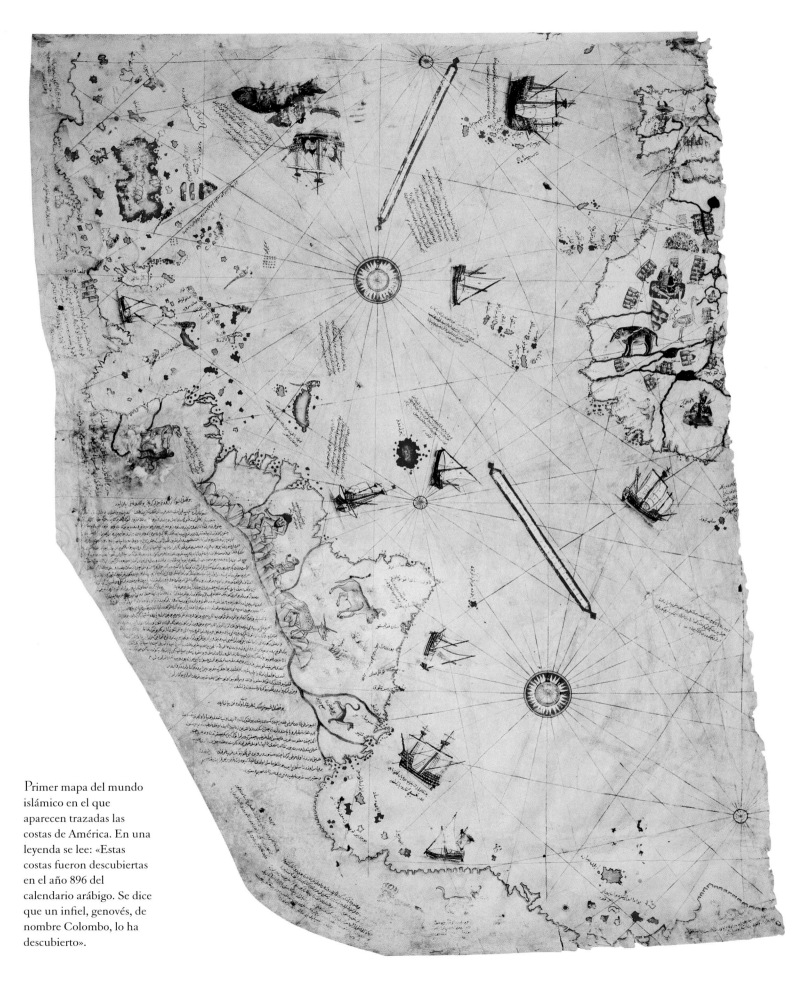

Primer mapa del mundo islámico en el que aparecen trazadas las costas de América. En una leyenda se lee: «Estas costas fueron descubiertas en el año 896 del calendario arábigo. Se dice que un infiel, genovés, de nombre Colombo, lo ha descubierto».

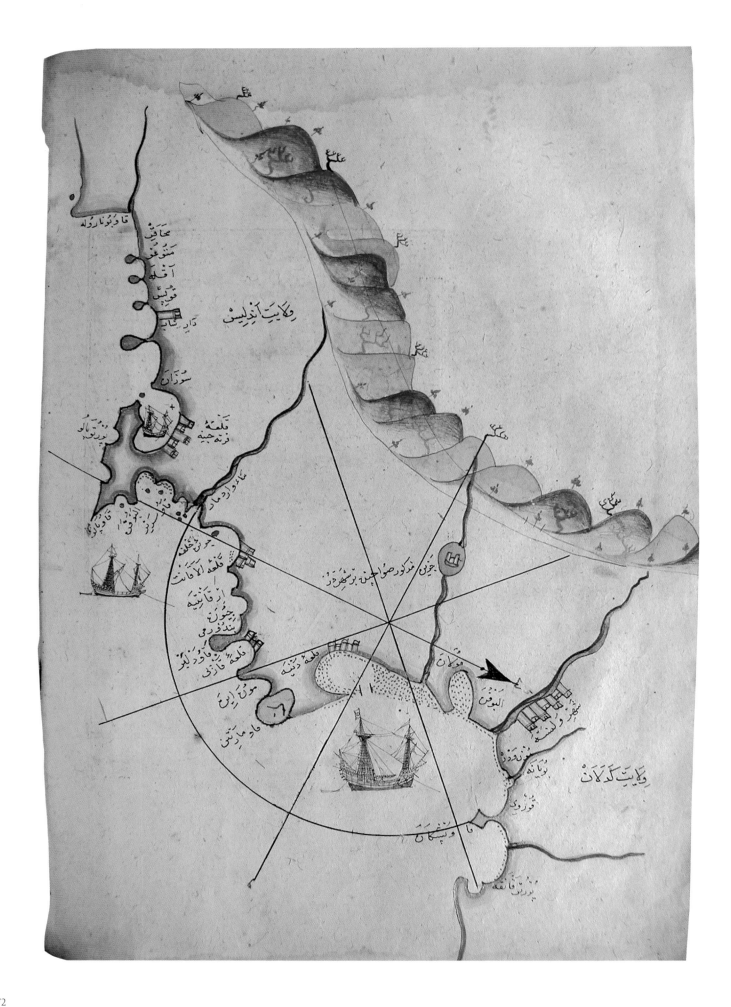

172

Mapa de América, de Piri Reis, 1528.

Libro del Mar, de Piri Reis, 1526.

Carta del sudeste de Asia y gran parte del Pacífico occidental del atlas de Joan Martínez, 1587. Pese a la data de este mapa, en el que ya figura la Nueva Guinea descubierta por Ortiz de Retes en 1547, el Extremo Oriente continúa sumido en una nebulosa. Frente a una India empequeñecida, la Trapóbana, tan deseada por Colón y aquí confundida con Sumatra, tiene un tamaño desmesurado. En esta época a los españoles ya les había sido vedada la ruta de la Especiería (las islas productoras del clavo: las Molucas), tráfico que controlaban los portugueses.

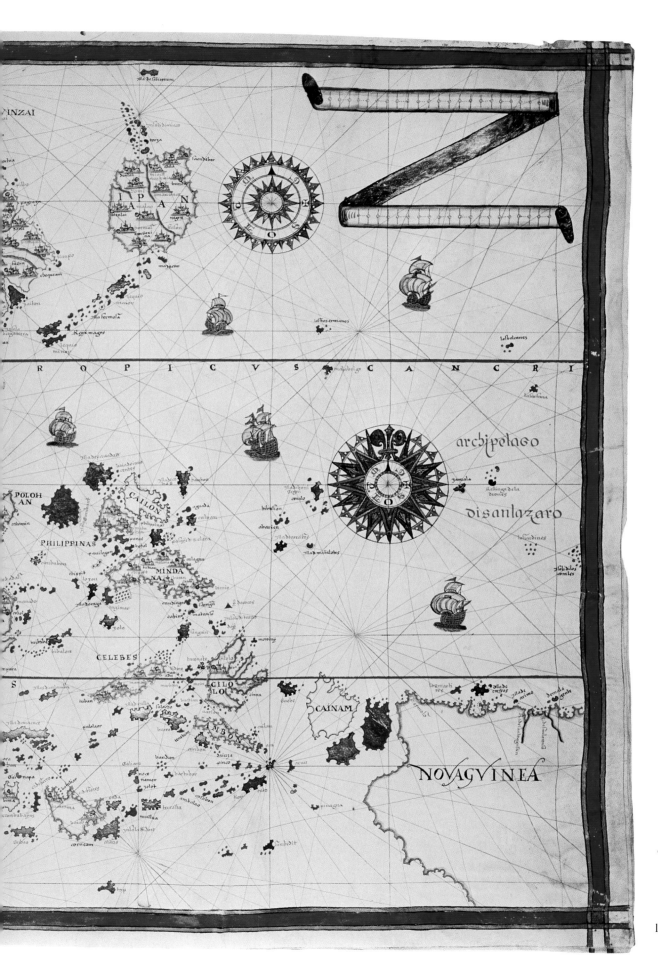

En las páginas siguientes:

Páginas del *Almanaque perpetuo,*
de Zacuto.
Abraham ben Samuel Zacuto
(Salamanca, 1450-Damasco,
1515). Fue profesor de
Astronomía en Salamanca.
Expulsado de España pasó a
Portugal al servicio de don
Juan II. Nuevamente expulsado
por Manuel I emigró a Túnez,
donde impartió clases en Cartago
hasta que, tras una nueva
amenaza antijudaica, tuvo que
trasladarse a Siria donde murió.
Tanto Colón como Magallanes
llevaron consigo su *Almanaque* en
sus viajes.

1473

Almanach

perpetuuz exactissime nuper emēdatū omniū celi motuum cum addi tionib⁹ in eo factis te nens complementum.

Cum Gratia et Priuilegio.

Annus a salutigero 1473

Dies mensiu	Martius ♈			Aprilis ♉			Maius ♉			Junius ♊			Julius ♋			Augustus ♌		
	ḡ	m̄	2	ḡ	m̄	2	ḡ	m̄	2	ḡ	m̄	2	ḡ	m̄	2	ḡ	m̄	2
1	20	26	30	20	54	0	19	51	7	19	25	4	17	55	52	17	32	38
2	21	25	59	21	52	24	20	48	36	20	22	5	18	52	55	18	30	17
3	22	25	28	22	50	48	21	46	5	21	19	7	19	49	58	19	27	56
4	23	24	56	23	49	8	22	43	34	22	16	8	20	47	2	20	25	36
5	24	24	21	24	47	28	23	41	2	23	13	9	21	44	6	21	23	18
6	25	23	46	25	45	48	24	38	30	24	10	11	22	41	12	22	21	0
7	26	23	11	26	44	0	25	35	54	25	7	12	23	38	19	23	18	42
8	27	22	26	27	42	11	26	33	17	26	4	13	24	35	26	24	16	32
9	28	21	41	28	40	22	27	30	40	27	1	15	25	32	37	25	14	22
10	29	20	55	29	38	26	28	28	0	27	58	17	26	29	48	26	12	12
11	0♈	20	3	0♉	36	30	29	25	19	28	55	19	27	27	0	27	10	4
12	1	19	11	1	34	35	0♊	22	38	29	52	20	28	24	13	28	7	57
13	2	18	19	2	32	32	1	19	54	0♋	49	21	29♌	21	26	29	5	50
14	3	17	18	3	30	29	2	17	10	1	46	22	0♌	18	40	0♍	3	53
15	4	16	16	4	28	25	3	14	25	2	43	23	1	15	59	1	1	56
16	5	15	14	5	26	16	4	11	37	3	40	24	2	13	18	2	0	0
17	6	14	7	6	24	7	5	8	49	4	37	25	3	10	37	2	58	5
18	7	13	0	7	21	58	6	6	0	5	34	26	4	7	58	3	56	11
19	8	11	53	8	19	44	7	3	9	6	31	28	5	5	19	4	54	17
20	9	10	40	9	17	29	8	0	18	7	28	30	6	2	40	5	52	36
21	10	9	25	10	15	14	8	57	27	8	25	31	7	0	6	6	50	54
22	11	8	10	11	12	54	9	54	32	9	22	32	7	57	33	7	49	14
23	12	6	52	12	10	34	10	51	36	10	19	34	8	55	0	8	47	36
24	13	5	34	13	8	14	11	48	40	11	16	35	9	52	28	9	45	58
25	14	4	16	14	5	51	12	45	44	12	13	37	10	49	57	10	44	20
26	15	2	51	15	3	27	13	42	48	13	10	39	11	47	26	11	42	49
27	16	1	26	16	1	3	14	39	51	14	7	41	12	44	57	12	41	18
28	17	0	1	16	58	35	15	36	54	15	4	43	13	42	28	13	39	48
29	17	58	32	17	56	6	16	33	57	16	1	46	14	40	0	14	38	20
30	18	57	3	18	53	37	17	31	0	16	58	49	15	37	32	15	36	52
31	19	55	34	0	0	0	18	28	2	0	0	0	16	35	5	16	35	24

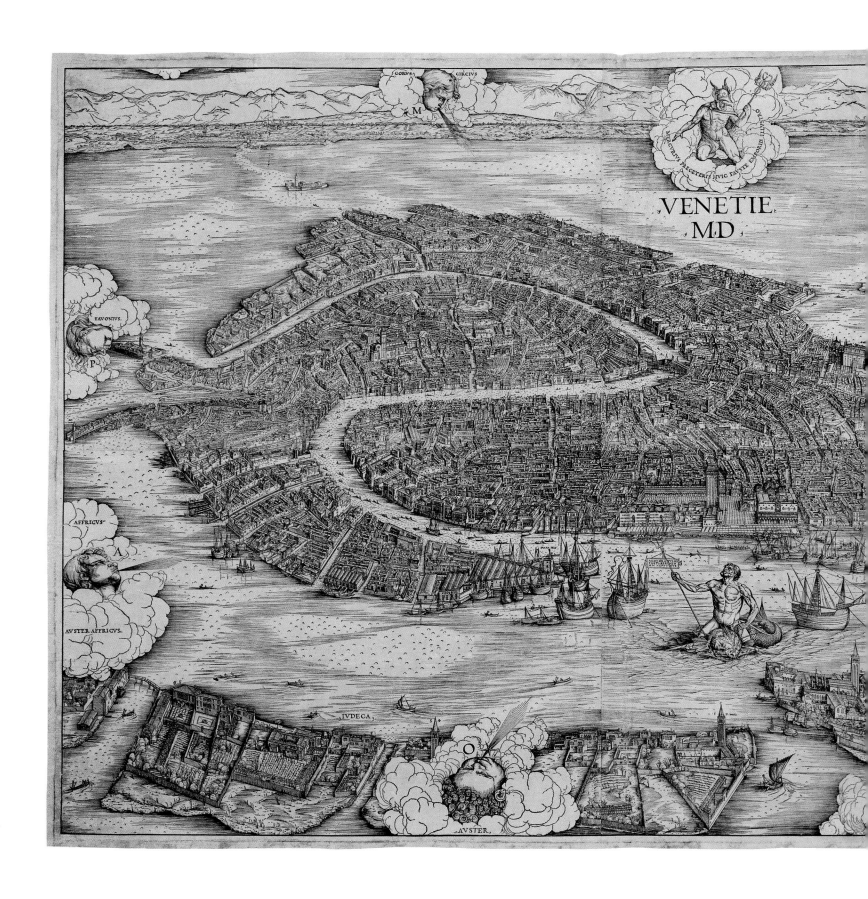

Vista de la ciudad de Venecia, de Jacopo de Barbari, 1500.

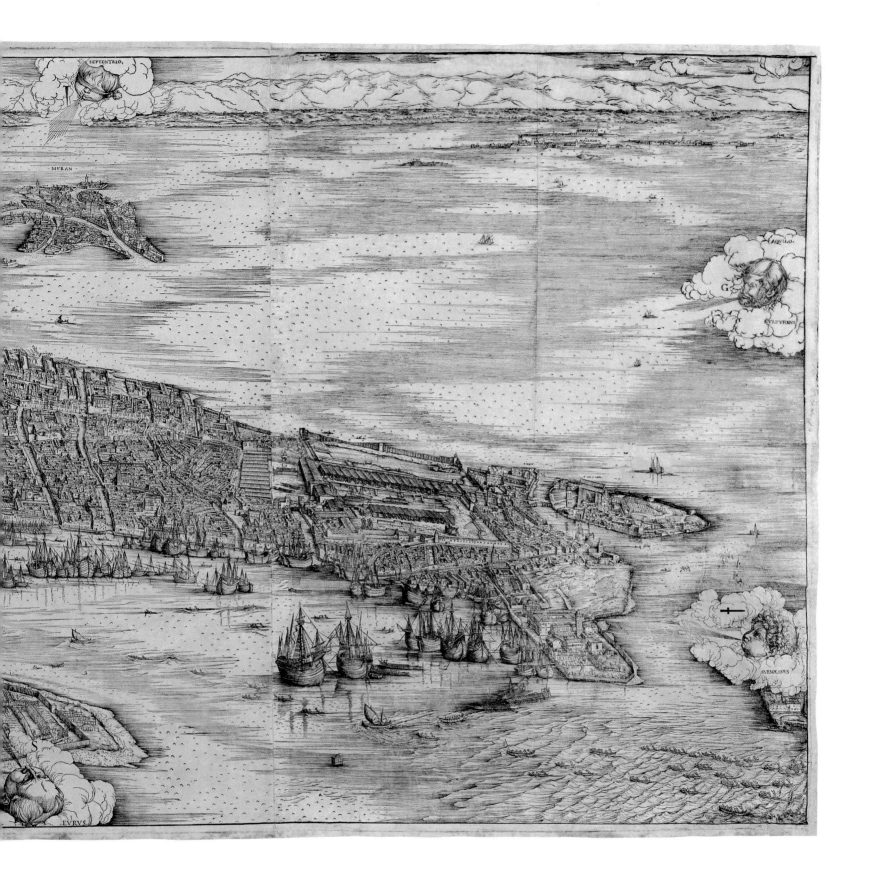

Colón consultando mapas, grabado del italiano Theodorus Galle, basado en una ilustración de John Stradanus, mediados del siglo XVII.
Colón acostumbraba a hacer anotaciones marginales en los libros que leía. Sus notas nos muestran con claridad sus intereses:
oro, especias... y hasta sus enfermedades. En las guardas de uno de sus libros nos dejó dos recetas, una de ellas para hacer tisanas de perejil,
el mejor diurético de su época y consuelo de su gota.

El último viaje

E l 20 de mayo de 1506 moría Colón en Valladolid, ciudad a la que había acudido con la esperanza de mantener una entrevista con don Fernando, rodeado de sus hijos y los parientes más cercanos. Su muerte pasó completamente inadvertida a sus contemporáneos y nada dicen los documentos coetáneos acerca de la casa en la que falleció. Una leyenda, recogida a mediados del siglo XIX, atribuye el lugar a la casa número 2 de la calle Ancha de la Magdalena, en cuyo dintel se colocó una placa en 1866 con una simple inscripción, que muy en consonancia con la época, reza: «Aquí murió Colón. Gloria al genio».

Según una antigua tradición, eligieron los Colón como lugar de sepultura del almirante la iglesia vieja de San Francisco de Valladolid, celebrándose los funerales en la iglesia de Santa María de la Antigua. En aquel convento franciscano estuvo depositado el cuerpo de don Cristóbal durante tres años, el tiempo que tardaron sus descendientes en hallar un lugar adecuado para un enterramiento más o menos definitivo en Sevilla.

Colón nunca tuvo una casa en Sevilla. Estas que aquí aparecen son las de su hijo Hernando que se hizo construir una gran mansión para albergar su impresionante biblioteca de más de 15.000 volúmenes.

Los cuatro viajes póstumos

De Valladolid a Sevilla

En 1509, cuando estaba a punto de partir Diego Colón para La Española como gobernador, la familia decidió trasladar el cuerpo del que ya llamaban el almirante viejo a Sevilla. Para su enterramiento eligieron la Cartuja de las Cuevas que, además de un lugar religioso, hacía las veces de una caja de depósitos. El lugar parecía el adecuado ya que allí, al cuidado de fray Gaspar de Gorricio, habían quedado todas las escrituras y los documentos importantes que la familia Colón quería guardar a buen recaudo.

El 11 de abril de 1509 se presentaba ante las puertas de la cartuja Juan Antonio Colombo, el sobrino de don Cristóbal que le había acompañado en su tercer viaje y que a la sazón actuaba de mayordomo de su primo Diego. Según nos cuentan, tan pronto fue recibido por los cartujos les entregó una pequeña caja diciendo que su contenido «era el cuerpo del señor almirante don Cristóbal Colón». Ni conocemos cómo fue efectuada la exhumación del cadáver del convento de San Francisco de Valladolid ni quiénes fueron las personas encargadas de traer su cuerpo a Sevilla. El protocolo de las Cuevas apenas señala el acto y la obligación que aceptaron los monjes de no entregar el cuerpo más que a requerimiento de don Diego. Fuentes posteriores señalan que fue enterrado en la capilla de Santa Ana.

Envoltorio de los autógrafos de Colón conservados en el Archivo General de Indias, Sevilla.

De Sevilla a Santo Domingo

Nunca dijo Colón donde quería que reposaran sus restos, pero parece lógico suponer que deseara que fueran inhumados en la isla de sus sueños, en La Española. Y quizá siguiendo esa intención de don Cristóbal y el deseo de su hijo don Diego, fallecido en 1526, doña María de Toledo, su viuda, trasladó ambos cadáveres a Santo Domingo en 1544. Al menos ésa es la fecha comúnmente admitida por la historiografía tradicional basada en textos literarios pero sin ningún respaldo documental: no se ha conservado ninguna escritura notarial que lo atestigüe y no figura el traslado de ningún cadáver en la lista de embarque que aportó doña María cuando zarpó para las Indias.

En posesión de una caja, que presumiblemente contendría los dos cadáveres, ya que parece absurdo pensar que doña María llevara consigo dos féretros, realizó el viaje la virreina a Santo Domingo. Allí hubieron de hacerse las exequias en la capilla mayor de la catedral, para lo cual ya había solicitado permiso la viuda el 2 de junio de 1537.

De Santo Domingo a La Habana

Los restos de don Cristóbal y de su hijo Diego, junto a los de otros miembros de la familia, que se fueron sepultando sucesivamente, permanecieron en la catedral de Santo Domingo hasta el 21 de noviembre de 1795, fecha en que tras el Tratado de Basilea, por el que España perdió la soberanía de la costa oriental de Santo Domingo, fueron trasladados a La Habana.

De La Habana a Sevilla

En la catedral cubana reposó el cuerpo de don Cristóbal hasta 1898. Tras la pérdida de Cuba, el Gobierno español decidió repatriar los restos del descubridor para que descansa-

Dibujo de Santo Domingo del álbum manuscrito de Nicolás Cardona. Mientras que unos aseguran que Bartolomé puso el nombre a la ciudad en recuerdo de su padre, Domenico, otros sostienen que se debe a que la entrada solemne se hizo el 7 de agosto de 1496, que aquel año cayó en domingo.

ran definitivamente en la sede hispalense, donde se enterraron en un monumento situado al lado de la epístola.

La polémica

Tanto trasiego ha supuesto una serie de polémicas nacionalistas que han enconado los ánimos de unos y de otros. La historiografía dominicana sostiene que los restos del almirante nunca salieron de Santo Domingo y que lo que se entregó a las autoridades españolas para su traslado a La Habana fueron otras cenizas; los cubanos insisten en que el cuerpo del genovés aún reposa en su catedral, y los españoles aseguran que lo poco que aún queda de sus huesos está en Sevilla. Ojalá aparezca algún nuevo documento que dé luz a este asunto, convertido en político, y que ha dado pie a una polémica estéril y sin demasiado sentido. Quizá la solución sea, como se apuntó en un congreso colombino celebrado en Sevilla en 1988, que se reúnan los restos contenidos en las tres urnas y que con ellos se hagan tres partes iguales para ser repartidas entre las sedes que se disputan tan macabro contenido.

En todo caso, bastante sufrió en vida don Cristóbal para que aún hoy, 500 años después de su fallecimiento, no le dejemos descansar en paz.

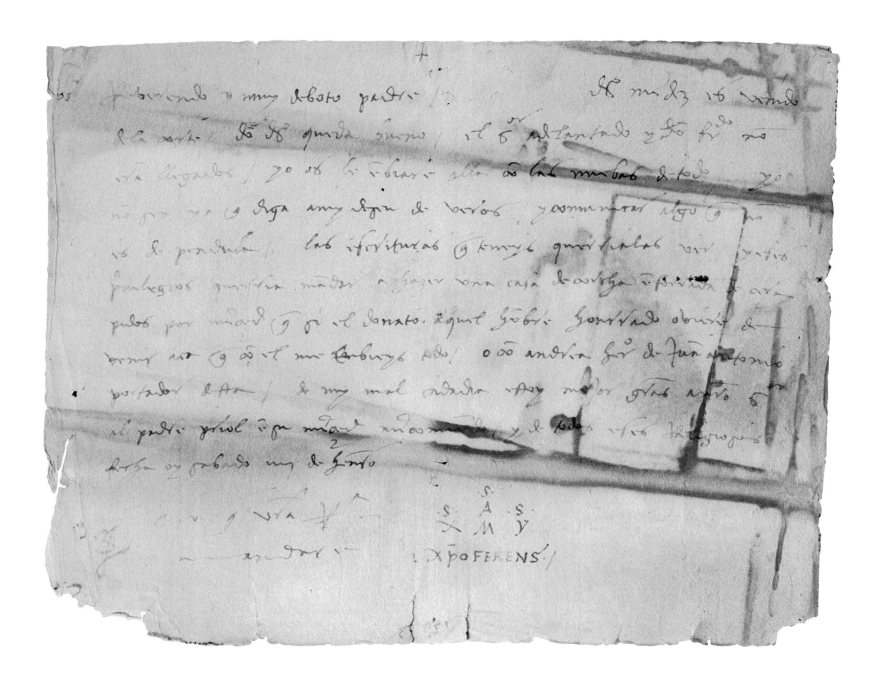

Desde Sevilla, el 4 de enero de 1505, escribió Colón esta carta al fraile cartujo fray Gaspar de Gorricio. Aunque algunas cosas no se atrevió a confiarlas a la pluma, quedan reflejadas en esta misiva todas sus obsesiones: su interés por el *Libro de las Profecías*, que el cartujo le estaba ayudando a redactar; la defensa de sus privilegios; su preocupación por cobrar los gastos de su último viaje al Nuevo Mundo –objeto del viaje de Diego Méndez a la corte– y, por fin, sus múltiples enfermedades.

En la carta se lee:

Reberendo y muy deboto padre: Diego Méndez es venido de la Corte. Don Diego queda bueno. El señor Adelantado y don Fernando no eran llegados. Yo os le enbiaré allá con las nuebas de todo. Yo non sey ya qué diga a mi deseu de veros y comunicar algo que non es de péndula. Las escrituras que tenéis querríalas ver, y eses previlegios querría mandar a hazer una casa de corcha enforrada de cera. Pídos por merced que si el Donato, aquel hombre honrado, oviere de venir acá, que con él me enbiéis todo, o con Andrea, hermano de Juan Antonio, portador desta. De mi mal cada día estoy mejor, gracias a nuestro Señor. Al padre priol en su merced me encomiendo, y de todos eses religiosos.

Fecha oy sábadp IIII de Henero
A lo que Vuestra reverencia mandare

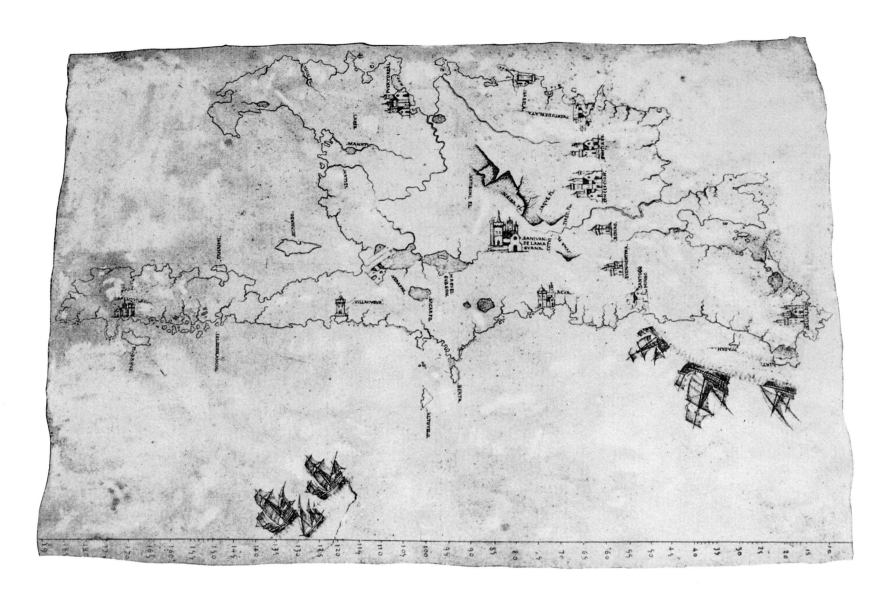

Carta de La Española realizada por Andrés de Morales en 1509
y conservada en el Archivo General de Indias.

La de Santo Domingo fue la primera sede catedralicia levantada en América. Frente al altar mayor reposaron los restos de Colón y de su hijo Diego, desde que la viuda de este último, doña María de Toledo, los llevó allí en 1544.

En las páginas siguientes:

Perspectiva del puerto de Bayajá y sus proximidades, en la costa norte de La Española, segunda mitad del siglo XVI.

189

Padrón de las Antillas y Sudamérica, anónimo, *c.* 1518.
Desde que se fundó la Casa de la Contratación se ordenó la
realización un padrón de las posesiones españolas en
América. Muchos cartógrafos participaron en su confección,
de ahí la abundancia de mapas que van mostrando los
diversos avances descubridores.

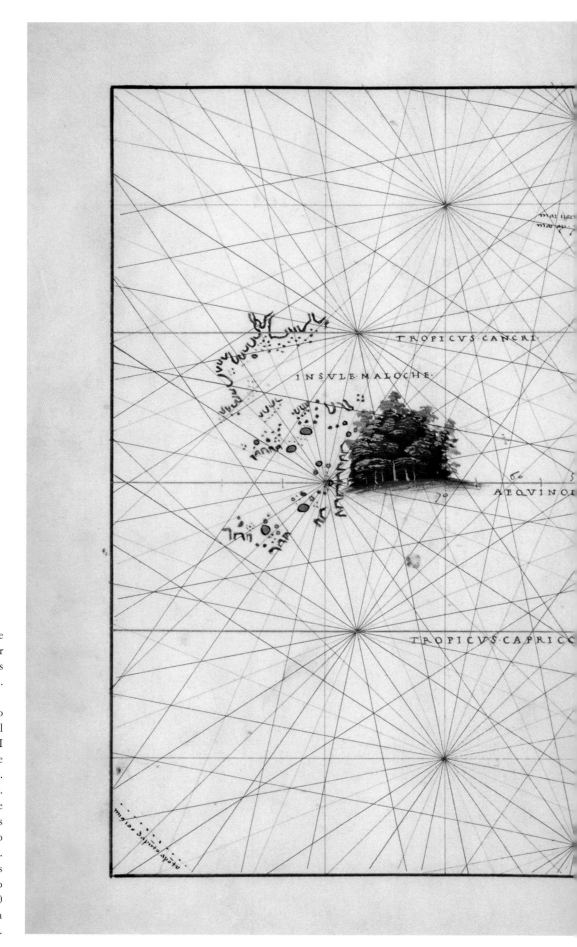

Carta del Nuevo Mundo del atlas de Agnese de 1544. La silueta de América empieza a tomar cuerpo aunque Agnese persiste en situar a las Molucas muy desplazadas hacia el este.

«¿En que lugar del testamento de Adán está escrito que Portugal y España se han de repartir el mundo?», parece que exclamó airado Francisco I de Francia al conocer las cláusulas del Tratado de Tordesillas.
Era importante delimitar el contrameridiano. Cuanto más cerca de Europa estuviera el de división más posibilidades había de que las Molucas, las islas de la Especiería, entraran dentro de los territorios pertenecientes al rey de España.
En 1529 el Tratado de Zaragoza puso fin a las disputas entre españoles y portugueses por el clavo de las Molucas. Carlos V vendió por 300.000 ducados de oro al rey portugués sus derechos a traficar en aquellas aguas.

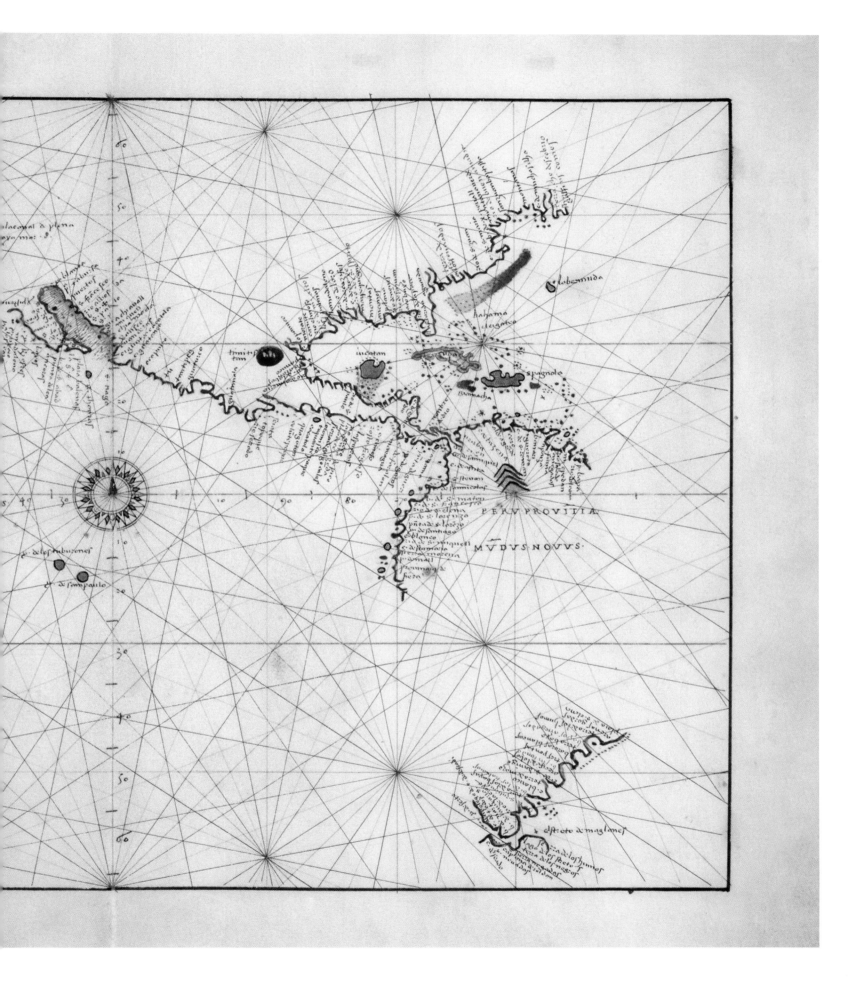

Créditos fotográficos

Christopher Columbus

FROM CORSAIR TO ADMIRAL

Contents

Introduction

Christopher Columbus never went to university and never attended a Naval College. His nautical knowledge was acquired practising the trade. While still very young, he travelled the Mediterranean coastline and later enlisted as a sailor on boats plying the coasts of northern Europe and of Africa or frequented the Atlantic archipelagos. Inevitably, the Genoa's came to understand the ocean through his own experiences at sea, as he said in the letter to the king and queen in which he told of his third journey: 'I have been very diligent in my experience'.

As a mature man he had the good fortune to come across a new continent. It was no chance event. Little matter that an anonymous sailor had pointed out the way to him, if there really was a protonaut, as I believe. The real feather in the Castilian admiral's cap was the fact that he made known to Europe a previously unknown land. That and only that is what the Discovery was all about.

In this book we shall deal with the sea voyages this unique man made throughout his life, not just the ones that brought him the fame he deserved. We shall see him trafficking as a merchant, living the life of a corsair and, finally, as an admiral of the Ocean sea wandering amongst the Caribbean islands and discovering the South-American continent. Even after his death his body still crossed the Atlantic twice!

Not all of his travels were trouble-free and not all of them met with the desired success. He sailed through hurricanes and, foreseeing his death, threw a letter into the sea in a waxed barrel so that the king and queen would know he had fulfilled his mission. He suffered illness and the rebelliousness of his sailors, who mutinied and tried to kill him on several occasions. For a year he was shipwrecked on the island of Jamaica.

He never wavered in his urge to know more and more. He made many mistakes, but was right in most of his actions as a sailor, which are what we want to talk about in this volume.

Genoa, a seafaring city

The Genoa in which Columbus spent the first 23 years of his life was the most important port of a powerful and growing republic whose economy was based on maritime communications. To this port came riches that yielded healthy returns for its merchants administered by the important Bank of San Giorgio. This was the same bank to which Columbus in 1502 entrusted the safeguard of his interests and those of his sons and heirs.

Coastal navigation connected the cosmopolitan port of Genoa with Corsica (Bastia, Calvi, Bonifacio), the Savoyard port of Nice, the French ports of Hyères, Marseilles and Montpelier (trading with that of Narbonne being impossible then as it had been silted up for more than a century), going on to Barcelona, Valencia and Palma de Mallorca. To the south, the Genoese ships crossed the whole of the Tyrrhenian Sea, rivalling with Naples for first place in trade with Rome in the ports of Civitavecchia and La Ripa on the Tiber and reaching Naples, Messina and Palermo. Beyond, the republic's ships travelled to Tunis, the main centre for Genoese traffic in Africa, on journeys that were always complicated by the threat of piracy, which made its incursions into the Gulf of Gabes and along the Algerian coasts.

If we are to believe the admiral, and we have no reason to doubt his veracity, he had frequented many of these ports in his younger years. Although on his 1502 map Columbus only mentioned those of Naples, Marseilles and Hyères, the same map shows signs of his having been well acquainted with Cape Creus in Catalonia, the Gulf of Narbonne, the island of Sardinia and the Barbary Coast. He was to remember these ports, anchorages and lands in his writings many years later when he sailed the waters of the Caribbean.

There are hardly any accounts of this period in the life of the future admiral, and to follow him on his journeys we would have to resort to the references he made in his letters and accounts. These letters and travel accounts were written many years later, with the subsequent forgotten dates and a few mistakes, at times involuntary, at others intentional. For the admiral was a clever man and he only left us in writing what he wanted to tell us. Similarly, we have to turn to the *Historia del Almirante*, written by his son Hernando, which has survived in an Italian copy, to accounts by his travelling companions and to the *Historia de las Indias*, by the Dominican priest Fray Bartolomé de Las Casas, who, being a close friend, was able to consult the Columbus family archives. The priest had access to the documents kept by the family in the house in Santo Domingo as well as those kept in the Carthusian monastery of Las Cuevas in Seville, which were later deposited in the convent of San Pablo in Seville, where Fray Bartolomé lived for some years. On occasions we have to draw from other contemporary writings to help us fill the gaps in the documents from Columbus's circle.

Mediterranean apprenticeship.
Sailing on Christian waters

According to Antonio Gallo, the Genoese chronicler who in 1506 spoke of his compatriot in his *Historia*, Columbus very soon gave up the family business to devote himself to the sea. He himself repeatedly wrote that he became a sailor 'at a very early age'—at fourteen, if we are to believe him.

The young boy's first trips must have been made as a crew member on one of the coastal runs from Genoa joining the ports of Monaco, Ventimiglia, Noli, etc., as all sorts of merchandise arrived in the city by sea which the Genoese then sold by sea to the inhabitants of the coast. Perhaps he traded with the cheese and wine his father marketed in Savona, where he had moved in about 1470, as from that date the young Christopher fails to appear in any notarial document as a weaver or wool dealer, but as an employee in a commercial firm.

Corsica

As an apprentice merchant the young Christopher Columbus sailed to Corsica. The rugged, mountainous island, then under Genoese domination, kept up a fluid exchange with Genoa, largely thanks to the important colonies of Genoese who lived mainly in the cities of Calvi and Bonifacio and to the protection of the San Giorgio bank, who saw to providing the means to fortify them. Corsica exported timber, cattle, goats and honey to Genoa, and received manufactured products in return.

The island was mentioned by Columbus in a letter to the Catholic Monarchs, written when he sailed to the New World for the second time, comparing the island of Cuba, which he estimated was 'as big as the Áurea, like the island of Corsica', and also in one of his marginal notes to the *Treatises* of Pierre d'Ailly, pope Silvius Aeneas Piccolomini, '*Ligures, idest genuenses Corsicam nominaverunt... Comodo Ligures habuerunt insulam...*'.

Sardinia

Along with Corsica, the island of Sardinia was an important piece in the Genoese trade connection with Barbary. However, although attempts were made to establish permanent settlements, traffic was subject to the varying state of relations between the republic and the kingdom of Aragon, on which the island depended. Even so, the Genoese ships occasionally called at the ports of Alghero and Cagliari, the inlets of the island of Antonio and that of San Pietro, which was uninhabited at the time. Columbus passed this island near San Pietro on at least one occasion, when sailing under the orders of René of Anjou, as we shall see later.

Sicily

Undoubtedly one of the islands that most impressed him and which he often remembered in his writings was Sicily, then under Aragonese dominion, which he mentioned on four occasions. On 29 October 1492 he remembered it as a large island—in fact it is one of the largest in the Mediterranean—, and said that Cuba was even bigger: 'The island is covered in very beautiful mountains... it is high like Sicily'. A year later, when he was off the island of Jamaica, on 24 April 1493, he turned once more to the same comparison. 'The island', he said, 'is very big... it is bigger than Sicily.' Columbus did not only admire its size, but also its fertility, which he compared to that of Andalusia when he wrote to the king and queen in February 1493 to announce how well the European seeds they had taken to sow would germinate. 'We are quite certain ...that this land will not fall short of Andalusia and Sicily.' Indeed, both Sicily and Andalusia were the corn reserves that supplied a large part of Europe. To its volcano, Etna, he devoted a comment in the copy of D'Ailly's *Treatise*.

The lure of the Orient

The island of Chios

O n one occasion Columbus wrote, 'I have travelled the whole of the East and the West.' He was not far wrong, because, although this was obviously an exaggeration, Columbus knew and sailed many seas.

It was this exaggeration by Columbus that led the chronicler López de Gómara to say, 'He spent many years in Syria and in other parts of the East'. Not a single writing by the Genoese, nor any other document, confirm this possible stay; furthermore, it is unlikely that he could have lived in Syria, which was then in Islamic hands.

Perhaps the admiral in his remark was referring to the island of Chios, then under control of the Genoese and ruled by a sort of trading company, the Maona, whose members later adopted the surname Giustiniani. Chios, known to his contemporaries as the island of the thousand perfumes, was the gateway to the East, the land of spices. Chios smelled of mastic, a characteristic scent Columbus was never able to forget. Mastic, which is obtained by making a small incision in the stem of the lentisk, is a resin which today accounts for the island's main economic activity. Its healing powers as an effective remedy for rheumatism and an excellent purifier of the blood, described by Dioscorides, made the mastic a much desired and sought-after product which the Genoese controlled with a rigid monopoly. In Columbus's day, the Maona's income from just this product amounted to 50,000 ducats a year.

It is said that it was in Chios that Columbus's obsession for the Orient was aroused. This may be true. In any case, whenever he mentioned this island in his writings it was to praise its wealth and marvel at the financial returns it brought its rulers for little effort. This is why, to ensure the mercantile facet of his voyage of discovery, Columbus did not hesitate to assure the king and queen that the resins found in the Antilles were similar to the mastic of Chios. They may not have found gold yet, but the new lands nevertheless had trees like the lentisk which he had had tapped and whose resin he had brought back well preserved in a wooden box.

Columbus did not give exact dates for his journey and we assume it must have been between 1474 and 1475, dates for which we have accounts of two Genoese expeditions to the island. The first fleet, which left Savona, the city where the sailor's parents lived, as we have already seen, on 25 May 1474, consisted of merchants and weavers, apart from the crew. The second, which set sail from Genoa in September 1474, had a different mission, as it was armed and carrying reinforcements to the island, which was under threat from the Turks.

Everything seems to suggest that Columbus travelled in the second fleet, since one of the ships belonged to Paolo di Negro and another to Nicolo Spinola, two important Genoese merchants with whom Columbus was soon to have extensive dealings. We see him with them in Lisbon, Madeira and England and the heirs of both of them are mentioned in the seaman's will.

In order to reach Chios, Columbus sailed the Ionian Sea, rounded the Peloponnese, went through the Cyclades and made out Samos and the coasts of Asia Minor. He reached the Asian islands of the Aegean. This and none other was the route he took to the East.

A corsair in Tunis

In January 1495, Columbus wrote to the king and queen:

'It happened that King Reynel sent me to Tunis to seize the galliot *Fernandina*, and in the vicinity of the island of San Pedro off Sardinia I heard from a *saetia* that the said galliot was with two other vessels and a carrack; as a result the people with me became restless and decided not to continue the voyage, unless it was to return to Marseilles for another vessel and more men. I, seeing that I could not bend their will without some trick, complied with their demand, and changing the alignment of the compass needle, turned around as dusk fell. Another day, at sunrise, we found ourselves inside the Cape of Carthage, having convinced them all that we were going to Marseilles'.

This is a curious text, in which the now admiral at the orders of the Catholic Monarchs reveals to them that he had pursued one of Don Ferdinand's ships, the galley *Fernandina*, as far as the waters of Tunis when he was sailing as a corsair with René of Anjou. In his letter, which we only know of from a copy transcribed by his son Hernando in the biography of his father, the Genoese also describes one of his favourite tricks for deceiving the crew: magnetising the compass needle. He used the same trick on the voyage of discovery when he came close to suffering a mutiny.

This strange letter does not flatter the sailor, who here was acting as a pirate—or was engaged in an act of piracy—against none other than his patron, Don Ferdinand the Catholic. In copying this letter, did Hernando realise that his father had pursued Aragonese ships? Or perhaps Columbus's son, who did not harbour fond memories of the Catholic, copied it precisely to upset him?

This is yet another of the episodes from Columbus's life that are debated by his biographers and seems now to have been settled as being true. No doubt has been cast on the naval battle, as we know of several attacks by René of Anjou's fleet, with support from the Genoese, against the Catalans, before 1879. On the other hand, the distance from Sardinia to Tunis seems too much to cover in a single night unless weather conditions were very favourable.

Another matter that has confused researchers is Columbus's insistence on calling himself 'captain'. He was very young for such a post and perhaps the simple sailor wanted to give himself airs by upgrading himself. Who could have known, so many years later, the rank he was to hold on that expedition!

From the Mediterranean to the Atlantic

Shipwrecked off Cape Saint Vincent

One dramatic episode (Columbus's life was a succession of tragic situations) was to radically change his life and separate him from his native land: a shipwreck off the coasts of Portugal. He was sailing from Genoa to England forming part of a trading fleet of five boats, two of which belonged to the Spínola-Di Negro firm, his patrons. On drawing level with Cape Saint Vincent, a French squadron broke the convoy up and, after a cruel battle, our sailor was forced to reach the coast of the Algarve by swimming. Columbus undoubtedly repeated this episode, which is fit for a novel and in which the Dominican Fray Bartolomé de las Casas saw the hand of God leading the Genoese to the Peninsula, to his son, who did not hesitate to include it in his *Historia*. Hernando, in his urge to romanticise the event, made his father part of the fleet of the admiral Colombo the Younger, without realising that the assault by the French corsair on four Venetian galleys returning from Flanders took place in 1485, at a date when Columbus was in Spain, or that the battle his father was referring to took place, as recounted by, for example, the chronicler Alonso de Palencia, on 13 August 1476. Taking part in the fight were, on one side, the French pirate Guillaume de Casenove, alias Colombo the Elder, and on the other, the Genoese ships in which the future Discoverer was travelling. This tangle of names, while getting the date wrong, narrates a historical event which is summed up as follows: 'After the ship in which his father was travelling suffered a bad fire, and given that she was joined by chains to the enemy ship, whose sailors were beginning to board her, the remedy was to jump into the water... to die in this way rather than to suffer the flames; and the admiral being a good swimmer... taking an oar he came across, and at times with the help of the oar, and at times swimming... [he reached] land, though so tired and weary from the water that he took many days to recover'.

Following his fateful arrival, the shipwrecked sailor made his way to Lisbon, where his Genoese patrons had a branch of their trading firm. From then on the course of his life was to change radically.

The Atlantic at the end of the fifteenth century

Although Mediterranean man had frequented the Atlantic Ocean since ancient times, if anyone can be said to personify the change of identity from man of the Mediterranean to Atlantic man, that person is undoubtedly Christopher Columbus, the first person to succeed in 'ploughing it', to use the Portuguese expression, from east to west in a chimerical voyage.

In contrast with the closed Mediterranean Sea, with its familiar coasts, its fixed limits, its currents and winds learnt the hard way of suffering them on their travels, to the eyes of fifteenth-century sailors the Atlantic was still an unknown sea that seemed to have no end. The cartography of the time showed it as being populated with strings of islands at differing distances off the mainland, some of them fantastic and imaginary, others very real and well located. The legends that accompanied these maps and the tales of travellers suffered from a large dose of literary culture that helped to create an atmosphere of fantasy, of attraction for the unknown.

In the years when Columbus was born in Genoa (1451), the Atlantic was beginning to be systematically reconnoitred. Gil Eanes had already rounded Cape Bojador (1434), Gonsalves Baldaia had reached the Gold River (1436), Diego Tristâo had rounded Cape Branco (1443) and Diego Gomes, the tax-collector of Sintra, had already made a reconnaissance of Guinea and had even managed to sail up the Rio Grande and the Gambia. Gomes, who had been in Madeira and had reconnoitred the island of San-

HENRY THE NAVIGATOR

The *Altarpiece of Saint Vincent*, made up of six wooden panels painted with oils, is considered the best work of fifteenth-century Portuguese painting. Though attributed to the painter Nuno Gonçalves, active between 1450 and 1470, it still raises many doubts: we do not know what the scene depicted is, what the many objects portrayed symbolise, who the 60 people portrayed in it are, who commissioned the work or what year it was painted.

The only recognisable figure is that of Henry the Navigator, wearing a large black hat, which stands out for its similarities to a fifteenth-century portrait of the *infante* preserved in a Portuguese manuscript in the National Library in Paris.

The central figure could be Saint Vincent, the martyr saint whose body was buried at Cape Saint Vincent until the twelfth century. Others say it is the *infante* Don Fernando, who died in Fez in 1443 after some years in captivity.

Whatever the case, one thing all the analysts are agreed about is that all the social groups in fifteenth-century Portugal are represented in the painting and that amongst them are portrayed the children of John I, the princes and princess of Aviz: King Duarte, and the *infantes* Don Enrique, Don Juan, Don Fernando and the *infanta* Doña Isabel.

tiago in the Cape Verde archipelago, left a *Crónica de Guiné*, addressed to Martín Behaim. At that time, Gomes Eanes de Azurara was also writing his own *Crónica de Guiné*. The Atlantic of Henry's time, then, was beginning to be described from two different approaches. First of all, the possibility of converting infidels to Christianity in Azurara's *Crónica*, very probably written to obtain the bull *Dum diversus* from Pope Nicholas V in 1452, and secondly, to show the splendid economic conditions these conquests could create, despite the piracy which was rampant at the time, as we see in Gomes's *Crónica*. Quite another thing was the *Itinerariun Antonii Ususmaris civis januensis*, of December 1455, in which the Italian, alluding to other expeditions, like that of the Vivaldi brothers, mixed wonders and fantasies at will in a text that was already ancient from the outset. Although, as L.A. De Fonseca has demonstrated, it was the only way the author perceived to 'understand the described reality making it believable'.

Alongside the South Atlantic, we must not forget that the North Atlantic too was a busy ocean that could be enlarged. Both of them, unknown and mysterious, were originally discovered as a result of the search for fishing grounds and later of the urge to discover new lands. The times were different but the parallels are obvious. In both, the navigation was very similar, between the islands and the mainland, from north to south, and in both cases the 'official' discovery of the routes to what today we call the American Continent was made by two Italians, Christopher Columbus and John Cabot.

A merchant in the North Atlantic

From the Algarve Columbus continued on his way to Lisbon to meet with his patrons, the Centurione and Negro families of the Genoese firm he worked for. Lisbon fascinated Columbus. The city during those years was a beautiful cosmopolitan city in which an interesting and fruitful seafaring adventure was taking place to which his Genoese compatriots were not indifferent. The Atlantic at that time seemed like an extension of the Mediterranean in which the same products circulated. From the south came salt, gold, slaves, sugar, cochineal..., and with the north there was trade in fabrics, cereals, tin or fish and nuts. And even some Mediterranean issues, such as piracy, were just as common, or more so, in the Atlantic.

As was to be expected, his patrons ordered the young man to continue his journey from Genoa to England which fate had frustrated. And so, in early 1477, having barely arrived, he once again set sail on a commercial journey from Lisbon to Iceland, stopping over at the ports of Bristol in England and Galway in Ireland. Columbus therefore sailed first to the North Atlantic, a course he would be very unlikely to repeat.

Boats at that time took 12 to 14 days to make the trip from Bristol to Iceland if the weather was favourable. Leaving the Bristol Channel, they rounded Cape Minzen and called at Galway, which at that time was the safest and most important port on Ireland's west coast, and from there they headed north across the open sea until their final destination, on a crossing that lasted about two weeks.

We know about this trip from the seaman himself, who left us an account of his odyssey in one of his letters to the king and queen and in a note he made in the margin of his copy of Aeneas Sylvius Piccolomini's *Historia Rerum*. It was then that he first noticed the differences between the Atlantic tides and those along the Mediterranean shoreline, something that always struck Mediterranean sailors unfamiliar with Atlantic tides. He

THE 'VICTUAL BROTHERS'

In 1243, Lübeck and Hamburg signed an agreement to fight the piracy that stalked the mouths of the chief German rivers, the Baltic islands and the North Sea. Amongst the most famous pirates were Godekins and Stertebeker, who at the end of the fourteenth century joined forces with Moltke and Mantelfel (alias 'the man devil') to form the *Vitalienbrüder* ('Victual Brothers'). As former *Hansa* traders, they had a perfect knowledge of the routes of the ships that traded in those seas. With their cunning—and with faster ships than the traders'—they terrorised the North Sea for several years. In 1392 they attacked and looted Wisby, the headquarters of the *Hansa*, taking hostages for whom they asked substantial ransoms. They then attacked Bergen, with identical results. Until 1402 they managed to bring navigation in the Baltic and the North Sea to a halt. Not even fishing boats dared to leave port. In 1402 they were defeated by a considerable fleet from Hamburg. After a fierce battle, the *Brotherhood* was beaten: a fabulous booty was rescued which more than covered the cost of the expedition and Sterbeker was executed.

When Columbus travelled those seas, only the weather posed a serious danger. As a general rule, fleets tended to set out to sea in single ships or else in groups of two or three boats that formed a partnership for the enterprise and hired a single pilot, which shows that the route itself was not complicated. However, there were occasional skirmishes between the different merchant fleets, minor affairs that were settled on arrival at port.

THE COD ROUTE

The temptation of mistaking the Spanish or Portuguese Atlantic with their respective 'Carreras de Indias' has been a constant in Iberian historiography. As well as these 'races', other routes crossed the North Atlantic in a constant flow of traffic with a considerable volume in trade and without the slightest intention of reaching the Caribbean or the Gulf of Mexico.

The real problem of the North Atlantic in the second half of the fifteenth century and the whole of the sixteenth century was the fight for supremacy on the shipping routes. There is no route without economy, and very soon it became obvious that Mediterranean fishing, which is short on resources, was exceeded by that of the North Atlantic, with its practically inexhaustible fisheries. Large-scale exploitation of cod in the Terranova shoals and of whales on a more southerly route gave rise to rivalry between the nations of Europe. The increase in fish consumption, according to P. Chaunu, meant that the European population, forced not to eat meat on more than half the days of the year, was able to double. Basques, Portuguese and French set out to monopolise that market, followed by the English and Scandinavians.

Apart from satisfying the Europeans' hunger, lighting cities with whale blubber and manufacturing objects with their bones, the search for new fisheries brought with it not a few discoveries. Take the case of John Cabot, whose journey was financed by a group of Portuguese and Azoreans who devoted themselves to cod fishing.

was also able to hear, for the first time, the language of the sailors of the North Atlantic, who, as M. Mollat showed, used English and Celtic terms in handling boats, Dutch terms in their construction, German terms for fighting and Spanish, Portuguese and Italian terms to refer to juridical institutions and usages.

In addition, quite casually, Columbus, in the two texts, already mentioned, provides two facts of fundamental interest. First of all, he indicates that he had sailed a hundred leagues farther north than the island of Thule. If, as we know, Thule for the ancients represented the northern limit of the known world, this statement means that he had himself gone far beyond it. Secondly, Columbus mentions a curious fact. 'Men of Cathay', he said, 'came to the East. We have seen many noteworthy things and especially in Galway, in Ireland, a man and a woman on logs driven by the storm of remarkable appearance.' This note, written after the events it tells of, could suggest this was the moment when the future admiral began to glimpse the possibility of travelling in the opposite direction to that taken by these bodies, which were of people of a different race from ours, and when he first felt drawn to the polar regions. Some of the admiral's biographers have claimed to see in the text of his letter to the Prince Juan's governess a reference to an old plan he had not abandoned in 1500 and which consisted in no less than the quest for the north pole. This trip to the North Atlantic was undoubtedly what triggered Columbus's decision to stay in Lisbon, as from then on we see him settled in Portugal.

Trafficking in the Portuguese and Castilian Atlantic

Although both Atlantics, being frontiers that man by nature wishes to cross, were a provocation and a temptation, the Portuguese Atlantic seemed much more attractive than the North Atlantic, with its harsh winters and endless nights. It is worth remembering that the Portuguese, in 1477, were involved in far more promising journeys than those being undertaken by the inhabitants of the North Atlantic, who had long ago given up travel on the Sea of Darkness and devoted themselves exclusively to fishing whales and cod.

The bookseller's trade, to which the Genoese devoted himself during the first years he lived in Portugal, does not provide an easy living and Columbus was forced to combine this profession with his love of the sea, which was undoubtedly more attractive to him. In Lisbon Columbus learnt the new theories in vogue. There he had dealings with Martin Behaim, who was not to build his globe until later, when Columbus was already in Castile, but who was determined to study ocean navigation. In Portugal he saw the maps by the sage Toscanelli, which he was quick to copy, and he may also have corresponded with him. He himself tells us he met the astronomer Master José, to whom he gave great credit. On his travels, always as a trader for the firm of Ladislao Centurione and Paolo di Negro, he heard stories, learnt to read navigational charts, saw people of other races, came across new products. Over time he witnessed the return of fleets that had rounded new capes and, especially, that had managed to return after making contact with unknown populations. Many of these trips had been simple military expeditions that brought spectacular economic benefits, in spite of the boats that fell to pieces devoured by shipworm, with the huge expense this involved.

Porto Santo and Madeira

In Portugal Columbus married Filipa Moniz de Perestello, who had family ties with colonising captains, not sailors as has mistakenly been stated on many occasions, but certainly related to maritime adventures that must have helped make up his mind to 'learn more', a motto the future admiral never abandoned.

Once married, he moved for a short time to live on the island of Porto Santo, a small, almost deserted islet just off the island of Madeira, where his late father-in-law, Bartolomé Perestrello, had been governor. There Columbus could not consult maps, instruments or navigational charts, but he must have been fascinated by the frequent appearance of numbers of strange objects the sea sometimes threw up on the beaches, especially trees whose timber was unknown and that were unusually cut. Even today the Gulf Stream brings Antillean vegetation to the island on its waters.

Whether from Lisbon or from Porto Santo, Columbus travelled on several occasions to the island of Madeira. Trade in sugar attracted the Genoese merchants and Columbus visited the island in 1478, a few years after his trip to Iceland. The business failed and one year later, in August 1479, Columbus had to go to Genoa to submit the accounts to his patrons. That was the last time the sailor saw his native land.

Guinea

The King of Portugal's fleets progressed along the coasts of Africa and, en route to India, they discovered and officially took possession of the west coast of the African continent. Gold, spices and the slave trade yielded immense wealth to merchants, who obtained royal concessions to practise trading, and as merchants were not allowed to act freely, the Crown received healthy profits from licences at very little risk. Amongst these traders, as well as the Centurione-Spínola-Di Negro families, we also find the Florentine Bartolomé Marchioni, who had close links with Juanoto Berardi, who years later was to be the agent for Columbus's first two trips to the New World. With them Columbus got to know the African continent.

It was on these journeys that Columbus undoubtedly acquired the experience that was to be the basis of his training. He never said how many he made or on what dates, and amongst the places he mentions in his writings are the coast of La Malagueta, where he saw mermaids, and the fortress of Sao Jorge da Mina, founded in 1481, which he mistakenly placed on the line of the equator. As well as a profound knowledge of the Portuguese system of colonisation, which had such an influence in his political approach in the Indies, he came into contact with a new marine practice which was to be of great use to him in the future. On his various journeys he learnt everything from how to sail against the wind or close to the wind to measuring the height of the sun with the astrolabe and even the techniques of bartering with trinkets, which was to bring him such success in the New World. Before then he had not had the chance to learn these lessons.

On three occasions he jotted down his experiences in Guinea, the basis of his geographical theories, in the margins of one of his favourite books, cardinal Pierre d'Ailly's *Ymago Mundi*.

'Africa is twice the size of Europe... To the South and the North it is populated by people without number, and this is not prevented by the greatest heat. And below the equinoctial line, where the days are always of 12 hours, is the fortress of the most serene King of Portugal, in which I stayed and found that it was a temperate place.

The torrid zone is not uninhabitable... but is heavily populated.

Sailing frequently from Lisbon to the South, to Guinea, I diligently observed our course... and then took the height of the sun with the quadrant and other instruments many times, and I found that it agreed with Alfraganus, that is, that each degree corresponded to 56 and 2/3 miles. Therefore, we must give credit to this measure. Consequently we could say that the perimeter of the earth at the equinoctial circle is of 20,400 miles. The same was found by Master José, physicist and astrologer, and many more... And anyone can see this who measures by their navigational charts, taking the measurements from North to South over the ocean, away from all land, in a straight line, which can easily be done starting in England or Ireland in a straight line south as far as Guinea.'

Columbus made a note, as though it were a great novelty, of the habitability of the torrid zones, forgetting that the Portuguese had for at least twenty years been perfectly well aware of the weather conditions of the sub-equatorial regions, which he very probably never reached. He was wrong in his calculation of the coordinates of the fortress of Sao Jorge da Mina, which, as Duarte Pacheco had already demonstrated by then in his *Esmeralda*, was 5° 30' north of the equator, and he was also wrong in his calculation of the longitude of the equinoctial circle. His stubborn insistence on his hypotheses—come hell and high water—was the reason why he was granted permission to make the voyage of discovery. God alone knows how often a false premise has led to a brilliant discovery!

Years later, when he described the New World he was contemplating, the comparison with Guinea and its lands sprang to mind: 'there were a great number of palms, different from the ones in Guinea and from ours'; the quality of the waters of the American rivers was extraordinary, 'not like the rivers of Guinea, which are all pestilential', and the men, in spite of being so close to the equinoctial line 'are not black except in Guinea', and even the cloths the natives offered them reminded him of the ones in Africa: 'They brought me very elaborate cotton fabrics woven with colours and patterns, like those worn in Guinea, from the rivers to Serra Lioa, without any difference'. Similarly, Indian place-names were replaced by names that were clearly African: Cabo do Monte, Cabo Verde, Cabo Roxo, Cabo das Palmas, Rio do Ouro, Porto Santo and even a Valle del Paraíso.

The future admiral's language was also full of African terms. The Indians, who were not *pretos*, whose hair was *corredío* and who fed off *inhames* and *faxoes*, sailed in *almadías*. Inevitably, as Juan Gil reminds us, Columbus's seafaring language is a mixture of Castilian terms, such as *encabalgar el cabo*, instead of *doblar el cabo*; words of Mediterranean origin, which already appeared in Portuguese texts, such as *treu*, *papafigo*, *gisola*, *colla* (sustained wind), *balços de viento* (which Columbus called *baltos*), *dar reguardo* (pay attention); expressions with Portuguese influence, such as *marea ingente* (*enchente*, sea tide), *pozo* (*pouso*, in the sense of an anchorage), *turboadas* (a term he learnt on his trips to La Mina).

Another phenomenon characteristic of the Atlantic and therefore unfamiliar to the Mediterranean man was the *macareo*, or bore tide, a collision of tides producing very tall waves, similar to tsunami tidal waves. Columbus must also have suffered a *macareo* while sailing with the Portuguese, an infrequent event the admiral experienced again while sailing in the Orinoco delta.

Cabo Verde

Whereas the route from Lisbon to Genoa avoided the Cape Verde islands by skirting the coasts of Africa and rounding Cape Dakar, the return trip usually called at the archipelago, which at that time was under Portuguese rule, to avoid zigzagging along the coast sailing close to the wind. In the log of his first journey, Columbus remembered the birds of Cape Verde, the ones

In 1474 the famous Florentine physicist and astronomer Paolo del Pozzo Toscanelli wrote a letter, accompanied by a sphere, to the Lisbon canon Farnando Martins, in which he stated that it was possible to get to India sailing west. All we know of this correspondence is a copy the Admiral wrote on one of the pages of his copy of Eneas Silvio Piccolominy's *Historia Rerum*, to which he added two more letters he said he himself had received from the Florentine.

Nowadays no-one doubts the authenticity of Toscanelli's letter to Martins. On the other hand, what does not seem credible is that the astronomer should have corresponded with an unknown Genoese. The most likely hypothesis is that Columbus copied Toscanelli's letter to Martins in Lisbon and years later himself made up the correspondence with the sage to use in support of his cosmographic theories and, at the same time, it allowed him to boast about his illustrious correspondent.

Many of Toscanelli's ideas were neither new nor original: they already figured in the world maps of the Catalan school, in various Italian portolans and in Fra Mauro's chart, and the idea that the earth was spherical was a generally accepted principle in the fifteenth century.

Columbus never mentioned the Florentine by name in his writings, although on several occasions he copied him in his Journal. Toscanelli pointed out that 'You must begin your journey always towards the west... on the islands can be found none but merchants... an exceedingly noble port called Zaytón, where they say one hundred large ships of pepper go to that port every year... countless kingdoms and cities under the power of a single prince called the Grand Khan... 200 years ago they sent an embassy to the Pope to ask for many wise men to be illuminated in the faith... Quinsay, in the province of Mango, neighbouring on the province of Cathay... from Antilia island, which you know, to the most noble island of Cipangu there are ten spaces... this island is very abundant in gold, pearls and gems and they cover the temples and the king's palaces with gold':

Columbus was to use the very same words years later.

they called 'fork-tailed', that force gannets to vomit their food so that they can eat it themselves, adding, 'there are many of these in Cape Verde', a sign that he had been able to observe this curious feeding habit there.

On his third trip to the New World, after calling at Porto Santo, Madeira, La Gomera and Hierro, Columbus stopped at the island of Sal, at Bonavista, and finally at the island of Santiago, whence he would set off on his voyage of discovery of the South-American continent.

The Azores

We do not know the dates on which Columbus visited the archipelago of the Azores before the voyage of discovery, but it is certain he was familiar with it from the references he made to it in his diaries, in which he mentions the climate, the seaweed of the Sargasso Sea, which sometimes reached the archipelago, the flora, the conversations he had had there with the inhabitants and the safety of some of its anchorages. On his return from his first journey, for example, in February 1493, following the storm that drove him to the island of Santa Marta when he was headed for that of San Miguel, he stated categorically that there was no safe port anywhere in the Azores. On the other hand, on the three return journeys he made from the Indies as captain he voluntarily anchored off some of the islands. Needless to say, The Azores were a forced port of call on the route from America to Europe in the early days of sailing and the first transatlantic flights stopped over at their airport.

The Fortunate Islands

There are clearly many references to the Canary Islands in Columbus's diaries and this is inevitable as three of his four trips to the New World called at this archipelago. But all of them are references we know *a posteriori*. To what extent did Columbus know these islands before 1492? It is more than likely that he called at them when he sailed to La Mina, as this was the most convenient route where the Portuguese obtained shells, their exchange currency (which were cheaper on these islands than in Seville or Lisbon), took on water or sold slaves. From his success in setting course for them on the voyage of discovery we can venture that he was familiar with navigation. As vouched for in his ship's log, on 7 August 1492 he headed for the island of Lanzarote with complete confidence and between 9 August and 7 September he went from Gran Canaria to La Gomera and, after skirting the coast of Tenerife (not yet conquered by the Castilian rulers), he returned to Gran Canaria and finally back to La Gomera, whence he set off on his voyage of discovery.

By 1485, when Columbus left Portugal for Castile to present the king and queen with 'his plan' to cross the Atlantic from east to west, the Genoese had crossed many seas and had acquired the necessary experience to deal with a wide range of situations. As he pointed out in his letter to the king and queen in which he described his third voyage, 'I have been very diligent in my experience'. With this baggage he intended to accomplish two feats, ploughing the Atlantic—in other words, making the round trip over a part of the Atlantic Ocean not previously travelled by Europeans.

The Sea of the Antilles: ploughing the ocean

The Voyage of Discovery
Preparations

It took the sailor seven years to convince the Catholic Monarchs of the viability of his plan. During those seven years he did not sail. Finally, on 17 February 1492, the *Capitulaciones* signed by the Castilian crown authorised him to make the planned journey. This commercial enterprise would take the form of a monopoly with the Crown and if new lands were discovered he would be viceroy and governor. The Admiral of the Ocean Sea, the title granted him then, could now prepare his fleet. An employee of the king and queen, Juan Rodríguez de Fonseca, would take charge of providing the Catholic Monarchs' contribution to the enterprise and Columbus, along with his first agent, the Florentine Gianetto Berardi, the part it corresponded to him to provide.

In five and a half months the fleet was ready to set sail. It consisted of three boats—a *nao* and two caravels—and a crew of about 90 men. The *nao*, the *Santa María*, which was to be the flagship, belonged to Juan de la Cosa, who made the crossing with the rank of *maestre*. She was not a suitable ship for a discovery, being too deep and heavy. Of the three ships, she was the only one that failed to return, as she was wrecked off the coast of Haiti on Christmas Eve 1492. Her remains were used to build the first Spanish fortress in America, La Navidad, to house the 39 men Columbus left there on his return to the Peninsula.

The *Pinta*, belonging to Cristóbal Quintero of Palos, was captained by Martín Alonso Pinzón. She was the lightest, the fastest and the first to reach the Spanish coasts on the return trip. From the *Pinta*, the sailor Juan Rodríguez Bermejo sighted land on the night of 11-12 October.

The *Niña* belonged to Juan Niño, of Moguer, and her captain was Vicente Yañez Pinzón. Her rigging, which was lateen when they set sail, was changed for round sails in Gran Canaria. It was on the *Niña* that Columbus returned to Spain and on the *Niña*, now as his flagship, that he made his second trip to the New World.

Of the 90 men making up the crew, about 40 served on the *Santa María* and about 25 on the smaller ships. The bulk of the crew consisted of sailors from Palos, Moquer and Huelva (70 Andalusians), a few Basques and Galicians (ten in all) and a small group of foreigners: a Portuguese from Tavira, the Genoese Jacomel Rico, a Calabrese named Anton, a Venetian named Juan Veçano and a Negro called Juan. As interpreter there was a converted Jew, Luis Torres, an expert in Oriental languages, Arabic and Hebrew. Although there was no qualified doctor as such, a Master Alonso of Moguer formed part of the expedition as physician and a master surgeon remained at the fortress of La Navidad; a certain Maese Diego acted as pharmacist. There was a tailor, Juan de Medina; a Biscayan cooper, Domingo, and a goldsmith called Cristóbal Caro. On the other hand, there were neither clergy nor women on board. Only four of the sailors were reprieved convicts: Bartolomé Torres, sentenced to death for killing someone in a brawl, and Antonio Clavijo, Juan de Moguer and Piedro Izquierdo, guilty of helping a friend escape from gaol. All these crewmen travelled in the pay of the Crown, the masters and pilots being paid 2,000 *maravedís* a month, the sailors 1,000 *maravedís* and the ordinary seamen and ship's boys, 666 *maravedís* a month.

We do not know how the recruiting was done. It seems that the four reprieved prisoners were the only ones forced to embark; some would have been enlisted on review; many were chosen by the Pinzón brothers, who were well-known and influential in the area, and others were sent by the royal officials. Amongst these were the officers of the fleet. The post of master-at-arms fell to Diego de Arana; Rodrigo de Escobedo was appointed to the post of secretary, responsible for officially recording the lands discovered, and Sánchez de Segovia was the treasurer in charge of accounts.

THE CREW ON THE FIRST VOYAGE

Alice B. Gould has drawn up a list of the crew on Columbus's first voyage.* Only one new name has been added to her list, that of the slave Juan Preto Portugués, who was the first negro to reach the New World.

Alonso, servant
Alonso, master, physician
Alonso Clavijo, criminal
Alonso de Morales
Alonso de Palos, servant
Álvaro, sailor
Andrés de Huelva, servant
Andrés de Yevenes, servant
Antón Calabrés, sailor
Antonio de Cuéllar
Bartolomé Bives, sailor
Bartolomé Colín
Bartolomé García, boatswain
Bartolomé Roldán, sailor
Bartolomé de Torres, criminal
Bernal, servant
Cristóbal Caro, silversmith, servant
Cristóbal Colón (Christopher
    Columbus), Captain-General
Cristóbal Quintero, sailor (one of the
    owners of the *Pinta*)
Cristóbal García Sarmiento, pilot of
    the *Pinta*
Chachu, boatswain
Diego, master
Diego de Arana, Master-at-arms of
    the fleet
Diego Bermúdez
Diego Leal, servant
Diego Lorenzo, alguazil
Diego Pérez, painter
Diego Martín Pinzón
Domingo, cooper
Domingo de Lequeitio
Fernando Medel, servant

Fernando de Triana, servant
Francisco de Huelva
Francisco García Vallejos, sailor
Francisco Medel, servant
Francisco Niño
García Alonso
García Hernández, sailor, steward
    of the *Pinta*
Gil Pérez, sailor
Gómez Rascón, sailor (one of the
    owners of the *Pinta*)
Gonzalo Franco
Jácome el Rico, Genoese
Juan, servant
Juan, master, surgeon
Juan Arias, servant
Juan Arráez, sailor
Juan de la Cosa, master (owner of the
    Santa María)
Juan de Jerez, sailor
Juan Martínez de Azoque, sailor
Juan de Medina, sailor, tailor
Juan de Moguer, sailor, criminal
Juan Niño, master of the *Niña*
Juan de la Plaza, sailor
Juan Preto, Portuguese negro, sailor
Juan Quadrado, servant
Juan Quintero de Algruta, boatswain
    of the *Pinta*
Juan Reynal, sailor
Juan Rodríguez Bermejo, sailor
Juan Romero, sailor
Juan Ruiz de la Peña, sailor
Juan Verde de Triana, sailor
Juan Vezano, sailor

Juan de Xeres, sailor
Lope, joiner
Luis de Torres
Martín Pinzón, master of the *Pinta*
Martín Alonso Pinzón, captain of the
    Pinta
Martín de Urtubia
Miguel de Soria, servant
Pedro Alonso Niño, pilot
Pedro de Arcos
Pedro Arráez, sailor
Pedro Gutiérrez, representative of royal
    household
Pedro de Lepe
Pedro de Salcedo, servant of Columbus
Pedro de Soria
Pedro Tegero, servant
Pedro de Terreros, steward
Pedro de Villa, sailor
Pedro Yzquierdo, criminal
Pedro Sánchez de Montilla, sailor
Rodrigo de Escobedo, secretary of the
    fleet
Rodrigo Gallego, servant
Rodrigo Monge
Rodrigo Sánchez de Segovia, supervisor
    on the *Santa María*
Rodrigo de Triana
Rodrigo de Xerez
Rui García, sailor
Sancho de Rama, sailor
Sancho Ruiz de Gama, pilot
Vicente Yáñez Pinzón, captain of the
    Niña

* For anyone not realising how difficult it is for the historian to locate many people of that period, remember that spelling was totally anarchic, the same name frequently varying from one writer to another; that there were no generally accepted rules and that people were just as likely to be referred to by just one forename or by their surname, and sometimes by their place of origin; and that there was no lack of cases when they were called by a nickname. These four different forms, along with the different spellings, may be variants the documents have left us of the same person.

Nothing had been left to chance. Columbus took everything he needed, including a letter of introduction from the king and queen to the Great Khan, as he assumed he was going to reach Asia. It is unlikely the Khan would have been able to read it, as it was written in Latin, but he had a good interpreter with him to see to that. Enough food was taken aboard for a year, the same period of time the boats and crew had been hired for, and there was no shortage of trinkets for bartering, like the Portuguese did in Guinea.

Thanks to the ship's log Columbus wrote up every day, we know all about the events of that incredible journey. Although we do not have the original text, fortune had it that a large part of it was copied by Fray Bartolomé de las Casas. The log, along with the letter Columbus wrote to the king and queen on his return from the journey, are the sources that shed light on the adventure.

The crossing

After setting sail from Palos on 3 August the fleet struck out for the Canaries, a well-known route and one Columbus believed would put them on the same latitude as his island of Cipango. Repairs to the boats and last-minute supplies delayed their departure from the Canaries until 6 September. Columbus then informed his men of the course they had to follow, in case they could not sail in convoy. After 750 leagues (3,000 miles), always keeping to the same latitude, they would reach the Asian islands. The journey, which began at dawn that day, ended the night of 11 October.

Magnetic declination

The crossing was trouble-free until 13 to 16 September, when a variation of the compass needle was noticed that alarmed the sailors. It was something other travellers had undoubtedly noticed, but Columbus was the first person to record it in writing. First of all, in the diary of the first voyage and also in that of the third:

> 'I find that from Septentrion in Abstro, going the said one hundred leagues beyond the said islands, that then the mariner's compass needles, which until then pointed north-east, pointed north-west a whole quarter and this is on arrival there at that line, as one who passes a hill.'

The crew were worried. Columbus reassured them with his particular brand of genius. He was well aware that the pole star described a circle around the pole, something the rest of his companions apparently did not know. Taking advantage of this knowledge, he gathered the pilots at dawn and showed them the variation; meanwhile the pole star had moved to the left, so that the deviation of the compass needle was reduced.

The next day, Columbus instructed them to 'take the point' again and, 'taking the north', they found that 'the needles were true'. The pilots then saw for themselves that the needles simply followed the pole star, which moved, while they still pointed in the right direction.

The Sargasso Sea

With the crew reassured, the journey continued quickly as the boats were driven on their way by the trade winds. And so the admiral's own log continued to record favourable winds and an absence of storms.

On 16 September the ships entered the Sargasso Sea, where they saw abundant grass, which seemed to them to be river grass, worms, crustaceans and a live crab that made them think they were close to land. This illusion was repeated over the following days. Pinzón himself, on 25 September, asked for a reward, convinced that he had spotted land on the horizon. It was a false alarm as it turned out to be low cloud.

The Sargasso Sea, known since antiquity and frequented in the fifteenth century by sailors in search of the mythical island of Antilia, caused alarm, fear and terror. No-one had been able to surpass it. Nevertheless, as would be seen, the difficulties it presented for navigation were more psychological than technical.

Columbus ordered a sounding to be taken to ascertain the depth and with 200 fathoms of rope they failed to reach the bottom. The amount of weed floating on the ocean increased or diminished every day. Until 30 September they saw large quantities; on 2 October they observed that the direction in which it was moving was different 'from what it usually was'; on the fifth it seemed they had left it behind them, but it reappeared on the eighth, disappearing almost magically the next day. They had just overcome the obstacle of the Sargasso Sea.

Mutiny on board and change of course

During those days the crew began for the first time to feel afraid. We do not know if there was then an attempted mutiny. On the other hand, we do know there was an uprising on the tenth, which Columbus quelled by announcing to his men that if in three days they had not sighted land he would order the return trip.

A few days earlier, on the tenth, Columbus thought he was off course and, at the suggestion of Martín Alonso, who was of the same opinion, ordered a change of route to put them on the 24th parallel. This was precisely the course which, with the wind in their favour, would bring them to the Bahamas. If he had followed his plan, along the 28th parallel, the fleet would have reached the mainland at the level of the Florida Peninsula.

The long distance and the steady trade winds that drove them west worried the sailors. By what route would they return? How many leagues had they travelled so far?

'CAPITULACIONES DE SANTA FE'

Fragment taken from the *Capitulaciones de Santa Fe*, 17 April 1492:

'The things requested and which Your Highnesses hereby award to Christopher Columbus in recognition of that which he *has discovered* in the oceanic seas and of the voyage that now, with God's help, it is necessary to make for them in the service of Your Highnesses are as follows.'

Why does it say *has discovered*? Had Columbus made a journey before that, or did the scribe simply make a mistake in copying the *Capitulaciones*, whose original has been lost?

Columbus always concealed his plans from the crew. When he lost sight of the island of Hierro he had written in his diary, 'On that day' (9 September) 'he travelled 15 leagues and decided to count less than the distance travelled, so that if the journey was long the men would not get frightened or dismayed'. On up to 25 occasions he repeated in his diary that he kept double accounts and that the leagues recorded by his pilots were less than those really travelled.

In spite of everything that has been said, I do not believe that such well-trained and professional pilots as Juan de la Cosa and Martín Alonso Pinzón would have fallen for this trick. We do not have their notes and can not check this; it seems more than anything ingenuous on the part of the Genoese.

Columbus had two points of reference as regards the distance he had to cover. One was Cipango (Japan), which he placed 2,400 kilometres from the Canaries, and the other was Quinsay and Cathay (China), 3,550 miles away. Since they had passed the 2,400-kilometre point on 25 September, the mainland had to be close. The appearance of a marine birds like the ones Columbus had seen on Cape Verde, 'that does not settle on the sea or stray more than 20 leagues from land', and of various flocks of 'fork-tails' encouraged them to think their journey was nearing the end.

The discovery

On 11 October they saw evident signs that land was nearby. Finally, on the morning of the eleventh, they spotted a faint light moving in the distance. Who first gave the call of 'Land!'? Columbus himself claimed the discovery and got the reward the king and queen had promised to the first person to spot land,

an annuity for life of 10,000 *maravedís*. One legend, which may be true, says it was a sailor on the *Pinta* who made the announcement, as I mentioned earlier, and who, dispossessed of his honour, emigrated to the land of the 'Moors'. Who knows?

At dawn on the twelfth, the ships cast anchor at a small island in the Bahamas called Guanahaní by its inhabitants and which the admiral christened San Salvador. Its latitude was 26° 4' 15" north.

Navigating the route of the native canoes

Columbus was certain he had reached one of the islands of Eastern Asia, one of those mentioned by Marco Polo in his *Il Milione*, but neither the physical characteristics of the inhabitants nor their level of civilisation or their customs were anything like what his fellow countryman described. He would have to push on. In doing so, for fear of hitting one of the coral reefs, Columbus followed the route the native canoes took between the islands.

The coral reefs were very different from the Mediterranean banks of coral and were perhaps the first novelty they came across. Columbus observed them constantly and noted in his diary that because of them the sea 'could never run high, because the grass on the beach reached almost to the water, when it does not usually reach where the sea is rough'. Indeed the big waves stop the length of the beach at the coral barrier.

The discovery of Cuba

We can reconstruct the path followed by the fleet that set sail from San Salvador on 14 October headed south-east. From San Salvador they sailed as far as the island they called Santa María de la Concepción (Cayo Rum), where they hardly stopped before continuing round first La Fernandina (Long Island) and a few days later La Isabela (Crooked Island). On 28 October the ships arrived off the northern coast of Cuba, which they called Juana.

As from the 29th the float was anchored in Gibara Bay. From the news the natives gave him assuring him that in a few days Indians would come from the interior to offer him their merchandise, Columbus began to suspect that this land was not an island, but the mainland. 'And it is certain that this is the mainland and that I am before Zayto and Quinsay.' Imagination and the desire to find himself before the two cities sung by Marco Polo even made him feel cold. 'I found it was cold', he notes on 1 November.

The occasion called for a reconnaissance of the interior, so he decided the next day to send two people he trusted with precise instructions. The people chosen were Rodrigo de Jerez, from Ayamonte, and Luis de Torres, a converted Jew who spoke Chaldean, Hebrew and a bit of Arabic. Once they had established relations, they were to make it known to the natives that the admiral had come on behalf of the Catholic Monarchs and that he brought his credentials and 'a gift'. As well as that, they were to pay attention to and report on the geography, the number of provinces and the location of rivers and ports. To find out if there were spices, the expeditionary force took some samples which the pharmacist must have prepared.

Three days later, on 5 November, the expeditionary force returned. Columbus noted down everything they said in exquisite detail. From this first, extensive description of the Cubans we can appreciate the characteristics of this welcoming people, who gave the newcomers a warm reception. The natives did not hesitate to offer the Spaniards food and drink, giving them all they had and taking them into their homes with an extreme sense of hospitality. The newcomers, as chief guests, were invited to sit on *dujos*, the low chairs the caciques sat on, and, following a strict ritual, first the men filed by and then the women. All of them, it seems, were surprised at the newcomers' colour, but only the women, who were more curious, were bold enough to feel them and touch their feet and hands.

It was on this occasion that the use and consumption of tobacco was described for the first time. Since his arrival on San Salvador, Columbus had seen natives with some herbs they chewed and which they offered him as a prized article, but it is not until arrival on Cuba that we see Indians smoking tobacco for the first time: 'men and women with a firebrand in their hand'. The admiral, it seems, did not give the custom much importance, and neither, years later, did Fray Bartolomé de las Casas, who failed to understand what pleasure this cartridge could give. As the Dominican remarked, 'I met Spaniards on the island of Española who used to take them, who on being reprimanded for it and told it was a vicious habit, answered that it was not in their power to leave it; I know not what taste or use they found in it'.

Columbus and his men, though it is not reflected in the journal, must have been restless. The natives, who greeted them as though they were divinities and who had so warmly invited them into their homes, were poor and simple and furthermore lacked gold and precious stones. 'They all went naked', painted black, white, red or brown, but when all was said and done naked. The Asians, on the other hand, were richly attired. They had no knowledge of iron. 'They have no iron', as Columbus pointed out on several occasions, knowing full well that in Asia as in Europe the metal was known and used. The scene before their eyes had no bearing on the Asian wonders they had dreamed of.

The admiral continued his exploration following the island's coast westwards. It is a shame he turned back on hearing the news that in the opposite direction there was a land the natives called Babeque where they said there was a large amount of gold. If he had not changed course he would have got to the mainland.

The news of the proximity of Babeque delighted Martín Alonso, who on the night of 22 November decided to pull out of the convoy with the *Pinta* so as to be the first to discover it.

For their part, Columbus on the *Santa María* and Vicente Yañez on the *Niña* reached the eastern tip of the island of Cuba, which the admiral christened as Cape Alpha and Omega to indicate that he had reached the ends of the Asian mainland.

The expedition had entered the Greater Antilles, definitively leaving behind the Bahamas, or Lucayas, which would not be visited by Spaniards for another twenty years, when Ponce de León in 1512 began a systematic reconnaissance campaign. The disastrous economic results made him desist and the islands remained far removed from the Europeans for more than a century.

The discovery of Haiti

On 24 November they sighted the island the natives called Haiti and Columbus called La Española, the last land he discovered on this trip.

They soon established relations with Guacanagari, one of the island's seven caciques, who received them courteously and informed them that in the interior there was an extremely rich region they called Cibao. The similarity with the name Cipango made Columbus think he had finally reached Marco Polo's 'Japan' and so he noted in his journal.

As was only natural, the fleet stopped there. They searched for gold and took samples of spices. They were not much like Asian spices but Columbus was nevertheless right in considering some of them as objects of trade. There was, for example, the *aji*, 'their pepper', which, he writes, 'is worth more than pepper and no-one eats without it, as they find it very wholesome; fifty caravels a year can be loaded with it in La Española'. This was the hot pepper, perhaps the most important spice found on this trip. But in Haiti the Spaniards also found the pimento, which the humanist Pedro Mártir de Anglería, a close friend of Columbus, described as soon as he saw it. 'They brought from there some wrinkled seeds of a different colour, stronger than Caucasian pepper, dried bunches cut from the trees, shaped like cinnamon, although the taste, smell, skin and interior are more like hot ginger.' Along with pepper and pimentos, the Europeans during those days also discovered maize (which Columbus at first mistook for barley), sweet potatoes and yuccas. Columbus never saw either potatoes nor tomatoes, as they were not grown either in the Caribbean or on the coasts of *Terra Firma* he saw.

The discovery brought great finds in the field of botany but very few in the way of fauna, whose quantity and variety led them to believe there was much less than in the Old World. And Columbus, like most chroniclers, devoted barely a few letters to describing the animals he saw: dogs that didn't bark, wild rats, rabbits and cats and he only seems to have been impressed by the iguanas, as he kept one well-embalmed specimen he called simply 'serpent' and presented as a gift to the king and queen.

In spite of these novelties, Cipango failed to show up, but Columbus didn't lose faith.

The first shipwreck

Tragedy brought an end to his ambitions. On 24 December, while they were all ashore celebrating Christmas, the *Santa María* grounded. There was no way of repairing her. Could this be a divine signal telling them they should return? The admiral was faced with a serious problem. The *Niña* could not accommodate both crews. The decision was not long in coming: he would leave 39 men there, armed and with enough food for some months. With the remains of the ship and the help of the natives, Columbus ordered a fort to be built, which he called Navidad (Christmas) in memory of the event. Here the Spaniards could shelter until he came back again. Meanwhile, those who had to stay behind were to reconnoitre the island and find the rich province of Cibao.

With the fortress finished, Columbus made preparations to return. He only had one ship and there were serious problems of space on the *Niña*. While he wondered what to do, he heard the *Pinta* was anchored nearby and, indeed, a few days later, on 6 January, Martín Alonso appeared. The Palerman apologised, saying that he had been separated from the convoy against his

will, and Columbus, in spite of himself, forgave him. It was always better to make the return voyage in convoy.

The return journey

After visiting the north coast of La Española, the fleet left the island on 16 January 1493. The course set by the admiral was completely different to the outward journey. For 20 days (from 16 January to 4 February) they sailed north and north-east very slowly, as they had the winds and currents against them. On 4 February Columbus ordered a change in course towards the east. They had come to the parallel of the Azores and that was the only return route with favourable winds, like the trade winds on the outward bound journey. The question is, how did Columbus know this, given that nobody had ever sailed those seas? For some, this certainty is simply proof of Columbus's sailing skills; for others, Columbus knew—even before setting out—that that and no other was the route he had to follow to get safely back to the Peninsula.

On the 35th parallel the crossing was good until 13 February and the following days, when they got caught up in a terrible storm. They all thought they were going to die and even went so far as to confess themselves to one another. It was decided that, if they survived, one of them would have to go on behalf of everyone to the monastery of Loreto in Ancona, to Santa Clara in Moguer and to the monastery of Guadalupe. Drawing lots, Columbus twice picked the black chick-pea from the sack. He fulfilled his promise, as we know that as soon as he could he made the pilgrimage to Moguer and Guadalupe, where the first American natives he brought with him from the New World were baptised. It fell to Pedro Villa, a sailor from Puerto de Santa María, to go the monastery of Loreto in Italy. Columbus promised to help him with the travelling expenses so that he could fulfil the promise.

The convoy got broken up by the storm. There was no news of the *Pinta* until 18 February when the *Niña* arrived at the island of Santa María, one of the Azores. The Portuguese were not very welcoming, but once the initial obstacles had been overcome they were able to rest until the 24th and visit a nearby chapel to pray.

When they left the island on their way to the Peninsula, now on a familiar course, they had no idea there was another storm awaiting them. Like a shipwrecked sailor in a book, Columbus decided to write a letter to the king and queen and throw it into the water in a waxed barrel. He had to report to his sovereigns that he had reached some unknown islands that were the beginning of Asia.

'And in order that the king and queen, if he were lost in that storm, should have news of his journey, he took a parchment and wrote on it everything he could about everything he had found, beseeching whoever found it to take it to the king and queen.'

Having overcome the crisis, on 4 March the *Santa María* was off Cascais. Again they were surprised by another storm—maybe worse than the last—that 'broke all the sails'. According to accounts, the locals spent the whole morning praying for the lives of the sailors on the sinking caravel and when they saw that they were safe they all went 'to see them in wonder at their escape'.

After stopping a few days in Lisbon and visiting the Portuguese king and queen, the *Niña* reached Palos safe and sound on 15 March 1943. The journey was over.

That same day Martín Alonso Pinzón with the *Pinta* docked at the port of Baiona in Galicia.

Columbus had done his duty, or at least so he thought.

As he wrote in his famous letter announcing the Discovery, he had found some unknown islands towards the East. All his theories had been confirmed.

During this journey, Columbus suffered the first illness we know of. Everything seems to suggest it was blepharitis (inflammation of the eyelids), provoked, according to some, by the constant, desperate effort to 'spot land' in full daylight, splashed by the waves, in a very clear atmosphere or else through the damp night air. His eyesight, because of his tendency to albinism, meant he could see very well in a dark atmosphere and it is very likely that he was already ill when he saw 'a little light that rose and moved' the night they sighted Guanahani. For Columbus, the effort would have been worthwhile.

Columbus in Barcelona

In Barcelona, where the king and queen received Columbus on his return from the New World, preparations were begun for the next trip. Everyone—Columbus and the king and queen—wanted to see the results of the heroic adventure soon and the propaganda needed to obtain full sovereignty over the newly discovered islands was also organised in Barcelona.

First of all the good news had to be announced to the four winds. The order was therefore given to print the Letter the admiral had sent to the king and queen from Lisbon on 14 March 1493 announcing his discovery. The interest of the Crown meant that the letter reached a circulation that was unheard of before then. Between April 1493 and the end of the century it ran to 14 editions: two in Castilian, one in Catalan, nine in Latin, three in

Italian and one in German. Although very similar, the text, except in the Castilian editions, presented King Ferdinand as the great driving force behind the discovery without mentioning the queen at all. In every other way there is no difference: Columbus alone was responsible for the feat. This was a clear example of the Catholic monarch's mastery of propaganda.

Only one problem worried the king and queen and that was the relations with Portugal, as the two monarchies disputed control of the Atlantic. They had reached an agreement two years before, when the Treaty of Alcaçobas was signed in 1479. But now the circumstances had changed. What's more, they had to obtain a papal bull to confirm the legitimacy of the islands discovered and it is very likely that Columbus was one of the advisors to the king and queen. With amazing speed, on 3 and 4 May 1493 Pope Alexander stamped his signature on the bulls *Inter Caetera* 1 and 2, granting the Catholic monarchs the right of discovery in 'the parts of India' and giving them the islands discovered by Columbus, 'a surely worthy and very estimable man and fit for such an important matter'. Soon afterwards these were followed by further bulls establishing geographical limits with a new division of the Atlantic between Spain and Portugal and the Catalan Fray Buil was appointed apostolic legate in the New World.

Without a doubt, before setting out on his second voyage, Columbus must have left some kind of report—whose content is unknown to us today—which was made available to the scientists who drew up the Treaty of Tordesillas of July 1494, by which the Atlantic Ocean was divided between Spain and Portugal. This much can be surmised from the letter the Catalan cosmographer Jaume Ferrer de Blanes wrote shortly after the treaty was signed, laying out before the king and queen his professional opinion of Columbus:

'and if in this my determination and opinion should be seen any fault, I shall always refer to the correction of those who know and understand more than me, especially to the admiral of the Indies, who, *tempore existente*, knows more than others on this matter, for he is a great thinker and admirably practical as his great works show.'

Indeed, Columbus, who corresponded with the Catalan, had shown he was a practical seaman. He knew how to take advantage both of the trade winds and of the Gulf Stream to make an extraordinary journey. And we would do well to remember that the same route, with few variations, was the one boats had to follow on their journeys to America and back until steam power cast a new light on ocean navigation.

The colonising fleet

On 25 September 1493 a fleet left the port of Cadiz made up of 17 ships, five of them *naos* and 12 caravels. In the absence of a muster role for this voyage, we have to trust in approximate figures that suggest that between 1,200 and 1,500 men took part, making this the most spectacular trip—in terms of equipment and expenses—the admiral of the Indies ever made. Most of the sailors were Andalusian, a smaller number of Biscayans came forward, one cooper was Majorcan and a couple of sailors came from Santander and Ciudad Rodrigo. Several Aragonese and Catalans enlisted who belonged to the circle of King Ferdinand, who was very concerned to keep an eye on the Genoese. There was no lack of foreigners, amongst them a handful of Portuguese and a large number of Italians. One of the Italians was Diego, the admiral's younger brother. And despite what is commonly said, there were women taking part. It couldn't have been a very large group, as sources would have mentioned it. Whatever the case, Columbus took his maidservant María with him and at least one other woman gave birth in the Indies.

All sorts of men came forward: public employees, pages, officials, artisans, farmers with their seeds, stock-breeders with their animals, miners... In particular there was a contingent of armed forces—the famous *lanzas jinetas*, or mounted lancers—sent as a precaution in face of the Portuguese menace as well as in the obvious wish for conquest.

One characteristic feature of this crew we need to bear in mind is the extraordinary quality of the expedition members. Amongst them was Diego Álvarez Chanca, physician to Princess Isabel and the first doctor to go the New World, who left a beautiful and interesting account of the journey; the cosmographer Juan de la Costa, who had already taken part in the first trip; the captains Antonio de Torres, Ginés de Gorbalán, Pedro Margarit and Alonso de Hojeda, the officers Melchor Maldonado, Juan Ponce de León, future discoverer of Puerto Rico and Florida, Diego Velázquez, Alonso de Carvajal, Pedro de las Casas, father of the Dominican priest Fray Bartolomé, and many more.

Since the new enterprise had three aspects to it—colonisation, conquest and evangelisation—, there was no lack of clergy on this voyage. The person in charge was the Catalan Fray Bernardo Boil, appointed apostolic vicar. At the head of an expedition made up of at least four or five Franciscans, three Mercedarian priests and the hermit Fray Ramón Pané—the first ethnographer of the Indies—, he founded the first mission in the Antilles. Unfortunately, except for Pané, who lived in the Indies until his death, within two years they had all returned to the Peninsula. It was very difficult to find priests and clergy willing to enlist, so much so that until 1500 Cardinal Cisneros was unable to send a new evangelising mission.

To carry out the civil, political and evangelising organisation, precise orders were given on the creation of townships, ways of administering justice, appointment of posts, etc. Nothing seems to have been left to chance.

The journey

From Cadiz, the fleet ventured into the gulf, zig-zagging towards the Canaries to avoid meeting Portuguese or pirate ships, following instructions received by the king and queen. Five days later they reached Gran Canaria. From there they headed for La Gomera to take on the last provisions: cheese, wine and some pigs that were apparently carrying the plague. Until 13 October they didn't leave the islands. The last one they sighted was Hierro, on the parallel Columbus referred to whenever he remembered the distance covered in the Atlantic.

Everything seems to suggest that on this occasion Columbus took a more southerly route, west-south-west, in the hope of finding new islands, the ones the Indians on La Española had spoken of to him which stretched in an arc south-east of Haiti.

The crossing, which took 21 days—from 13 October to 3 November—and on which they covered 820 leagues, was perfect. None of the ships suffered the slightest damage, there were no cyclones and only one storm that lasted barely four hours. They sailed the whole time with favourable winds that blew steadily and stronger than on the previous journey. On that one the ships had remained between the 28th and 26th parallels until, on sighting birds, they moved down to the 24th parallel. On this one they took the 16th parallel from the very start, the precise parallel on which they found land on the morning of 3 November—an island which, being Sunday, the admiral called Dominica, a name it has kept to this day.

The Lesser Antilles

Intending to head for La Española, the admiral gave orders that the fleet should head north. Very probably following the same route the natives took, the fleet visited the Lesser Antilles, first La Deseada and then La Guadalupe, where they had to stop for a month because of a party of Spaniards that got lost.

> 'Three leagues before arriving at this island, they saw a very high rock that ended in a point, from which emerged a torrent of water... which fell with such a roar it could be heard on the boats.' (Columbus)
>
> 'and it was the most beautiful thing in the world to see how far it fell and how so much water sprang from such a small place.' (Chanca)

In La Guadalupe the Europeans were able for the first time to try pineapples and admire the flocks of birds that were the delight not only of the hunters but also of the hungry crew, 'grey herons, kites, doves, turtle-doves, partridges, geese and nightingales'.

> '... that looked like green pine-cones like ours, although much bigger and filled with a flesh that was like melon, very fragrant and soft; it grows in bushes in the fields, like lilies or aloes.' (Columbus)

But as well as that delicious landscape with its promising delicacies, the Spaniards had their first contact with the Caribs, the cannibals, 'who ate human flesh'. On the previous journey they had also heard tell of them; now they had them in sight. While they were waiting for the return of the expeditionary forces that had gone into the island's interior, Columbus went ashore to see for himself one of the inhabitants' houses. There, along with large quantities of spun and unspun thread, he managed to see 'many heads of men hung up and baskets of hu-

man bones'. It was irrefutable proof. The presence of the cannibals terrified the crew and, according to Michele de Cuneo, a merchant from Savona who had enlisted as a sailor and left an account of the journey, they said to one another, 'Poor things, if they do not come back they will have been eaten'.

From La Guadalupe they skirted a volcanic island with thick vegetation to which Columbus gave the name of Santa María de Montserrat, in memory of the monastery near Barcelona. They didn't stop as the admiral was in a hurry to reach Haiti.

From Montserrat they went to Santa Cruz, where they arrived on 14 November and had their first violent encounter with the Caribs. The result was one dead and several wounded amongst the Indians and two wounded on the Spanish side, one of whom, a Basque, died a few days later despite the care of Dr Chanca.

It was then that Columbus understood the new reality and adopted a theory which, unfortunately, was to prosper. The Carib were to be considered the natural enemies of the Catholic Monarchs and could therefore be captured as slaves.

The encounter with the Indians helped to speed them on their way. Following the route of the native canoes that showed them the way round the islands, a few days later they arrived at the archipelago Columbus called the Eleven Thousand Virgins, although there are only 47. On 19 November they sighted Boriquén, renamed San Juan Bautista by the Spaniards and now Puerto Rico. Finally, on the 22nd, they reached Santo Domingo, in Haiti, although they didn't reach the fort of La Navidad, where Columbus had left a small garrison, until the 27th.

The first disaster

To everyone's amazement, La Navidad had disappeared. They soon found the bodies of the 39 men that had made up the little colony. Columbus demanded an explanation from the local cacique, Guacanagari, who brushed him off pleading illness. There was no point in investigating. It seemed clear that disputes between the Christians, jealousy and greed over the little gold they might have found had been the ultimate cause leading to the disaster.

La Isabela. The first European city in the New World

They needed to find a new base. The men could not go on living on the boats or in improvised shelters. A promontory was chosen 30 leagues from La Navidad where the city of La Isabela was officially founded in memory of the Catholic queen. On 6 January 1493 Fray Buil and his monks concelebrated what has been spoken of as the first mass in the New World.

Their humble town was not located in the right place. Very soon most of the population became ill and the admiral himself had to take to his bed and was ill, it seems, from 11 December 1493 to 12 March 1494.

Neither the sufferings of his men nor his own illness discouraged the admiral or made him desist from his objective. Above all he had to demonstrate that what he had found were islands near Asia, rich in gold and spices, and then find the passage to the mainland.

According to the instructions he had received, as soon as the men had been settled, 12 of the 17 ships had to return to the Peninsula. But before sending them, perhaps to lessen the bad impression from the disaster of La Navidad, the admiral decided to send a reconnaissance mission to the island's interior. Under the command of Alonso de Hojeda and Ginés de Gorbalán, about twenty men, accompanied by native guides, ventured into the island's central valley and followed the course of the Yaque river. Fourteen days later, on 29 January, the expeditionary force returned to La Isabela having collected only a few nuggets but certain that the sought-after metal could be found in that area.

On 2 February, 15 of the 17 ships that had formed the convoy returned to Cadiz. In their holds they carried some twenty natives, a little gold and a few samples of spices that were nothing like Asian spices. Columbus sent a long Memorial to the king and queen with Antonio de Torres, who commanded the expedition. In this Memorial, which is still preserved, he asked for help to maintain the colony and proposed the setting up of a trade in Indian slaves.

The admiral, for his part, decided to see for himself the situation described by Hojeda and Gorbalán in the island's interior. His brother Diego remained in charge at La Isabela helped by a few trusties. After crossing the island's southern mountain range and the port he named Puerto de los Hidalgos, he reached Yaque, where he ordered the construction of a fort he called Santo Tomás, leaving as captain Pedro Margarit with a reserve of men.

The reconnaissance had lasted barely 17 days and they had found little or nothing. It may have been then that Columbus realised this was not the island of Cipango. There was no abundance of gold, no significant quantities of spices and the miserable hovels of the natives' homes did not fit the descriptions by Marco Polo. What was he to do? In the colony people were beginning to grumble and there were mutinous outbreaks. Instead

of confronting the situation, the admiral decided to set sail to find out if Cuba was the *terra firma* they yearned for.

Recognition of Jamaica and Cuba

With three ships and 60 men, amongst them Juan de la Cosa, the fleet followed the coast of Cuba from the eastern end, which on his previous journey he had called Cape Alpha and Omega (now Punta Maysí) and continued along the south coast. 'The most beautiful land', as Columbus called it in his log, filled him with enthusiasm and, as usual, he gave names to all the ports he visited, from Puerto Grande (Guantánamo) to Cape Cruz at the south-eastern end.

On 2 May the ships turned to the south and, crossing the channel between Cuba and Jamaica, reached a port on the north coast of this island which they called Santa Gloria (St. Ann's Bay) and from there went on to the gulf they called Buen Tiempo (Montego Bay).

Columbus was in a hurry to get back to Cuba and ordered that they return to Cape Santa Cruz so as to begin systematic exploration of the south-west coast from there. The route was difficult, as sailing through the channels between the labyrinth of islands he called the 'Queen's Garden' required a lot of skill. The bottoms were too shallow for the size of the ships and furthermore they were strewn with coral reefs that made navigation even more complicated.

From Saona, on 15 October 1495, Michele de Cuneo wrote to his patron Jerónimo Annari telling him, amongst other things, how Columbus overcame complicated situations:

'in the course of navigation, just by seeing one cloud or one star at night he judged the sky in store and if bad weather was coming he personally directed and stayed at the helm. And once the storm was over he spread the sails and the rest slept..., no man has been born who is so hard-working and so knowledgeable in the art of sailing'.

Cuba—*Terra Firma*?

With great skill and undoubtedly guided by the route taken by the native canoes travelling in the area, the little fleet skirted the island of Pinos, which Columbus called San Juan Evangelista, and reached the western tip of Cuba. There the coast changes abruptly and the Cuban north begins, which Columbus did not visit. He did not want to go any further. At that moment he calculated that from Cape Alpha and Omega to there they had covered a distance of some 335 leagues. This authorized him, or so he must have thought, to consider that the land before them was *terra firma*. Without thinking twice, on 12 June he ordered that this important discovery be officially certified. The fleet's secretary, Fernán Pérez de Luna, presented all the crew members with a document they were to sign if they considered that La Juana—that is, Cuba—was *terra firma*. They all signed, including Juan de la Cosa, who a few years later drew Cuba on his map as a separate island.

Did Columbus at that moment know that Cuba was an island or did he firmly believe they had reached the mainland? He most probably knew, but he nevertheless needed this confirmation from his men, who were tired of the journey and wanted to get back to La Isabela. The admiral then remembered that Bartolomé Días had found himself in the same situation six years earlier when his people forced him to return from the very doors of India and he made them sign a document of the very same type Columbus had just made his men sign. Since the Genoese was in Lisbon when Días arrived it is more than likely that he saw the document or heard of the event.

The return to La Española was extremely slow. They did not get to Cape Santa Cruz until 18 July. From there they went on to Jamaica, where they arrived after 34 agonising days at sea, and followed the coast until they came to Cape San Miguel on the island of Santo Domingo. After resting there, the admiral decided to send some men by land to La Isabela to report on their journey while he circled the island with the ships.

The admiral tries to measure the longitude

On 14 September the flotilla was off the island of Saona, on the south-east coast of Santo Domingo, when they saw an eclipse of the moon. The admiral immediately seized Regiomontanus's *Calendar*, which marked the time the phenomenon should have been visible in Lisbon. As in Saona he had been able to see it five and a half hours later the admiral calculated that the longitude between Saona and Lisbon (or Cape Saint Vincent) must have been 82° 30'. His sums were out as the difference between the two points does not exceed 60°; however, he was the first person to try and measure the longitude, something which, as we have seen, was not achieved until many years later.

From Saona to La Isabela

A few days after leaving Saona, on reaching the cape he called El Engaño, the admiral suffered a strange illness which we know about from the account by his son Hernando, who did not go with him on this occasion. According to Hernando, his father was prostrated by a *modorra*, a torpor or deep sleep with high fever and hallucinations. Until 25 September, after more than five months sailing and going almost without sleep for the last 33 days, Columbus collapsed with extreme prostration, causing him deep depression and great weakness of his cardiac functions, so that he was forced to rest for five months.

For want of information, it is impossible to establish a different diagnosis, but specialists who have studied this episode are in no doubt when they say that, following the collapse, the admiral suffered from intermittent fever which was probably typhus. The prolonged convalescence could also have been due to some complication such as partial paralysis, dysentery, scurvy or an illness of the joints.

It was in this condition that Columbus reached La Isabela on 29 September. He had reconnoitred a large part of the island of Cuba, had made an almost complete circumnavigation of Jamaica and sailed round Santo Domingo, but he had not managed to find the Asian mainland.

The troubles of the young colony

Columbus did not leave the island of Santo Domingo until a year and a half later. They were eighteen months of hell. The joy of seeing his brother Bartolomé, recently arrived on La Isabela after his return from exploring Cuba and Jamaica, was followed by the realisation of the poor state the colony was in. The living conditions of the Christians, as the Europeans are referred to in historical accounts, were dreadful, they were hungry and sick, the natives were restless and what was worrying was the fact that many of the leaders had returned to Castile to report on the misgovernment by Columbus and his brothers and the dreadful state of affairs there. Columbus decided to go into the island to pacify it and order the establishment of a series of up to seven strongholds with the object of controlling the territory.

Things were going from bad to worse when Juan Aguado arrived, sent by the king and queen to see the state of the island on the ground. As soon as he had made his report, which is not known to us, the judge returned to the Peninsula. On the same fleet, which set sail from La Isabela on 10 March 1496, was Columbus, who had first appointed a triumvirate to govern the colony. He left Bartolomé as *adelantado*, Diego as governor and appointed Francisco Roldán as mayor. In addition, the admiral gave Bartolomé the job of looking for a suitable site to found a new township.

The return to the Peninsula

Just after leaving La Isabela, Columbus decided to approach Puerto Plata and from there, with unfavourable winds, they sailed to Cape El Engaño, where they lost sight of the island. On this occasion the admiral chose a different return route to the one he took on the first voyage. First they made for Marigalante, with the intention of stocking up with fresh produce, but in view of the locals' unfriendly attitude the fleet headed for Guadalupe, where, after various skirmishes with the natives, they managed to obtain a few provisions and capture some natives who they brought aboard as slaves.

For a month they sailed very slowly, keeping to the open sea. The frightened pilots had no idea where they were and only Columbus maintained that they were sailing in an area west of the Azores. Food was getting short and the crew suggested they throw the natives they couldn't feed overboard. The admiral, in one of those strokes of genius, prevented it assuring them they were close to the Portuguese coast. And so they were: on 8 June they sighted Cape Saint Vincent and on 11 the fleet entered the port of Cadiz.

So ended Columbus's second voyage to the New World.

The sweet-water sea and *Terra Firma*

It was not easy for the admiral to organise a new trip to the New World. Many voices at court were raised against him. Those who had returned not only criticised his—and his brothers'—governance, they also insisted on pointing out the difficulties of establishing a colony in the Indies, which, to top it all, were not showing the slightest sign of the expected fruits. His popularity had fallen and the circumstances had changed since the king and queen decided to grant licenses for voyages by private individuals through *capitulaciones*. 'Even tailors are bent on discovering!' exclaimed Columbus indignantly on seeing his jealously guarded monopoly come to pieces.

Columbus for his part insisted in his conviction that he had arrived at land close to the long sought-after strait that would lead him to Asia. His informants in the Antilles had told him of the existence of land to the south. This land, being closer to the equator, had to be rich in precious stones and spices as the books he based his knowledge on told him, both Pier d'Ailly's *Imago Mundi*, and Marco Polo's *Il Milione*.

Having obtained permission to travel, Columbus had all sorts of difficulties fitting out the eight ships he had requested. The Crown had to divert some of the money assigned to the expedition to repair fortifications on the border with France and the admiral had to resort to the Genoese bank of Martín Centurione and Pantaleon Italian to cover his part in the business.

Whereas on the second expedition there was an abundance of volunteers for the crossing, the bad news and the discredit of the enterprise of the Indies made it difficult to recruit the 330 people the king and queen had foreseen would go on this voyage. Letters patent had to be issued to deport prisoners and pardons were promised, although in spite of all that has been written about the enormous number of convicts that went to the Indies on this trip with Columbus, of the 226 crew members only ten figured on the roll as murderers. Published just a few years ago, we now know that the list of crew members included 77 crossbowmen, 50 footsoldiers, 28 peasants, 18 officers, 15 sailors, 6 cabin boys, 4 people from the Canaries whose profession is not mentioned, 4 servants for the admiral, two clergy, one bombardier, one drummer boy, 5 non-salaried people and at least 2 women. Leaving aside the 12 or so foreigners, most of them Italian, one or two Portuguese and a Frenchman from Picardy, the crew, taken mainly from the lower levels of society, came from Jerez de la Frontera (15), Seville (13), Madrid (4), Palos (4), Salamanca, Baeza, Cordoba, Lepe and Jerez de los Caballeros (3 each) and 2 each from Baracaldo, Jaén, Toledo, Palencia, Paterna del Campo, Ciudad Real, Coria, Fregenal, Fuente del Maestre, Huelva, Illescas, Lebrija, Lugo, Manzanilla, Mirandilla, Morón, Oviedo, Roales, Sepúlveda, Torralba, Triana and Valladolid.

On 6 February 1498, while making arrangements for the journey and completing preparation of the fleet, Columbus sent the caravels *Santa Clara* and *Santa Cruz* off commanded by his faithful friend Pedro Hernández Coronel. The admiral was in a hurry to send reinforcements as soon as possible to his brother, who had remained in charge of a rebellious colony. This explains why the two ships set sail with plenty of armed men aboard and did not sail in convoy as they usually did.

A new route

Three months later, on 30 May, Columbus set off from Sanlúcar de Barrameda at the head of a flotilla of 5 ships joined by a sixth at the port of Cadiz. The crew was made up of some 220 men.

For fear of an attack by a French fleet stationed off Cape Saint Vincent, Columbus decided to change course and head for Porto Santo in the Madeira archipelago and from there to the islands of Gomera and Hierro in the Canaries, where they arrived on 19 June.

In the Canaries Columbus decided to divide the fleet in two. Three ships were sent directly to Santo Domingo while he, with the remaining three, embarked on a journey of exploration on a more southerly course than that he had taken on previous voyages. He obviously wanted to sail on the farthest parallel allowed him by the letter of the Tordesillas Treaty.

After just six days' sailing, at an average speed of more than five knots, the flotilla covered the distance separating the Canaries from Cape Verde, where they arrived on 21 June. They toured the archipelago, visiting the islands of Sal, Buena Vista, where there was a leper colony, and Santiago, where the float was moored until 4 July. This stopover was apparently forced by a bad attack of gout that had the admiral prostrated in his bed. The Genoese was amazed at the large numbers of turtles that laid their eggs on its beaches and by the overall dryness of the islands. He wondered why, being so sterile, they were given the name of Cape Verde.

The departure from the Portuguese archipelago was plagued by misfortune. Columbus's plan was to reach the fifth parallel, but they very soon entered the region of the Sargassos and the doldrums, where they were ten days becalmed. The heat was unbearable. It burst the barrels, spoiling a large part of the wine and the water, and even the salted food they had on board began to rot. While the crew despaired, Columbus once again checked the magnetic declination and noted the variations in his log, just as he did on the first voyage. He kept making observations on everything that struck him as novel or interesting.

Arrival on the mainland

On 31 July water began to run short. When Columbus was about to order a turn towards the north, a sailor announced he could see land and soon everyone was able to make out three mountains in the distance. They were the south-eastern tip of an island Columbus named La Trinidad, a name that still survives, Cape Galley, now Punta de la Galeota, and Punta del Arenal, whence on 1 August they were able to make out the coast of the South-American mainland at Punta Bombeador. It was some days yet until they set foot on it.

Paradise on Earth

The crossing from Trinidad to the mainland was troublesome due to the violent, irregular movement of the waters. It seems it was then that they suffered a tidal bore that frightened them very badly. The waves were so big they thought they were going to be shipwrecked. 'Standing on the deck of the ship, I heard a terrible roar coming from the south towards the ship, and I stopped to look and saw the sea raised up from West to East, in the manner of a hill as high as the ship, and it kept coming slowly towards me.'

A gigantic wave had passed beneath the admiral's ship, lifting it to a gigantic height and then letting it fall until it almost touched bottom. This horrifying experience was what led Columbus to name the passage Boca de la Sierpe (Serpent's Mouth). They were off the Paria Peninsula, which, at first, they believed was an island and called Isla de Gracia.

On 6 August a ceremony was held to take possession of the South-American Continent in an area close to today's Guria. They all thought it was an island and not even Columbus came ashore to attend the event, whose protagonist was his faithful friend captain Pedro de Terreros.

Opposite the mouth of the Orinoco, where they were, the amount of fresh water that displaced the sea water was so great that this made the admiral's mind up that such an abundant flow could only come from a mainland river. According to his calculations, they were before a New World located south of Mangi (Cuba) and possibly connected to it.

As he was to write soon afterwards to Reyes, he had arrived somewhere very close to the Earthly Paradise, and this immense river had to be one of the rivers that bathed it. The pear-shaped land was similar to the place where the ancients had placed it. The mildness of the climate, the green of the land and the nature of the natives, who were lighter-skinned than the inhabitants of the Antilles, lived in more solidly constructed houses, seemed to be used to trade, had better canoes, even with canvas coverings, and who could be seen to belong to a more developed culture, corroborated this impression.

The New World

In spite of everything and although he had considered the territories he discovered islands, Columbus suspected he was on Terra Firma, and so he wrote to the king and queen. 'I believe this is an extremely great terra firma that has been unknown until today.' 'I believe this land... to be extremely large and that there are others in the South of which there was never any news.' 'Your Highnesses won these lands in such quantity that they are another world.' Nevertheless, everything seems to suggest that the admiral still thought that land was a part of Asia unknown to Europeans, something he maintained until the end of his days.

THE EVANGELISATION OF THE NEW WORLD

Columbus ordered the Catalan lay priest Ramón Pané to mix with the natives. After living for a year in the region of Macorix, he moved to the Vega Real, the domain of the cacique Guarionex, where he lived a couple of years until, having failed to convert the chief and his family, at the end of 1497 or the beginning of 1498 he moved to the south of the island. While staying amongst the Indians he was able to learn the two most important languages on La Española: first, that of the Manorijes and, later, Taino, which was spoken all over the island. The admiral cleverly took advantage of this circumstance to order him to find out as much as possible about the Indians and put his observations in writing. 'This is what I have been able to learn and understand of the customs and rituals of the Indians of La Española... because of the other islands I know nothing at all, since I have not seen them', the monk is supposed to have said when he gave him his manuscript, *Relación acerca de las antigüedades de los Indios*, in 26 chapters, 'which I wrote in haste and did not have enough paper'. The text, now lost, is known to us thanks to a copy Hernando Columbus included in his *Historia del Almirante* and one made by Pedro Mártir in his *Decades*.

Pané was a simple man, 'a poor Hieronymite', as he described himself, who hardly knew Castilian—Las Casas tells us—but who nevertheless left us an extremely important document. Without his insistence and his insight we would not know many of the customs and beliefs of the inhabitants of La Española.

Of his evangelical work all we know is what he humbly told us when he referred, for example, to his joy in the fortress of La Magdalena on managing to convert 16 natives from the same family and how, imitating them, many others became Christians.

A year later Amerigo Vespucci travelled those same coasts but it was not until his second journey, made under a Portuguese flag in 1501-1502, that the Florentine gave up the idea that this was Asia and became convinced it was a different land mass. Of course, on that trip a latitude of 50° south was reached.

When the expedition reached the tropical zone, the change in the climate and the stifling hot atmosphere had caused the admiral a serious attack of gout, followed by a raging fever which he got over in a few days. But the improvement was short-lived. When they were leaving the Gulf of Paria, the gout reappeared, now accompanied by ophthalmia and pains in the lower and upper joints. Driven by his ills, he then decided to set course for Santo Domingo without stopping at Isla Margarita, the island of pearls. On 31 August they entered Santo Domingo, the new town Bartolomé Columbus had founded in the south of La Española on the banks of the Ozama river.

In their exploration of *terra firma* they had put 125 miles of Venezuelan land behind them and could see another 60 to the west.

Columbus stayed on La Española for a year and a half. When he arrived he had to quell the rebellion by Francisco Roldán, who had risen against his brother Bartolomé, and soon after that by Adrián de Múxica. The situation seemed so bad that the king and queen chose to send Francisco de Bobadilla with explicit orders to relieve the admiral of his functions.

Columbus, stripped of his post, returns to Castile

On 20 November 1500, a little fleet of ships entered the port of Cadiz bringing the Columbus brothers back to the Peninsula in irons, with the admiral stripped of all his titles. Although he was pardoned by the king and queen, he was never again Viceroy of the Indies. He was, on the other hand, allowed to sail again.

On this voyage, planned as one of discovery and rescue, the South-American mainland was discovered, opening a new period in the history of exploration. Of course, following this route with few variations, the so-called 'lesser' or 'Andalusian journeys' were organised. Hojeda, Juan de la Cosa, Vespuchi, Diego de Lepe, Bastidas, Vicente Yañez Pinzón, Alonso Vélez de Mendoza and Cristóbal Guerra, amongst others, discovered new land that was added to the Spanish crown.

From the administrative point of view, many novelties were begun in the little colony. It was then that the first divisions of land and Indians between the colonists took place, giving rise years later to the famous *encomiendas*, and the city of Santo Domingo, which was moved soon afterwards to the other bank of the River Ozama, was then the administrative capital of La Española on the same site it occupies today.

The hurricane route

The discoveries made on *terra firma* by other Spanish—and also Portuguese—mariners made it more and more necessary to find a strait leading to India. What had been found so far was beginning to yield timid economic fruits, but the much-desired passage to Asia, which everyone believed was close to the land discovered, failed to appear.

Since Columbus undertook his voyage of discovery and until today, the geographical knowledge of the Europeans has been overturned. Not only did Columbus discover a New Continent (even though he himself never realised this), but Vasco da Gama also reached Calicut, in India, circumnavigating Africa, and John Cabot had reached the southernmost part of the American continent. The conquest of the oceans and their routes had only just begun.

To give us an idea of just what that meant, there is nothing like comparing two maps of that time. First, that of Juan de la Cosa, dated 1501, on which the central-American region can be seen in detail, and secondly, that of Alberto Cantino, 1502, which puts the emphasis on the land discovered—or controlled—by the Portuguese, as the map, after all, was made in Portugal even though it bears the name of the person who took it to Italy. That was how Portuguese diplomacy worked, showing Portugal its discoveries, at the same time as one sees the Italians' interest in keeping abreast of developments in geography.

For one long year Columbus followed the court from town to town, from royal borough to royal borough, trying once more to get permission to sail again. As his son Hernando tells us, the one thing he craved for was to 'open up navigation in the south, which he needed in order to discover the land of spices'. The king and queen had other problems to see to and kept putting the matter off, so that Columbus did not obtain his license until the end of 1501.

In the instructions the admiral received from the king and queen there is no mention of the land of spices or of the search for the strait. According to this document, Columbus was going in search of some islands or of the Asian mainland itself in those areas belonging to the Spanish sovereigns, a clear allusion that he could in no way go against the letter of the Treaty of Tordesillas. The Portuguese had already reached Brazil. Don Manuel, their merchant monarch 'who smelled of pepper', as the chroniclers said of him, was married to a daughter of the Catholic Monarchs, and they did not want trouble with their son-in-law.

In the colony, a new governor, Nicolás de Ovando, had taken Bobadilla's place. But in spite of the change of governor, the admiral was not allowed to set foot on the island of Santo Domingo. The king and queen did not want to reopen old wounds.

The modest expedition consisted of four ships: two caravels (the *Santa María* and the *Santiago*) and two *navíos* (the *Gallega* and the *Vizcaíno*), all of them low tonnage. Some 140 men made up the crew of this last voyage by Columbus, in which, like the first, there were no women taking part. Unfortunately the payroll only very rarely gives the origin or residence of the people taking part. Nevertheless, most of them are still Andalusian sailors, mainly from Seville and Palos. One characteristic feature, as well as the generally low social extraction of the sailors, was the young age of the expedition members. Of the 139 men I have been able to identify, 58 figure as cabin boys and 14 as shield-bearers, people who would undoubtedly not exceed the age of majority at most. This was the expedition by Columbus with the largest number of Italian crewmen, as around 12% were Genoese. Of these, Bartolomé Fiesco, captain of the *Vizcaíno*, and Diego Cataño stand out. Columbus was accompanied on this trip by his son Hernando, who acted as his father's secretary, his brother Bartolomé and his nephew Andrea Colombo.

The admiral was ill and worried about his fate and that of his sons, and so, before setting sail, he took good care to tie up all the loose ends of his succession. Before leaving on his third journey he had instituted a *Mayorazgo* in favour of his first-born Diego;

now he made a point of having various copies made of his Book of Privileges, which, conveniently, he ordered should be kept in a safe place. He asked the Bank of San Giorgio in Genoa to look after the family's financial affairs in return for an interest of 10% of his business. If anything happened to him, there would at least be a solvent financial entity to look after his children's interests.

The crossing

At the beginning of April 1502 the fleet was ready in Seville although it did not set out to sea in Cadiz until 9 May. From Cadiz they headed for Arzila to help the Portuguese who were besieged by the Moors. But this humanitarian intent came to nothing as the attackers had abandoned the siege some days earlier.

In the Canaries, as on other occasions, they proceeded to stock up with the fresh provisions they needed for the crossing. After losing sight of the archipelago on 26 May, they made a very fast crossing to the island of Matininó (Martinique), where they arrived early in the morning of 15 June, 'with much alteration of the sea and of the wind'. It had been the shortest crossing Columbus had ever made, taking barely 16 days.

On his first journey, Columbus had heard talk of this island inhabited by Amazons and in the letter announcing the discovery he stated categorically that it was 'the first island leaving from Spain that one comes across'. However, it was not until this voyage that he chose to take this route. In spite of his curiosity to see the 'women without men', as he called them, his thirst for discovery was stronger. As we have indeed seen, on each voyage he added a different place by discovering and taking possession of new lands.

From Matininó and after a brief stop at Dominica, Santa Cruz and San Juan, the fleet headed for Santo Domingo. Columbus wanted to change the caravel *Santiago* for another more suitable ship for continuing his course. Pedro de Terreros was sent ashore to talk to the governor but his requests were in vain. Nicolás de Ovango refused Columbus's ships entry into Santo Domingo.

Columbus predicts a hurricane

Waiting in the port was a large fleet of at least 28 ships that had to return to the Peninsula with the *comendador* Bobadilla in charge and a valuable cargo. Before their imminent departure, Columbus, who knew the region better than anyone, kept sending messages to Ovando warning him that a storm was brewing and asking him to delay the fleet's departure. From rashness or

stubbornness—who knows?—, the governor ignored the Genoese's advice and ordered the fleet to set to sea on 30 June. Soon after setting sail the storm broke and the accompanying hurricane wrecked most of the boats. Amongst those who perished in the disaster was not only Antonio de Torres, the captain of the fleet who had made so many successful crossings of the Atlantic, but also Bobadilla and the imprisoned cacique Caonaobó, who was part of the booty. The one ship that managed to get back to the Peninsula, the *Guecha*, carried Columbus's faithful collaborator, Alonso Sánchez de Carvajal, with the documents which, amongst other things, declared the assets Bobadilla had confiscated from Columbus and his brothers.

While all this was going on, the admiral's fleet had sheltered in Puerto Hermoso, 16 leagues west of Santo Domingo. His shrewdness, experience and knowledge of the surroundings had saved them, this time, from a major disaster. Even so, except for the *Santa María*, the ships had to be repaired in the nearby port of Azua.

Honduras

Once the boats had been repaired, the little fleet sailed from Azua, with a heavy sea and the wind against them, towards Jamaica, crossing the Queen's Garden. On 30 July, with the wind now in their favour, they arrived at an island, in today's Gulf of Honduras, where they spotted a canoe that was unlike the ones they had seen until then, 'as long as a galley', which seemed to be laden with rich merchandise. After capturing the boat, they were told by the crew that they came from the north, in a clear allusion to Mexico, and that farther south was a land called Veragua that was rich in gold. The admiral did not hesitate. The north, which he identified with Cuba, could wait; they had to head for Veragua without delay. What the Genoese did not know was that he had just made contact with a new people, the Chontal Maya of Yucatan, who lived in the south-eastern corner of the Campeche Bay.

In choosing the southern route, Columbus thought it best to go directly to the Gulf of Paria, which he had discovered on the previous voyage, and from there follow the coast until he came to Veragua. If the strait existed it had to be there.

From the Gulf of Honduras we can follow the route taken by Columbus's ships on an unusually troubled journey in which they suffered every sort of adversity.

On 14 August they were off Punta Caxinas, now Cape Honduras, where years later the city of Trujillo would be founded. In a month, with the wind against them and heavy squalls, they had barely managed to get as far as the 15th parallel, where they were able to moor on a point which Columbus, in gratitude, called Gracias a Dios. A few days later, a boat that had gone ashore to collect firewood and provisions was wrecked in the mouth of the river they called Los Desastres and which today is known as Escondido.

Nicaragua

Continuing on their way, they reached the eleventh parallel in an area the natives called Cariai, now the coast of Nicaragua, close to today's San Juan, and which Columbus identified with the Asian province of Ciamba. As had happened on the previous journey, the natives showed a higher culture than those of the Antilles and furthermore had gold they were glad to exchange for trinkets. The admiral was hopeful because, as Las Casas pointed out, 'there they found the best people they had found so far'. Were they now really close to the Great Khan?

Costa Rica

The fleet spent a few days resting at today's Puerto Limón in Costa Rica. During their stay they were able to observe closely the customs of its inhabitants and were especially surprised by their extraordinary funeral ceremonies and their ancestor worship.

On 5 October, after capturing two natives as interpreters, they left Cariari and, still heading south, they made for Veragua where they arrived at the end of the month. They were on what is now the Mosquito Coast and therefore very close to the isthmus.

The locals told them that nine days' walk from there, across a region rich in gold they called Ciguare, was another sea. The admiral was on the verge of finding the Pacific. There his intuition failed him, because both he and his brother Bartolomé thought they were on a peninsula. For that reason they felt it was unwise to prolong their journey another 20 days, the time they would have needed to make the return trip over land.

Panama

On 2 November the fleet arrived at Portobelo where they had to stop for a week because of bad weather. After trying to sail again on the ninth, they had to spend fifteen days in a port they called Bastimentos.

On arriving at the port they called El Retrete, today's Puerto Escribanos, the admiral decided they should begin the journey back. According to his calculations, they had reached the same land Hojeda and Vespucci had already reconnoitred, the Pearl Coast, without finding the strait. The mission was therefore completed. But it was also obvious they couldn't continue. The ships were seriously damaged and rotted by shipworm, the crew disenchanted and rebellious and the hurricanes did not stop.

The return was not at all easy. The hurricanes split the convoy up. The *Vizcaina* was lost for several days until on 6 January 1503 she was reunited with her companions in the mouth of the river they called Belén. There the admiral decided to found the first Spanish city on the continent, with the intention of leaving his brother Bartolomé in command while he returned to Spain with the good news. The natives, headed by their cacique, the Quibián, attacked the Spaniards. To top it all, the *Gallega* was unserviceable. Her crew and weapons were moved to the other boats, which could hardly sail.

What boat was he to return on, if they were all in such bad condition? Considering the *Vizcaíno* to be the most suitable, on 15 February 1503 Columbus decided to buy her from the master, who sold her to him on behalf of the owner, Juan de Orquita, for 50,000 *maravedíes*. Their good fortune was short-lived. Barely two months later, on 23 April, they had to sink her because 'she could not sail'.

Return to Jamaica

With just two boats, the *Capitana* and the *Santiago de Palos*, they undertook the return journey pointing their prows in the direction of Cuba, crossing the Queen's Garden, until they came to the island of Jamaica. Once again the situation got complicated. On 23 July they lost the *Capitana* and the *Santa Maria* and on 12 August the *Santiago*.

Columbus and his men stayed in Jamaica for the space of a year. The sick admiral was forced to suffer two consecutive mutinies by his men, who tried in vain to get back to La Española in an Indian canoe. Seeing the division amongst the Spaniards, the natives plucked up their courage and refused to supply them with food. Columbus, in desperation, turned to his good friend Diego Méndez, who, accompanied by a few men, set out on an incredible adventure: to reach Santo Domingo on a hostile route.

Columbus predicts an eclipse

The months passed and there was no sign of Méndez, so that they assumed he had not reached his destination. Then the natives, seeing their chance to finish with the Spaniards, came to the admiral's tent with the intention of executing him. Columbus, unperturbed, went out to meet them and threatened them. 'My God will darken the moon, a terrible catastrophe will fall on your heads. Only if you repent shall I pray to him to undo the curse.' At first they didn't believe him, but as soon as the opportunely announced eclipse began they all started trembling. Columbus appeared immediately, and, in answer to their cries and pleading, he announced that his God had forgiven them. It was a relief.

Columbus did not have the gift of predicting the future. As on all his journeys, amongst the books he took with him was a copy of Abraham Zacuto's *Almanach Perpetuum* and one of Regiomontanus's *Efemérides astronómicas*. The two told him that on 28 February 1504 there would be a total eclipse of the moon. As he did in 1494, when he saw another similar eclipse in La Española, he immediately began to calculate the distance between himself and the Iberian Peninsula. On this occasion he found that the difference between Cadiz and Jamaica was 108° 15'. Like before, he made a mistake in his calculations and added no less than 39°. Bad workmanship on the admiral's part or inadequate instruments? Let's be generous. However skilful a sailor he might have been—and he was—, the apparatus at his disposal did not allow him more exact measurements.

A few days later a ship appeared that was bringing the governor of La Española. But to the surprise of the shipwrecked sailors, no-one was allowed aboard. It merely brought supplies and a letter for the admiral reminding him that he was not to return to Santo Domingo. At least they knew that Diego Méndez had reached his destination.

More mutinies

No sooner had the boat left than a group of 48 Spaniards supported a plot captained by the Porras brothers, which two months later was followed by a small mutiny headed by the pharmacist master Bernal followed by Alonso de Zamora and Pedro de Villatoro. They had all taken up position at one end of the island, where they waited for a chance to get back to La Española as soon as help came from Diego Méndez. They were soon crushed by Bartolomé Columbus, a man with a good knowledge of the skirmishes of war, who was able to take advantage of the favourable disposition of the natives who helped him in the siege. Although Columbus ordered that the ringleaders should be captured, as soon as they got to La Isabela the governor, Ovando, set them free. On their arrival in Seville, the Porras brothers were received with full honours. One of them, Francisco, even worked with Sancho de Matienzo, the treasurer at the Casa de Contratación, which was the office in Seville where since 1503 everything touching on voyages to the Indies was organised.

The admiral, a passenger to Spain

At the end of May, Diego Méndez finally arrived to pick up the castaways and take them to Santo Domingo, where the admiral bought a ship so that anyone who wanted to could return to Castile.

Of the 150 men making up the original expedition, barely 70 returned with the admiral. Thirty-eight stayed on La Española and 35 died fighting.

At the beginning of November 1504 Columbus and his companions arrived at Sanlúcar de Barrameda after reporting on the most disastrous and useless journey of any he had made. He had abandoned the search for the isthmus when he was closer than ever; he had lost four ships and wiped out a large part of his men. He himself was returning ill, debt-laden and discredited.

To top it all, a few days after he arrived in Seville, Queen Isabella died. 'Would he ever be able to sail again?' the moonstruck dreamer wondered.

The final journey

On 20 May 1506 Columbus died in Valladolid, where he had travelled in the hopes of meeting with King Ferdinand, surrounded by his children and his closest relatives. His death went entirely unnoticed by his contemporaries and the documents of the time make no mention of the house where he died. One legend, recorded in the mid-nineteenth century, assigns the place to number 2, Calle Ancha de la Magdalena, on whose lintel a plaque was placed in 1866 with a simple inscription reading, very much in keeping with the times, 'Here died Columbus. Glory be to genius'.

According to an old tradition, Columbus's family chose to have the admiral buried in the old church of San Francisco de Valladolid, while the funeral was held in the church of Santa María de la Antigua. Christopher Columbus's body was kept in the Franciscan convent for three years, the time it took his descendants to find a suitable place for a more or less definitive burial in Seville.

The four posthumous journeys

From Valladolid to Seville

In 1509, when Diego Columbus was about to leave for La Española as governor, the family decided to move the body of the old admiral, as he was now known, to Seville. For his burial they chose the Carthusian monastery of Las Cuevas, which as well as a religious institution was also a safe deposit. It seemed the right place as all the deeds and important documents the Columbus family wanted safely kept had been left there in the care of Fray Gaspar de Gorricio.

On 11 April 1509 Columbus's nephew Juan Antonio Colombo, who had gone with him on his third journey and had acted as butler to his cousin Diego, appeared at the gates of the Carthusian monastery. So the story goes, no sooner was he received by the monks, he handed them a small box, saying that it contained 'the body of the Lord Admiral Christopher Columbus'. We do not know the details surrounding the exhumation of the body from the convent of San Francisco in Valladolid or who was responsible for bringing his body to Seville. The protocol at Las Cuevas barely mentions the event or the obligation accepted by the monks of not giving up the body except at the request of Don Diego. Later sources say he was buried in the chapel of Santa Ana.

From Seville to Santo Domingo

Columbus never said where he wanted his remains to be lain to rest, but it seems logical to assume that he would have liked to be buried on the island of his dreams, La Española. And perhaps following that wish of Columbus's and the desire of his son Diego, who died in 1526, María de Toledo, his widow, moved both bodies to Santo Domingo in 1544. That at least is the date commonly accepted by traditional historiography on the basis of literary texts, though there is no documentary evidence to support it. No notarial deed attesting to it has been preserved and there is no account of any body being transported in the sailing list provided by Doña María when she sailed for the Indies.

In possession of one box, which presumably contained both bodies, as it seems absurd to think Doña María would take two coffins with her, the Viceroy's widow made the trip to Santo Domingo. There the funeral rites had to be held in the high chapel of the cathedral, for which the widow had requested permission on 2 June 1537.

From Santo Domingo to Havana

The remains of Christopher Columbus and of his son Diego, along with those of other members of his family buried subsequently, remained in Santo Domingo cathedral until 21 November 1795, when, after the Treaty of Basle, in which Spain lost sovereignty of the eastern coast of Santo Domingo, they were moved to Havana.

From Havana to Seville

Columbus's body lay in the Cuban cathedral until 1898. After the loss of Cuba, the Spanish government decided to repatriate the discoverer's remains so that they could rest once and for all in Seville cathedral, where they were buried in a monument located on the Gospel side.

The polemic

All this coming and going has led to a series of nationalist polemics that have heated tempers on all sides. Dominican historiography sustains that the admiral's remains never left Santo Domingo and that what was delivered to the Spanish authorities for transfer to Havana were some other ashes. The Cubans insist that the Genoese's body still rests in their cathedral, and the Spanish assert that what little remains of his bones is in Seville. Hopefully some new document will appear that can shed light on this matter, which has become politicised and has given rise to a sterile and rather pointless polemic. Perhaps, as was suggested at the Columbus congress held in Seville in 1988, the answer is to gather the remains contained in the three urns and divide them into three equal parts to be distributed amongst the places disputing the macabre contents.

Whatever the case, Columbus suffered enough in his own lifetime and now, 500 years after his death, the time has come to let him rest in peace.

Illustrations

GENOA, A SEAFARING CITY

Page 12:

Genoa, gateway to the Mediterranean, was a city surrounded by wooded hills. We can still recognise—and admire—today some of the monuments shown in this engraving from Columbus's time. Part of the walled city, the cathedral, San Mateo and the lighthouse that lit the mouth of the port are still preserved today.

Pages 14-15:

Hellenistic tradition and Arab geographical science converge in the representation of the Mediterranean in the planisphere by Al-Idrisi, the Moroccan geographer and historian who in 1154 wrote the famous *Book of Roger* for King Roger II of Sicily. As on any medieval map, the continents are three in number, the symbol of the Trinity. A new one, other than Europe, Africa or Asia, had no place in any scientific theory and was unimaginable. On all medieval world maps, like Fra Mauro's or the one shown here, the African continent is surrounded by sea.

Pages 16-17:

Planisphere, 1457. This is a copy by an anonymous Italian of Toscanelli's planisphere, of which the original has not survived. The prolongation of Africa as far as the South Pole divides the Earth into two great seas. To get to the West it was necessary to travel east. The distance was underestimated and made the journey seem feasible.
According to the map by Toscanelli that Columbus managed to see, there were 26 spaces from Lisbon to Quinsay, corresponding to 130° terrestrial degrees. It therefore reduced

the size of the earth unknown to Europeans and agreed with the measurements by Marino de Tiro. Ten spaces (50°) from Antilia, if Toscanelli was to be believed, lay the island of Cipangu (Japan).

Page 18:

The *Llibre del Consolat de Mar* (fourteenth century), the earliest compilation of maritime law, acquired such authority that its laws became *de facto* common law in matters of maritime trade throughout the Mediterranean.

Page 19:

The *Coca de Mataró* is the only reliable model of a *coca* from the second half of the fifteenth century. The *coca* was a genuinely Mediterranean trading ship.

Pages 20-21:

Tavola Strozzi, Francesco Pagano, 1485. This painting, measuring more than two and a half metres in length, is a delightful picture of Naples at a time when, according to the chronicles, even the fish bore the four stripes of the flag of the crown of Aragon.

Page 22:

Detail of the port of Naples from the *Tavola Strozzi*. In the foreground is depicted the triumphal return of the Aragonese fleet after its victory against John of Anjou's expedition in the waters of Ischia. The victorious ships enter the port in parade formation, with standards raised and towing the captured and dismasted boats.

Page 23:

Altarpiece of Saint George, the work of Pere Nisard, end of fifteenth century.

The urban landscape very probably depicts the everyday life of the port of the city of Mallorca in the fifteenth century.

Page 24:

Detail of the port of the city of Mallorca from the *Altarpiece of Saint George*, probably the only picture of the activity of a port in the late Middle Ages in the Iberian kingdoms. In it can be seen, in full detail, a catalogue of different boats and personalities. Trade with the East through the trading posts set up by the Genoese and Venetians supplied the whole of Europe with rich, rare and extraordinary products.

Page 25:

Detail of Portopi from the *Altarpiece of Saint George*, in which the four defence towers and the chapel of Santa Nicolau can be clearly seen.

MEDITERRANEAN APPRENTICESHIP. SAILING ON CHRISTIAN WATERS

Page 26:

Ragioni antique spettanti all'arte del mare et fabriche de vasselli, 1470-1529.

Page 27:

Engraving of a ship of the same kind as the *Santa María*. In Columbus's time a ship's tonnage was measured by estimating the hold's carrying capacity in barrels of wine or in pipes. The *Santa María* could load from 150 to 200 barrels.

Page 28:

Christopher Columbus lived for a few years in Savona (Italy). According to the Savonese

Michele de Cuneo, Columbus named the Caribbean island that still bears this name in its honour.

Page 29:
Detail of the Mediterranean from Fray Mauro's map of the world, 1459. The hemispheres are inverted with respect to traditional representations so that the north is at the bottom and the south at the top.

Pages 30-31:
Detail from Juan de la Cosa's map (1500), showing Europe, North Africa and Asia. The legends of the maps document the advancing discoveries and the names of geographical features and return the image the Europeans had of the new territories: idealised African kings in their palaces and a Red Sea coloured, of course, in red.

Page 32:
Ymago mundi, folio 1, 1480-1483. Cosmographic theory of the Earth, by Cardinal Pierre d'Aylli.

Page 33:
Astronomical table showing the length of the day in different latitudes which Columbus copied on one of the pages of D'Ailly's Ymago mundi.

Page 34:
Columbus made frequent annotations in the margins of the chapter in Ymago mundi Pierre d'Ailly devoted to the size of the inhabited world. There is one note of the greatest interest as it is the only record pinpointing the exact arrival of Bartolomé Dias in Lisbon after rounding the Cape of Good Hope.
'Note: in this year 88 in the month of December there arrived in Lisbon Bartolomé Díaz, captain of three caravels, sent by the most serene King of Portugal to Guinea to explore the land; and he reported to the most serene king that he had sailed 600 leagues farther than had previously been sailed, that is, 450 to the north and 250 to the south, to a promontory he himself named "Cape of Good Hope", which we believe is to be found in Agesimba. He says that in this place he discovered with the astrolabe that he was 45 degrees beyond the equinoctial line, the most remote point that lies 3,100 leagues from Lisbon. He recounted his journey and drew it

league by league on a navigational chart to show to the most serene king's very eyes, in all of which I intervened...'.

Page 35:
On this page of the Historia Rerum by Silvio Piccolomini, which deals with 'the second part of Asia and the Sarmatians in general', Columbus made a note of the names of the peoples living around the Volga (the Ras in the Latin text). One of these peoples are the Amazons, which the admiral was to discover in the New World (1943).

THE LURE OF THE ORIENT

Page 36:
Model of a coaster, very common in the Western Mediterranean.

Pages 38-39:
Nautical chart by Macià de Viladesters, 1413. Mecia de Viladestes me fecit in anno MCCCCXIII. This map shows the Black Sea, the Mediterranean, Europe, North Africa and its western coast with the Atlantic islands. It includes many curiosities: the jinsola de lenyame or island of Madeira and the presence of a pair of elongated islands which could be an attempt to represent the Cape Verde archipelago.

Page 41:
Plan of the city of Tunis, 1535.

Page 42:
Arabic nautical chart, c. 1330.

Page 43:
Portolan of the Mediterranean, Adriatic and Ionic Sea, by the Portuguese cartographer Diego Homen, 1561.

Page 44:
Arabic astrolabe.
Of Greek origin, the exact date of its appearance is unknown to us. This instrument was very commonly used during the Middle Ages. The oldest known picture of one appears in Alejandro Zorzi's Venetian manuscript. Everything seems to suggest it was Abraham Zacuto, in the 1490s, who propsed its introduction in the Castilian and Portuguese navies.

Page 45:
Astrolabe from the time of the discovery.

FROM THE MEDITERRANEAN TO THE ATLANTIC

Page 46:
Calendrier de bergers, 1493. Life at sea filled the collective imagination with great fears and also profound devotion.

Page 48:
Altarpiece of Saint Vincent (1467-1469), by Nuno Gonçalves, from the high chapel of Lisbon cathedral. Details from the panels of the Sailors, Fishermen and Knights.

Page 49:
King Henry VII and John Cabot, fifteenth century, by G. Ramusio and F. Grisellini. Henry VII granted John Cabot a life annuity of 20 pounds sterling for having discovered Terranova.

Page 50:
Fragment of Diego Gutiérrez's Atlantic chart (1550), showing the use of double graduation with the object of correcting the distortion caused by the magnetic declination.

Page 51:
Fragment of Cantino's map (1502), showing the coast of Africa. The rigorous outline with detailed names is admirable. The trade routes are marked with their respective products. Although the Portuguese located their trading posts on the coasts, they were nevertheless interested in and traded with the inhabitants of the interior. They therefore indicated the caravan routes as well as a picture of the King of the Congo, whose sons, at the express wish of John II, were taken to Lisbon to be educated there.

Pages 52-53:
Portolan by Gabriel de Valseca, 1439. This portolan made in Mallorca shows for the first time the nine islands of the Azores and gives the name of their discoverer Diego de Silves and the date, 1427. It is said to have belonged to Amerigo Vespucci, who paid a high price for it, although the Florentine may have purchased it for the Casa de la Contratación in Seville,

where he held the post of Pilot Major. When it was shown to Georges Sand, an accident with an ink-well left an indelible stain.

Page 54:

Fifteenth-century equinoctial clock in brass and glass.

Pages 54-55:

Portolans, route books, were navigators' first guide. They contained a description of coasts and ports, with an indication of distances and of the courses to be followed. In 1520, Juan Vespucci, a pilot in the service of the Spanish crown, drew this portolan. If the journey undertaken by Magellan a year earlier succeeded, the Treaty of Tordesillas would have to be reconsidered. This is what happened in 1524.

Page 56:

Altarpiece of Saint Vincent (1467-1469), by Nuno Gonçalves, from the high chapel of Lisbon cathedral. *Panel of the Child*.

Page 57:

Altarpiece of Saint Vincent (1467-1469), by Nuno Gonçalves, from the high chapel of Lisbon cathedral. *Panel of the Archbishop*.

Pages 58-59:

Altarpiece of Saint Ursula, 1468, by the Valencian Joan Reixac, and detail of a ship of the *carraca* or *coca* type used at that time, located in the first part at the top of the second corpus on the left of the altarpiece.

Page 60:

Frontispiece of the *Regimiento de Navegación*, Seville, 1563, by Pedro de Medina.

Page 61:

Use of the astrolabe according to Pedro de Medina, *Regimiento de Navegación*, Seville, 1563.

Pages 62-63:

Relative positions of the pole star and the front guardian and frontispiece of the *Libro quarto de las agujas de marear* (right page). From the *Regimiento de Navegación* by Pedro de Medina.

A MERCHANT IN THE NORTH ATLANTIC

Page 64:

Fragment of the Cantino map, 1502, showing the Atlantic coast of Europe.

Page 65:

The awakening of maritime trade, the North Sea cod fisheries and the hunting expeditions of the Basque and Cantabrian whalers gave rise to heavy traffic in the English Channel from the thirteenth century. The constant assaults on the trading boats made it advisable for coastal towns to gather in Brotherhoods.

Page 66:

Engraving showing whales being towed ashore, where they were cut up and cooked in their blubber. Illustration by Juan Bautista Bru, *Diccionario Histórico de las Artes de Pesca Nacionales*. Although the illustration dates from the eighteenth century, these trades and forms of fishing, commerce, etc. were unchanged since the beginning of the second millennium.

In Terranova and on the North Sea islands, the sailors prepared the fish: they dried the cod and cut up the whales. Until 1506, when the Portuguese founded a permanent colony in Terranova and on the coast of Canada, the bases were common to Spanish and French Basques, Bretons, English and Normans, who made do for their operations with some shacks and awnings on the beaches which were renewed every year. One curiosity of the sailors of the North Atlantic was that they had a language of their own in which they used English and Celtic terms in sailing boats, Dutch terms in their construction, Germanic terms in fighting and Spanish, Portuguese and Italian terms in referring to institutions and juridical usages.

Pages 68-69:

Fourth map from the portolan atlas by Fernando Vaz Dourado, 1568, showing northern Europe: the British Isles and Ireland and the coast of Germany. A notice comments: *Este padram he de toda Allemanha. Está em altura de setenta e oito graos da banda do norte e he sogeita ao Emperador Carllo Manho* (Charles V).

Pages 70-71:

Map of Iceland published in Abraham Ortelius's *Theatrum Orbis Terrarum, c.* 1590. A sixteenth-century chronicler tells us that in Iceland, when the cod are out of food, 'they scatter and pursue the whiting, which they are very fond of. These flee from them and to these pursuits we owe the frequent returns of the whiting to our coasts [in Europe]'.

TRAFFICKING IN THE PORTUGUESE AND CASTILIAN ATLANTIC

Page 72:

Fifteenth-century Gothic astrolabe.

Page 73:

Portrait of John II of Portugal, Portuguese school, fifteenth century.
Although he refused to help him, John II of Portugal was the first European monarch to hear of the Discovery from the mouth of the discoverer.

Page 75:

Map of the world by Fray Mauro, 1459. World maps in the fifteenth century were put together at a time when interest in world geography—kindled by the legend of Prester John, the Crusades and the journeys of Marco Polo and the Franciscans to the Far East—flourished with the recovery and translation of Ptolemy's Geography and the new geographic discoveries.
Cartographers had to harmonise the concepts of medieval cartography, both Muslim and Christian, expressed in Cresques's map and the Majorcan cartography, with Ptolemy's.

Pages 76-77:

Map of Africa included in G.B. Ramusio's *Navegatione e Viaggi* (3rd ed. Venice, 1563).

Pages 78-79:

Portuguese 'carracas' on a Rocky Coast, Joachim Patinir, 1480-1524.

Page 81:

Sixteenth-century Flemish quadrant. It combines Flemish concepts and the eleventh-century Islamic approach to astronomy.

Pages 82-83:
Front and back of a *sexagenario*, the last Arabic astronomic instrument (mid-fifteenth century), introduced into Europe through Spain.

Pages 84-85:
Map of the world from Enrico Martello's *Insularium Illustratum*, *c.* 1470.
When Columbus had already discovered *terra firma* the earth was still represented as three continents, such was the confusion that reigned amongst cartographers of the time.

Pages 86-87:
This Atlantic chart by Diego Gutiérrez (1550) shows the use of double graduation to correct the distortion produced by the magnetic declination. After the Azores meridian latitudes are shifted 3° north.
Drawing maps was costly and templates were normally used to which the royal cosmographer added newly discovered territories as the fleets arrived. The errors often to be found in the legends of maps are in many cases due to a mistaken interpretation by the cartographer, who, unfamiliar with the language he was copying, misinterpreted place-names. The legend reads: 'Diego Gutiérrez, cosmographer to His Majesty, made me in Seville 1550'.

THE SEA OF THE ANTILLES: PLOUGHING THE OCEAN

Page 88:
Original royal disposition by the Catholic Monarchs in which Diego Rodríguez Prieto and other residents of the town of Palos are ordered to make ready two caravels to set sail with Columbus on his first journey. The material preparation of Columbus's first voyage is ordered in royal dispositions dated 30 April and 15 May 1492, referring both to the boats and to the crew and provisions.
This one stands out, with its reminder to the people of Palos of their obligation to serve the Crown with two caravels for a year as punishment for certain offences, the said caravels being destined for Columbus's first voyage. Being an undertaking by the crown, this exhibition had to set sail from a royal port, but as it was not possible to use the port of

Cadiz, which was occupied in the expulsion of the Jews, the king and queen acquired from the brothers Silva half of the town of Palos forty days before the boats departed.

Page 89:
Monastery of La Rábida, anonymous, seventeenth century.
Christopher Columbus arrived at this monastery in the year 1484. There he met Fray Juan Pérez, confessor to Queen Isabella, from whom he obtained the necessary help for the undertaking that was to culminate with the discovery of America.
In its rooms he finalised the details of the expedition with Martín Alonso Pinzón and other expert navigators from the nearby port of Palos, in whose church of San Jorge was read the pragmatic sanction ordering the recruitment of the crews and whence the three ships that crossed the Atlantic set sail from.

Pages 90-91:
Marco Polo did not write a single line. Nevertheless, we know about his voyages thanks to the account of them by a certain Rusticello in a Genoese prison. Other travellers to the Orient, the Franciscan missionaries William of Rubruck and John of Pian de Carpine, left written chronicles.
All of them were informers to the illuminators of these medieval codices, who imagined the Court of the Great Khan to look like this. A sumptuous atmosphere in which there was no lack of exotic animals, high-class ladies, palaces with golden roofs...
When the Spaniards arrived in the New World, there was nothing to remind them of those pictures they had seen so often. Columbus, though, died convinced that he had reached Asia and that he was in a land very close to the Grand Khan's.

Pages 94-95:
Recto and verso of the *Capitulaciones de Santa Fe*.
Reward or contract? In the case of a reward it could be revoked by the king and queen; otherwise the break would be followed by a lawsuit. And so it was. Columbus's descendants and the Crown litigated for almost half a century.

Page 96:
Sixteenth-century sandglasses. On ships they were used to regulate life aboard and were the responsibility of the cabin boys. There were frequent oversights in their use during the crossings, as we can see in Columbus's diary written by Father Las Casas: 'Thursday 13 December... I find that 20 half-hour sandglasses passed... although there may be an error, as either it is not turned over so soon or something does not pass.'

The cross staff was an instrument used to measure the height of stars and celestial distances. It began to be used in seafaring in the sixteenth century.

Noctilabium. Nautical instrument used at night to measure the elevation of the stars.

Page 97:
Portrait of Columbus by the Florentine painter Ridolfo de Ghirlandaio, first half sixteenth century.
Hernando Columbus wrote that his father was 'of genteel presence, well built and above average stature, high cheeks; without inclining to fatness or wanness; an aquiline nose, blue eyes, of pale complexion with bright red cheeks' and that as a young man his beard and hair were blonde, though they soon turned white 'due to his many sufferings and woes'.

Page 98:
Anagram of the guild of caulkers on a fifteenth-century paving stone.

Page 99:
Compass used by Columbus to navigate, fourteenth century. Columbus had very few instruments on board: sandglasses, sounding line, quadrant and compass (the most precise and fundamental). He may have taken an astrolabe, a noctilabium and a cross staff.

Page 100:
Sundial or 'dial of Ahaz', Georgius Hartmann, 1547.

Page 101:
Arabian astrolabe.

Page 103:
'Sphere of the World' in Pedro de Medina's *Summa de Cosmographia*, 1561.

Page 105:

In 1497 Columbus received from his English friend John Day a copy of Marco Polo's *Il Millione*. Of the four marginal notes on this page, except for the third, which is by his son Hernando, he marked with a cross the one that most interested him, which referred to the port of Zaiton, which he called Alfa and Omega, beginning and end, now Punta Maysi in Cuba.

Page 107:

Map of La Española attributed to Columbus in his ship's log, showing the north-east corner of the island. Columbus wrote on it the word CIVAO, as he thought he had reached Cipango. The absence of La Isabela, built on the second voyage, shows that Columbus made this map on the first voyage.

Page 108:

Model of the *Santa María* kept at the Museo Naval de Madrid.

Pages 110-111:

Barcelona in a drawing by Anton van Wyngaerde; on the left, where the city ends, the shipyards can be found to this day.

Page 112:

As from 1493, the king and queen authorised Columbus to add new devices to the blazon granted to him in the *Capitulaciones*. In the course of time, the admiral gradually changed it and added to it as he fancied.

Page 113:

Plaça del Rei, Barcelona. On the left, King Martin's tower; on the right, the magnificent arches of the Saló del Tinell, where Columbus was supposedly received by the Catholic monarchs on his return from his first voyage.

Pages 114-115:

Inside the Barcelona shipyards.

Page 116:

Illustration by José Guío of a Peruvian yucca, 1790.

Page 117:

Piper Indicum, drawing by Basil Besler published in the book *Hortus Eystettensis*, *c*. 1613.

Page 118:

Landscape with the plant that produces the wild pineapple. Anonymous. Oil on canvas. Real Jardín Botánico, CSIC.

Page 119:

Illustration by Cardero of an iguana.

Page 120:

Pope Alexander VI's bull *Inter Caetera* (II) to the Catholic Monarchs, in which he donates to them and all their descendants all the islands and *terra firmas*, discovered or to be discovered, to the west and south of a line 100 leagues from the Azores and Cape Verde, not owned by any other Christian king before Christmas Day 1492, so that they may convert their inhabitants to the Catholic faith.
This bull, which corroborates another of the same name of 3 May, is the basis for the full incorporation of the Indias to the Crown of Castile, in exchange for the obligation to evangelise those lands discovered and yet to be discovered. In spite of the controversy over the meaning of such a fabulous donation and on the Pope's right to make it, the Spanish court always used it, along with the other Alexandrine donations, to defend its political sovereignty in the New World.

Page 121:

As a consequence of the new discoveries, Spain and Portugal had to renew the border treaty they had signed in Alcaçobas-Toledo in 1479. On 7 June 1494, in Tordesillas, the representatives of the two kingdoms signed a double treaty, one on fisheries and one by which they agreed on a line dividing their spheres of influence and expansion. They decided to draw the line from pole to pole, 370 leagues west of the Cape Verde archipelago. The western part would belong to Spain and the eastern part to Portugal. The parties undertook not to resort 'to the Pope or any other prelate' to change these dispositions. When Elcano returned to the Peninsula in 1522, with the *Victoria* loaded with cloves, the problem was raised again. The line drawn at Tordesillas was a semi-meridian, the counter-meridian was yet to be drawn. With this object a panel met in Badajoz-Elvas in 1524 without any success. Five years later, the Treaty of Saragossa (1529) put an end to the conflict. John III purchased from his brother-in-law Charles V the rights of navigation, commerce and dominion of the Moluccas for 350,000 ducats, an enormous sum.

THE COLONISING FLEET

Page 122:

At the instance of the queen, Juan Aguado left for the New World in 1493. The chancery of the time kept everything that was written and has preserved this letter of recommendation from Isabella to her admiral 'of the islands and lands of the Ocean sea in the region of the Indies' asking him to give her representative 'a good post'. A few months after his arrival, Aguado returned to the Peninsula. He was again sent to the Antilles in 1495, this time to carry out an investigation into the difficult situation of the colony on La Española.

Page 125:

The volcano of La Soufrière on the island of Guadalupe.

Page 127:

This is how the publishers of the *Letter* imagined the first construction of a city in the New World. The picture is idealised, as the Spaniards had not yet started building La Isabela.

Page 129:

Frontispiece of Dati's *Letter*.
In 1493, in Rome, Giuliano Dati published the first poem dedicated to the Discovery, where he only mentions King Ferdinand as patron of the enterprise.

Page 131:

Detail of the Cantino Map showing 'The Antilles of the King of Castile'.

Page 133:

Illustration of the *Letter* to Santángel announcing the discovery.
The press contributed to the royal propaganda as is demonstrated by the fact that the *Letter* from Columbus announcing the Discovery went through fourteen editions from April 1493 to the end of the century: two in Castilian, one in Catalan, nine in Latin, three in Italian and one in Germany.
The Latin translation includes the names Columbus gave the islands: Fernandina,

Isabella, Salvatoris, Concepto Marie and Hyspaniola. Hence the name Hispaniola which many authors still use today in referring to La Española.

Page 134:

Letter from Columbus to his son Diego, 1948. This was what letters looked like. The address was written on the front and the back was sealed with lacquer to ensure confidentiality. Columbus was an inveterate writer. Although many of his letters have been lost over the years, we still have a large number of letters to his son Diego, to his friends and acquaintances, a few receipts for payments and reliable copies of his navigational journals.

Page 135:

Transcription of Columbus's letter to his son Diego:

'My dear son: I have already written with another that I shall send you two marks ofnriver gold in large nuggets and so I do now with *** bearer of the present, tied in a cloth and sealed, for you to give to our lady the queen, when you see fit, in agreement with Jerónimo and the treasurer Villacurta, to whom I am also writing at length in another; and in my opinion it will be well when she has just eaten. It is such a jewel that I have suffered a thousand necessities rather than seel it or melt it so as to serve our lady the queen, since her highnees had asked it of me; and I saw it would be on my conscience not to return it to her, so that she may see the miracles of Our Lord and show it to whom she pleases; kiss her royal hands for me and give it to her with this letter. And as I have written to you and to all at great lenght in other letters I shall not extend myself, but to beseech Our Lord to protect you and your brother, may you take great care of him. Dated Seville XXIX April.

Your father, who loves you as himself.

·S·
SAS
·X·M·Y·
The Admiral

THE SWEET-WATER SEA AND TERRA FIRMA

Page 136:

Allegorical representation of the discovery of America, which is lying in a hammock in the form of a woman. Ion Stradanus, *Nova Reperta*.

Page 139:

Excellent *doble* of the Catholic Monarchs, c. 1497. A gold ducat was worth 375 *maravedís*, which was common currency.

Page 141:

Margarita Island was known as the pearl island.

Pages 142-143:

Book of privileges of Christopher Columbus, 1498-1501.
With the help of his friend the Carthusian monk Gaspar Gorricio, who had also helped him write *El Libro de las Profecías*, Columbus gathered in one volume the various privileges that had been granted to him by the king and queen. When he was dispossessed of his title of Viceroy of the Indias he had four copies made which he distributed conveniently: one he sent to the Bank of San Giorgio in Genoa, two to Nicolás Oderigo and the fourth to Francisco de Riberol, a Genoese banker who had settled in Seville.

Page 144:

The name America. Or, perhaps, why 'America'?
In 1506, René II, Duke of Lorraine, received a letter that Amerigo Vespucci had written to Piero Soderini in 1504 telling of his travels, accompanied by a map showing the recent geographical discoveries. The Duke enthusiastically gave the manuscript to the monks at the abbey of St. Dié for them to prepare a careful edition of it. The *Cosmographie Introductio* was published on 25 April 1507 after long teamwork. The poet Jean Bassin de Saudacourt translated Amerigo's letter, which the duke had received in French, into Latin; Matías Rigmann prepared the Introduction and Martin Waldseemueller prepared a map which, placed over a sphere, would give the exact image of the terrestrial globe.
In his text, the writer of the prologue had added a note saying, 'But now that these parts

of the world have been extensively examined and another has been discovered by Americus Vesputius, I see no reason why we should not call it *America*'.
In spite of this unfortunate sentence, the origin of the name America, which was not accepted by everyone until the end of the seventeenth century, lies in the pictures of Amerigo and Ptolemy that Waldseemueller placed at the top of his map.

Page 145:

Picture of Amerigo Vespucci on Waldseemueller's map.

Pages 146-147:

Map of the world in 1507 by Martin Waldseemueller.
Thanks to this map, drawn in the abbey of St. Dié, at the top of which we can see the figures of Ptolemy and Vespucci presiding the Old and New Worlds, Columbus was deprived of the honour of giving his name to the continent he discovered.

THE HURRICANE ROUTE

Page 148:

At the end of August or the beginning of September 1501 Columbus wrote this letter to the queen. So far as we know, this is the only one he sent Isabella. The admiral felt ill and forgotten by everyone. In his text, the discoverer goes back over his life from the moment in Barcelona when he surrendered 'the keys of his will' to the queen, without forgetting the work he did in the Indies, an enterprise he still saw as big business. The reasons for this letter are obvious. He wanted at all costs to be authorised to make a new journey (the fourth, undertaken in 1502).

Page 150:

Vasco da Gama on horseback. Illustration of the Casanatensian codex.
Imagine Vasco da Gama's surprise when, on arriving in Calicut, a local welcomed him saying, in Castilian, 'To the devil I send you who brought you here.'

Page 151:

Grave of Vasco da Gama in the monastery of Santa María de Belem, Lisbon.

Page 152:

Illustration of a small boat belonging to Jaime Martínez and Diego Martín, pilots in López deLegazpi's Philippines fleet, 1565.

Page 153:

Amazon Women Killing their Indian Attackers, sixteenth-century engraving by Theodore de Bry.

Page 155:

Engraving showing Amerigo Vespucci's arrival in Paria. Theodore de Bry, sixteenth century.

Pages 156-157:

Engraving illustrating the battle that took place as a result of the mutiny led by the Porras brothers on the island of Jamaica. Theodore de Bry, sixteenth century.

Page 158:

This is the foundational document of the Casa de la Contratación in Seville, a kind of overseas ministry like Portugal's Casa de Guiné, which controlled all traffic with the New World. Years later, in 1519, an attempt to set up a Casa de la Contratación in La Coruña for the trade in spices failed.
Today, the archives of the Casa de la Contratación are kept in the Archivo General de Indias in Seville, in the old merchants' Exchange building.

Pages 160-161:

Cantino map. This Portuguese map was taken to Italy by Alberto Cantino, hence its name. Some of the place-names show obvious familiarity with these coasts: *terra do baccalhau*, *cabo fermoso*, *cabo raso*...
Angered by England's failure to respect the Treaty of Tordesillas, the anonymous author does not mention Cabot's discoveries.

Pages 162-163:

As a result of his journeys to the New World, Juan de la Cosa drew this map for the king and queen in 1500. Of particular interest is the part about the American world, presided by a portrait of Saint Christopher. De la Cosa very opportunely placed Portuguese and English flags on the coasts the former were beginning to frequent. A warning from a wise and knowledgeable man.

Pages 164-165:

Nuño Garcia de Toreno's *Universal Map*, 1525.
Like Juan de la Cosa, Vespucci and Ribeiro, Nuño García de Toreno worked for the Casa de la Contratación. He was a cosmographer and took part in the Royal Census.

Pages 166-167:

Diego Ribera's *Universal Map*, 1520.
'Universal map in which is contained everything in the world discovered until now. Made by Diego Ribera, cosmographer to His Majesty. Year 1520. Seville.'
The legend at the bottom reads: 'Which is divided in two parts in conformity with the capitulation made by the Catholic Monarchs of Spain and King John of Portugal in Tordesillas. Year 1494.
Hernando Columbus worked closely with Ribero in the preparation of the Royal Census.

Page 168:

On his fourth journey to the New World Columbus became seriously ill and had to dictate the diary of the journey to his son Hernando. His brother Bartolomé drew this sketch showing the new discoveries interpreted according to Ptolemaic cartography, which was copied by Alessandro Zorzi in his *Informazione dei Bartº Colombo della Navegazione di ponente et garbin di Beragua nel Mondo Novo.*

Page 169:

Map attributed to the pilot Morales and printed in the first edition of Pedro Mártir de Anglería's *Opera* (Seville, 1511). It was used to refresh witnesses' memory in the Columbine lawsuits.

Page 170:

The fall of Constantinople in 1453 at the hands of Mehmed II, by cutting off Black Sea traffic, hit a lot of Genoese, Venetian and Florentine commercial firms, amongst them that of the Toscanelli family. They all had to find other routes to the West.

Page 171:

First Islamic map of the world on which the coasts of America are drawn. In a legend can be read, 'These coasts were discovered in the year 896 of the Arabian calendar. It is said that

a Genoese infidel by the name of Columbus discovered them'.

Page 172:

Book of the Sea by Piri Reis, 1526.

Page 173:

Map of America by Piri Reis, 1528.

Pages 174-175:

Map of south-east Asia and much of the western Pacific from the atlas by Joan Martínez, 1587.
Despite the date of this map, which shows the New Guinea discovered by Ortiz de Retes in 1547, the Far East is still shrouded in mystery. By the side of a shrunken India, Trapobana, much sought by Columbus and here mistaken for Sumatra, is grossly oversized. By this time, the Spaniards were banned from the spice route (the clove-growing islands of the Moluccas), a trade controlled by the Portuguese.

Pages 176-177:

Pages from Zacuto's *Perpetual Almanac*. Abraham ben Samuel Zacuto (Salamanca, 1450-Damascus, 1515). Teacher of astronomy in Salamanca. He was expelled from Spain and went to Portugal in the service of John II. Newly expelled by Emanuel I, he emigrated to Tunis, where he taught in Carthage until, following another anti-Judaic threat, he had to move to Syria, where he died. Both Columbus and Magellan took his *Almanac* with them on their travels.

Pages 178-179:

View of the city of Venice by Jacopo de Barbari, 1500.

THE FINAL JOURNEY

Page 180:

Columbus Consulting Maps, engraving by the Italian Theodorus Galle, based on an illustration by John Stradanus, mid-seventeenth century.
Columbus used to make notes in the margins of the books he read. His notes show quite clearly what his interest were: gold, spice... and even his illnesses. On the endpapers of one of his books he left us two recipes, one of them

for making a tisane from parsley, the best diuretic of his time and a relief for his gout.

Page 181:
Columbus never had a house in Seville. The ones shown here were his son Hernando's. Hernando had a large mansion built to house his impressive library of more than 15,000 volumes.

Page 182:
Bundle of Columbus's autographs kept at the Archivo General de Indias, Seville.

Page 183:
Picture of Santo Domingo from Nicolás Cardona's manuscript album.
While some claim that Bartolomé named the city in memory of his father, Domenico, others say it is due to the ceremonious entrance on 7 August 1496, which that year fell on a Sunday.

Page 184:
Columbus wrote this letter from Seville on 4 January 1505 to the Carthusian monk Gaspar de Gorricio. Although there were things he did not dare to put in writing, all his obsessions are reflected in this missive: his interest in the *Libro de las Profecías*, which the Carthusian was helping him to write, the defence of his privileges, his concern for payment for the expenses of his last voyage to the New World (the object of Diego Méndez's trip to the court) and finally his many illnesses.

In the letter we read:
'Reverend and most devout father: Diego Méndez has come from the court. Don Diego is well. The Governor and Don Fernando were not arrived. I shall send them to you there with all the news. I no longer know what to say as to my wish to see you and communicate other than in writing. I would like to see the deeds you have and have a waxed cork case made for those privileges. I ask you please that if Donato, that honourable man, had to come here, you send everything with him, or with Andrea, Juan Antonio's brother, bearer of this letter. I am daily better from my ills, thanks be to our Lord. I commend myself to the mercy of the father prior and of all those monks.

Dated today Saturday 4 January
At Your Reverence's orders

Page 184:
Map of La Española made by Andrés de Morales in 1509 and kept in the Archivo General de Indias.

Pages 186-187:
The cathedral see of Santo Domingo was the first in America. The remains of Columbus and his son Diego rested before the high altar after the latter's widow, María de Toledo, took them there in 1544.

Pages 188-189:
View of the port of Bayaja and surroundings, on the north coast of La Española, in the second half of the sixteenth century.

Pages 190-191:
Census of the Antilles and South America, anonymous, *c.* 1518.
From the founding of the Casa de la Contratación, a census was ordered of Spanish possessions in America. Many cartographers took part in its preparation, hence the abundance of maps showing the various advances of the discoverers.

Pages 192-193:
Map of the New World from the Atlas by Agnese, 1544. The outline of America is beginning to take shape, although Agnese persists in displacing the Moluccas a long way to the east.

'Where in Adam's will is it written that Portugal and Spain must share the world between them?', Francis I of France is supposed to have exclaimed angrily on hearing of the clauses of the Treaty of Tordesillas.
It was important to mark out the countermeridian. The closer to Europe the dividing line was, the more chance there was that the Moluccas, the Spice Islands, would fall within the territories belonging to the king of Spain.
In 1529 the Treaty of Zaragoza put an end to disputes between Spain and Portugal over Moluccan cloves. Charles V sold his rights to traffic in that water to the Portuguese king for 300,000 golden ducats.